JN123597

討幕論と廃幕論

討幕史観批判

川道麟太郎
Kawamichi Rintarou

討幕論と廃幕論—討幕史観批判—

目次

第三章　幕・朝の迷走　117

凡例

一、史料の引用については、候文(そうろう)や漢文体などは原文のままでは読みにくいので、現代日本文に近付けて読みやすくした。学術書では原文のままで載せるのが普通のようだが、その解釈は歴史家によって相当に違うことがあり、筆者がそれをどう解釈して立論しているかを示すためにも、そうした方がよいと考えた。

二、引用した文書の出典ならびに筆者による注釈は、本文に注番号を付し、各・章末にまとめて注記する。なお、日記からの引用については、日付で引用箇所がわかるので、個別に引用箇所を示すのは原則省略している。

三、本文中にある括弧書きは、筆者が解釈を加えたものである。（　）内に数字の入った表記は、和暦に相当する西暦年、または、その前にある著書の発行年を指す。また、引用文の典拠を本文中に示しているものについては、（　）内にその引用箇所の頁を示している。

四、人物の名前は、原則として、その人が最も活躍していた時期の名前、あるいは後世に最もよく使われている名前を採用した。

五、年齢は、原則、満年齢とする。

序

幕末維新に関する歴史書では、討幕や倒幕運動が盛んに取り上げられる。それらを主題にした書籍もある。しかし、当の幕末期に、実際に討幕や倒幕の活動が実際にそれほどに旺盛であったのだろうか。疑問に思える。根拠を五つ挙げておこう。

一、幕末期、さまざまな反幕や抗幕の活動があり、長州藩は幕府軍と戦争もした。しかし無論、それらがみな、討幕や倒幕の活動であったわけではない。水戸藩浪士らによる桜田門外の変や坂下門外の変は、斬奸状にも「毛頭、幕府に対して、異心を挟む儀にはこれなく」とあるように、討幕や倒幕とはまったく関係がない。また、長州藩が幕府軍と戦ったのは征討への抗戦であって、討幕や倒幕のために戦ったのではない。今日諸書で言われている討幕や倒幕には、反幕や抗幕の活動であったものが相当程度含まれているのではないか。

二、幕末期に盛んに討幕や倒幕が言われていたと思われがちだが、少なくとも史料上で見る限り、「討幕」は孝明天皇が文久四年（一八六四）一月に将軍家茂らに授けた「宸翰（しんかん）」で「妄（みだ）りに討幕の師を興さんと」として、この用語を使ったのがきわめて早い事例である。これは討幕を忌避し否定して言うものだが、討幕すべしとする討幕論が表立ってよく言われるようになるのは、これよりかなり遅れて慶応三年になってからである。「倒幕」については、幕末の史料上にはこの用語はほとんど出ない。それらが頻出するのは後世の歴史書上である。

三、諸書で「薩長討幕（倒幕）派」などがよく言われるが、幕末当時実際に、薩長の要路の者が討幕や倒幕を言うことはほとんどなかった。慶応三年（一八六七）八月の薩長会談では、むしろ反対に、小松帯刀・西郷隆盛・大久保利通の三人が、長州遣使に対して「弊藩において討幕は仕らず」と明言している。この会談の記録は、長州遣使が「我」・「彼」の対話形式で筆記して復命に使ったもので、史料として等閑に付せるものではない。

四、歴史書では「討幕の密勅」を盛んに取り上げて「討幕」を広めているが、「討幕の密勅」は明治になって言われ始めた呼称で、幕末当時に言われたものではない。その勅書を実際に拝受した大久保利通は、それを「秘物」と呼んでいる。大久保がそう呼ぶのは、それが密勅であったからだけではない。岩倉具視ら「同志の堂上方」がつくった偽勅であり、世間に公になってはまずいものであったからだ。今日「討幕の密勅」を盛んに論じて、幕末当時の討幕を語ることには大いに問題がある。

五、慶応三年十二月九日に発せられた「王政復古の大号令」は、幕府の廃絶を次のように宣言している。

「徳川内府（内大臣・徳川慶喜）、従前ご委任の大政返上、将軍職辞退の両条、今般断然、聞し食された。…。自今、摂関・幕府等廃絶、…。」

幕府はこの日に、朝廷の摂関家門閥制の廃絶とともに、正式に廃絶になる。幕府は幕府自身の奏請によって廃絶になったのである。廃幕になったものを、討幕や倒幕することはできない。歴史上は討幕も倒幕も起きていないことになる。

さて次に、本書でこの討幕論に対置して問題にする廃幕論であるが、こちらの方は、歴史書上で取り上げられることが稀（まれ）である。ところが、幕末期、実際には、廃幕にすべしとする廃幕論は相当に旺盛であった。事実、それがあって、上記のように廃幕になったのでもある。ただし、廃幕についても、この用語が当時一般に使われたわけではない。

幕末期、政治指導者のあいだでは、いかに内戦を起こさずに新たな政治体制に移行するかが最重要の課題であった。討幕のような内戦を起こして、外国勢に付け入る隙（すき）を与えるようなことがあってはならないからだ。清国の二の舞になるようなことは、何としても避けねばならなかった。

廃幕論が最初に明確な形で現れたのは、文久二年（一八六二）の幕議においてである。徳川慶喜と松平春嶽が新たに幕閣に加わったころの幕議で、朝廷から攘夷の無理難題を突き付けられるのに反発して、政権返上や廃幕が議論の俎上（そじょう）に上ったのである。

このときの廃幕論が四年後に、春嶽の廃幕建言となって表に出る。慶応二年八月、幕府による長州征討の失敗が明白になり、そのとき慶喜が征夷大将軍の継承を固辞したのを機に、春嶽が慶喜に廃幕を建言したのである。幕府は、天皇から長州征討の命を受け、諸藩に出兵を命じ、総力を挙げて戦いながら長州一藩に勝てなかった。当然ながら、幕府の権威は地に墜ち、幕藩体制は揺らぎ、幕府存在の是非が問われるようになる。同時期、岩倉具視も孝明天皇に廃幕-王政復古を奏上している。

そしてこの四ヵ月余りあと、慶応二年（一八六六）十二月末には孝明天皇が突然に崩御する。孝明天皇は、王政復古を好まず大政委任論者であり、終生、朝幕の「一和」を望む佐幕家でもあった。そのため、討幕論や廃幕論は抑えられてもいた。幕府による長州征討の失敗に続く孝明天皇の死は、幕末の日本政治を変える転機となる。翌慶応三年には、討幕論も廃幕論も旺盛になる。なかでも、廃幕論は王政復古論とも結び付いて、穏健に政体変革を行う道として各方面で言われるようになる。

討幕論と廃幕論は本来対立する概念ではない。討幕論は幕府を討とうとするものであるが、それはまた、その幕府を廃止しようとするものでもあるからだ。また、討幕論は幕府に廃幕を迫るものになり、他方、幕府自身による自主廃幕は討幕を封じる方策にもなる。討幕論と廃幕論は複雑に絡み合っている。

本書は上述のような観点から、幕末の政治過程に存在した討幕ならびに廃幕に関する議論を対照的に取り上げて、従来からの討幕論偏重の幕末維新史に批判を加えようとするものである。

第一章　幕府と朝廷

西洋から押し寄せる波とともに幕末は始まる。鎖国の「良法」が立ち行かなくなったのである。その波の衝撃を直接的かつ強烈に受けたのは、国や人々というよりは、特に征夷大将軍を奉じる幕府と夷狄（いてき）を極度に嫌悪する朝廷であった。幕府は征夷府の役割を果たせなければその存在価値がなくなり、また朝廷は、天皇や公家の神聖にして高貴な価値が「蛮夷」や「醜夷」には通用しないことがわかっていたからだ。幕末はその両者を軸に、攘夷と開国をめぐって激動する。

一、朝廷の浮上

江戸時代、幕府は江戸にあって朝廷は京都にあった。「東海道五十三次」と言われた時代、江戸にいた将軍と京都にいた天皇が顔を合わせることは、二百年以上絶えてなかった。両者が顔を合わす必要がなかったからだ。国政はもっぱら幕府が担当し、天皇・公家衆は祈祷や祭祀を司って、互いの職務は完全に分離されていた。
天皇・公家衆は、徳川家康が「大御所」時代に制定した「禁中並公家（中）諸法度」で「天子諸芸能の事。第一御学問なり」とされ、政治に関わることは禁じられていた。彼らは京都の御所の一画で、自らの職務に専従し、君徳を涵養しつつ伝統的で文化的な生活を営んで、それでいちおう充足していた。

ところが、この朝幕の関係は幕末期に一変する。絶えてなかった将軍の上洛も急に頻繁になる。第十四代将軍・徳川家茂（いえもち）は、文久三年（一八六三）に第三代将軍・徳川家光上洛以来、実に二二九年ぶりの上洛を果たし、さらに二度の上洛をして、三度目の上洛の際に大坂城で薨去（こうきょ）する。最後の第十五代将軍・徳川慶喜（よしのぶ）に至っては、京都で将軍宣下を受け、そのまま在京して、在任一年ほどで慶応四年一月に江戸城に逃げ帰ったときには、もう将軍ではなくなっていた。

この朝廷と幕府の関係の変化は、西暦で言えば十八世紀末、日本の元号で言えば寛政期（一七八九～一八〇一）のころから徐々に始まっていた。それはやはり、西洋の波が押し寄せたことと関係する。西洋船が日本近海に頻繁に出没するようになり、幕府も朝廷もともに安閑としてはいられなくなったのである。幕府は寛政三年（一七九一）に、全国に異国船取り扱いの規則を布告する。実際、この年にはアメリカ船が紀伊半島の串本沖に渡来して住民らと交流し、また、翌四年には遣日ロシア使節・ラクスマンがエカテリーナ号で、漂流民の大黒屋光太夫らを連れ、通商を求めて根室に来航する事件も起きていた。

この時代、征夷大将軍の座にあったのは第十一代将軍の徳川家斉（いえなり）で、彼は半世紀（一七八七～一八三七）にもわたってその地位にあったが、彼自身が征夷大将軍の職責を果たしたとはとても思えない。徳川将軍もこのころともなると、武家や武将というよりは、むしろ公家化して、江戸城の奥深くにいることが多かった。家斉もその典型で、武将の面影はなく、江戸城に君臨して五十人以上の子供を設け、もっぱら徳川家の子孫繁栄に尽くした。

もっとも、この家斉に仕えた老中首座の松平定信は賢相で、「寛政の改革」を実行し、対外関係についても積極的に施策を講じその采配を取っている。

定信は十五歳で将軍に就いたばかりの家斉に、天明八年（一七八八）に「将軍家御心得の箇条」を上呈している。そのなかに、

「古人も天下は天下の天下、一人の天下にあらずと申しまして、六十余州は禁廷より御預（あず）かり遊ばされた御事、…。」[1]

とある。

「禁廷より御預かり」のこの国を統治されるのが、将軍の「ご職分」であると説いているわけだ。併せて定信は、「皇天」（天皇）と将軍のあいだの君臣の義を説き、幕府は天皇から天下統治の大権を委任されているとし、また、これをもって幕府による天下統治の正当性を唱えているのでもある。その上で、天皇が幕府に国政をいったん委任した限りは、朝廷は政治に口を出してはならないとも

言う。後に有名になる「大政委任論」である。

大政委任論は徳川幕府に当初からあったものではない。この時期に新たに創られたものであり、先の「禁中並公家（中）諸法度」のように、朝廷との合意によって成立したものでもないので、明文化したものがのこっているわけでもない。

松平定信は寛政四年にロシア使節ラクスマンが根室に来航した際、それへの対応の指揮も執っている。定信はラクスマンに対し、日本には以前より通信のない国とは交渉はせず海上で打払う掟（おきて）があるとして、長崎に行くように命じ、長崎入港の査証を与えている。しかし、ラクスマンはこのとき長崎には行かずに、そのまま帰路に就いたため、それ以上の問題にはならなかった。[2]

定信はそのような経験のもとに、新たに対外策として鎖国論を唱える。彼は、ちょうどこのころ享和元年（寛政末年、一八〇一）にオランダ通詞・志筑（しづき）忠雄が『鎖国論』（ケンペル著『日本誌』の附録第六章の訳出に掲げた表題）を著したのに便乗して、鎖国制が日本の古くからの国法であると唱えたのである。[3]

実際、幕府はこのあと、弘化二年（一八四五）には、朝鮮・琉球との「通信」、および清・オランダとの「通商」を許し、それ以外の他国との交わりを禁じ、それを正式に「国法」と定めている。これが後に、古くからあった如くに「祖法」と呼ばれるようになるのである。孝明天皇は安政五年（一八五八）三月に幕府から日米通商条約調印の事前了解を求められた際、「東照宮（神祖・徳川家康）已来（いらい）の良法を変革の儀は」承諾しがたいとしている。[4] 実際には、その「良法」は家康の時代に決まったものではなく、定信がこの時代に決めたものである。

このようにして、松平定信は大政委任論と鎖国論という、その後の日本の内政と外政の要諦となる、新たな二つの伝統を創出したことになる。以後幕府は、大政委任論によって幕府による国家統治を正当化し、また、鎖国論によって外国からの開国要求を拒否する根拠としたのである。

大政委任論は当時、幕府からのみ唱えられたのではない。同様の考え方やそれに呼応する思想が、いくつかの分野でほぼ同時期に生まれている。「外患」の不安が世を覆い始めた時世の言わば時代精神であろう。

後期水戸学の藤田幽谷が、寛政三年（一七九一）に「正名論」で、

「天朝は開闢以来、皇統一姓にしてこれを無窮に伝え、…。幕府、皇室を尊べば、すなわち諸侯、幕府を崇び、諸侯、幕府を崇べば、すなわち卿・大夫・諸侯を敬す。…。今それ幕府は天下国家を治むるものなり。上、天子を戴き、下、諸侯を撫するは、覇主の業なり。その天下国家を治むるものは、天子の政を摂する（代って行う）なり。」[5]

と、後に有名になる言葉をのこしている。

先の定信の論より、皇室尊崇の姿勢が濃厚だが、論旨はまったく同じである。この幽谷を引き継いだ息子の藤田東湖は尊王攘夷論を唱え、それがとりわけ国家の干城たる武士のあいだに浸透していく。

国学者の本居宣長もまた、これらの二者に少し先んじて、天明六年（一七八六）に『玉くしげ』で、「御任（御委任）論」を唱えている。それは、簡単に言うと、天照大神→天皇→東照大権現（神祖・徳川家康）→大将軍家→各国大名という委任関係で、天下（日本）が普く結ばれているというものである。

この宣長による「御任論」は平田篤胤らに引き継がれ、国学者たちはさらに、「各国大名」以下についても、諸（領）国の民たちを「御国の御民」と呼んで、「御民」がそれぞれに、天皇から名主・庄屋・百姓といった職分・職責を委任されていると唱える。職分論や君臣の義を武士など支配層に留めず、人民の末端にまで普遍化しているわけだ。支配者の統治にとっては、ずいぶん都合の良い理屈である。

そして、これら宣長始め国学者たちが盛んに唱えたのが、この「御国」こそ世界に比類のない皇国であるとする皇国思想である。宣長は賀茂真淵の「皇朝」や「皇国」の概念を引き継いで、王朝が交代をする唐（中国）や他の国と違って、日本こそは、万世一系の天皇を戴く、万国一の卓越した国家すなわち皇国であると唱えたのである。以後長く引き継がれていく日本のナショナリズムである。

この皇国思想は、夷狄による対外危機の不安が募るなか、多くの人にとって自国と自身のアイデンティティの源になり、自信の拠り所になる。後に為政者となる、徳川斉昭・井伊直弼・松平春嶽・島津久光たちもみな皇国主義者である。

かくして、西洋の荒波を受けるなか、皮肉にも、その西洋を最も忌避し恐れる天皇・公家衆の朝廷が、日本政治の前面に浮上して来る。尊王攘夷の運動が沸き起こり、幕府と朝廷の関係に変化が起きる。

二、「幕府」と「朝廷」

これまで、すでに朝廷や幕府という用語を対照的に使ってきたが、それらは古くからそのように使われてきたのではない。朝廷は元来、君主が政治を取り行う場所を一般的に指す用語であり、特に皇室のそれに限るものではなかった。また、幕府は元来、一般に将軍が戦場に構える（幕中の）陣営や柳営を指す用語であり、唐名（からな）（中国王朝風の呼称）では近衛府（皇室警護の府）を指す用語でもあった。ところが後に、征夷大将軍が国政を担当するようになって、その覇府を幕府と呼ぶようになったのである。

朝廷を指す用語としてはもともと、禁裏・禁廷・天朝・京都などがあり、幕府を指す用語としては、関東・将軍家・柳営・東武などがあった。公儀・公辺・公方などは、元来は公権力一般を指す用語であったが、徳川幕府による統治が常態化すると、それらも幕府を指す用語として使われるようになる。

「幕府」や「朝廷」について、先達の言説をいくつか取り上げておく。渡辺浩氏は「幕府」について次のように言われる。

「少なくとも寛政の頃以前の江戸時代の文書に『幕府』の語が現れるのは珍しい。（中略）現在のように『幕府』という語が一般化したきっかけは、明らかに、後期水戸学にある。寛政三年（一七九一）、藤田幽谷は『幕府、皇室を尊べば、…。（一七頁の引用参照）』と主張した（『正名論』）。そして、その弟子会沢正志斎、その子藤田東湖等は、しきりに『幕府』の語を用いた。（中略）江戸時代末期のあの政治状況の中で、『幕府』の語はみるみる流行し、普及していった。（中略）このような意味で、『幕府』とは皇国史観の一象徴にほかならない。」[6]

また、三谷博氏はペリー来航による日米和親条約締結以後の幕末の政治変動を論じて、その注釈においてであるが、

「この時期に『朝廷』が京都の天皇政府の独占的呼称となり、これに対応して徳川政権を『幕府』と呼び、『朝廷』の下位に立つ『覇府』という意味を託す習慣ができた…。」[7]

とされる。

また、青山忠正氏は、

「『幕府』は、本来、近衛大将の唐名（とうみょう）だから、言葉としては古代からある。それが徳川将軍の政府を指し、しかも天子の王府に対する覇府として、非難の意味合いを込めて用いられるようになるのは、安政年間からである。しかし、その意味合いは流布するにつれて非難の意味合いが薄れ、将軍の政府の総称として広く用いられるようになった。（中略）

こうして成立した幕府という呼称は、当然ながら、明治以降の官撰史書に採用され、その幕府を倒す、あるいは討つことが、すなわち新体制の成立と同義のように解釈する言説が広まった。『倒幕』『討幕』といっても、その具体的内容を把握できないのは、もともと幕府という言葉が何を指すのか明らかでないのだから当然である。」[8]

とされる。

ここで、「幕府」と「朝廷」という用語が、幕末期に実際にどのように使われていたかを見るため、それらの語の出現の様子を『孝明天皇紀』（一～五巻）を通して見て行くことにする。『孝明天皇紀』には、弘化年間（特に即位した弘化三年（一八四六））以降の幕末期に、朝廷と幕府および諸藩とのあいだで行き交った多くの史料が収録されている。

『孝明天皇紀』でも、その編者が付けた表題・見出しや「按（編者による注釈）」には、早くから各所で「幕府」が出る。たとえば、その第一巻にある孝明天皇が践祚（せんそ）した年に当たる、弘化三年（一八四六）の八月二十九日の条の見出しに、

「午壬、異国船渡来の状、京師に聞こゆ、因って海防の勅を幕府に降す」[9]

として幕府が出る。また、このころの「按」にも、「外患の事に係りて勅を幕府に下す」などとやはり幕府が出る。[10]

しかし、このころの『孝明天皇紀』が掲載している当時の史料に「幕府」が出ることはない。そ

れに相当する用語は、大方は「関東」である。表題・見出しや「按」は『孝明天皇紀』の編者が付けたもので、その編者が自身の時代の用語を使って、上記のように書いているのである。後世に編まれた史料集や歴史書によくあることだ。歴史は後世から過去を振り返るものであるから、こういったことがよく起きる。当時のことを、後世の概念で表現したり理解したりするもので、歪曲や誤解を招く原因にもなる。本書が問題にするテーマの一つでもある。

『孝明天皇紀』が収録している史料に「幕府」が出るのは、管見では、第三巻の安政五年八月五日の条の記述に、「十八日勅書幕府に下る」[11]と出るのが最初である。しかし、この記述が典拠にしている『開国起源安政紀事』というのは、後世の明治二十一年に刊行されたもので、幕末当時の史料ではない。[12]『孝明天皇紀』が収録している当時の史料で、「幕府」がよく出るようになるのは文久元年（一八六二）末のころで、予想に反して非常に遅い。その多くは、長州藩と薩摩藩が公武合体の周旋をするために朝廷に差し出した文書のなかに出る。

『孝明天皇紀』三の文久元年六月二日の条に、長州藩の建白書として長井雅樂（うた）の「航海遠略策」が掲載されており、そのなかに「幕府」が盛んに出る。[13]また、同書の文久元年十二月の最後の条には、薩摩藩の大久保利通が朝廷に差し出した、島津久光率兵東上に関する文書が掲載されているが、それにも「幕府」が何度も出る。[14]

この当時、朝廷では幕府を指す呼称はほとんどが「関東」であったが、幕藩体制下にある諸大名家・諸藩では以前から「幕府」が使われていた。自分たちの総大将に当たる徳川将軍の政府をそう呼んだのである。その点で、朝廷に「幕府」を持ち込んだのは、武門の者たちであったと言ってよい。そしてその後、朝廷でも従前からの「関東」に加えて「幕府」が使われるようになる。

幕末の当時、実際に使われていた「幕府」の語義を伝えるものに、イギリス公使館通訳のアーネスト・サトウが聞いた「Baku-fu」がある。サトウはオールコックとパークスの両公使に仕えて長く幕末の日本にいて、国中を広く動き回っている。そのサトウが慶応三年の秋、久留米でのことを次のように書いている。

「すでに酔いのまわっていたナガタが声を張り上げて『京都を攻撃してはならん。幕府を倒せ(destroy Baku-fu.)』となった。この Baku-fu というのは、軍事的権力を意味する言葉で、大君の敵対者たちが大君の政府を呼びならわして言うものだ。」

サトウは「幕府」を「軍事的権力を意味する言葉で」（これは日本語で言えば「覇府」に相当する）、その「敵対者たち」が「呼びならわして言うものだ」と捉えている。サトウは無論、幕府側の人物ともよく付き合っているが、彼らはあまり「幕府」とは言わなかったのであろう。確かに、当時の文献史料でも、「幕府」は諸藩の側のものによく出る。そのほかに「幕」という言い方もしばしば出る。これは、単に省略体というだけでなく、やや揶揄気味の言い方になる。

次に「朝廷」であるが、朝廷という語は『孝明天皇紀』でも、天皇が奉幣使（幣帛を神宮等に奉献する勅使）に授けた宣命（宣命体と呼ばれる独特の表記法で書かれる）のなかで、「天皇我朝廷乎」といった言い方で弘化年間の早い時代から使われている。[16] また、「朝臣」、「廃朝（天皇が喪や日食等で政務に臨まないこと）」や「朝せしめ」といった語もよく出るので、朝廷という用語が以前から使われていたことは間違いない。

しかし、『孝明天皇紀』に収録されている当時の史料に「朝廷」が出るのは、調べたところでは、安政五年正月に大臣・議奏・武家伝奏ら十二名が天皇の求めに応じて上書した奉答書に出るのが最初のようである。

その奉答書というのは、この前年の安政四年に幕府が進めていた日米通商条約の交渉経緯について、林大学頭らが上京・参内して大臣ら十二名に説明したのに対し、彼らがそれぞれ自身の感想・意見を述べたものを言う。このとき、十二名のうちの二名が提出した奉答書に「朝廷」が出る。[17] なお、このときの十二名の奉答書で、「幕府」はなお出てこない。それに相当する語は、やはり「関東」がほとんどで、そのほかに「東武」、「柳営」が出る。

この二名の奉答書に「朝廷」が出たあと、幕府側の文書でも、安政五年六月二十一日付の堀田正睦ら老中五名連署の武家伝奏宛書状で、「朝廷に御申上げ済み」や「朝廷にて御配慮」といった言い方で「朝廷」が出る。[18] これまでは、幕府側が使う朝廷に相当する語は、ほとんどが「禁裏」で、そのほかには「禁廷」・「御所」・「禁中」などであった。

以上から、『孝明天皇紀』収録の公式の文書で見る限り、「朝廷」がよく使われ始めるのは安政五年（一八五八）以後で、「幕府」と「朝廷」がともによく使われるようになるのは文久元年（一八六二）以降ということになる。

さて次に、今日われわれが徳川（江戸）幕府と呼んでいるものについて少し触れておく。徳川幕府というのは、徳川家康が慶長八年（一六〇三）に後陽成天皇からの征夷大将軍の宣下を受けて江戸に開府したものを指す。家康はその三年前、慶長五年（一六〇〇）の「天下分け目の戦い」の関ケ原の合戦で覇者となり、いわゆる「天下人」となって武家政権を立てている。家康は武力によって天下を取った後に、天皇から征夷大将軍に任じられ、江戸に幕府を開いたことになる。

天皇は数ある武将のなかから家康を征夷大将軍に任じたわけではない。覇者となり「天下人」となった徳川家康に、征夷大将軍の宣下をしたのである。家康が全国を支配する武家の頭領になったのが先で、天皇から征夷大将軍を任じられて徳川幕府を開いたのは、そのあとということになる。

とは言え、家康が立てた武家政権は覇者による政権であり、これを全国政権として名分のあるものにするには、天皇による認証が必要であった。その認証になるものが征夷大将軍の宣下であり、それを受けることによって、日本を守るための軍事統率権が正式に授与され、幕府による全国統治も併せて公認されたことになる。これが日本の武家政権の形態である。

家康は関ケ原の戦いに勝利してすぐに、西軍諸大名から没収した領地等を、論功行賞などで東軍の諸大名に分配するなどして、全国諸大名の所領を確定する。その所領決定とその後の秩序維持

（「安堵」）によって、家康は全国大名を実質的に統治した。後世になっても、多くの大名が、自分の領地は「神祖」・「神君」（徳川家康の尊称）から授かったものとするのは、そのことを物語っている。

　毛利氏や島津氏などのように敗者側にいた諸侯でも、取りつぶしに遭わず、のちのちまで所領を安堵された者は、幕末に至るまで徳川氏への恩顧を口にする。所領の決定は家康の専決によるものであって、朝廷はこれに関与していない。領地こそ大名の命（いのち）であり「国」であってみれば、多くの大名が徳川氏への恩顧を言うのも当然である。

　かくして、名目的にも実質的にも徳川幕府が全国統治をする中央政府となり、やがてそれが「御公儀」と呼ばれるようにもなる。しかし、それから二百年近くもたったころ、上述のように西暦でいうと十八世紀末ごろから、日本も西洋からの波を受けて揺らぎ始める。新たに大政委任論や鎖国論が唱えられ、また、皇統一姓の天皇を頂点に戴く皇国のイデオロギーが世に普（あまね）く浸透していく。

　これが後世から見れば幕末期の第一段階の始まりであった。その第一段階は、まだ比較的緩慢に進むが、いわゆる「黒船来航」を画期として幕末も第二段階に入り、明治維新までの十五年間、世はまさしく「内憂外患」[19]の波瀾の激動期となる。

　第一段階が比較的緩慢に進んだのは、まだ大政委任論や鎖国論がそれなりに有効に機能していたからである。しかし、第二段階に入ると、それらがむしろブーメランのように、その矛先（ほこさき）を幕府に向けて返ってくる。幕府は征夷府でありながら、天皇が命じる攘夷を果たすことができず、大政委任されていながら国政に混乱を来たし、問題百出となったからである。

そのブーメラン現象の典型的な事例を、吉田松陰の言動の変化に見ることができる。松陰は安政三年七月に書いた文書で、先輩の長州藩儒学者・山縣大華を批判して次のように言う。

「余が本意は幕府・諸侯と共に天朝を奉事するにあり。天朝より宣下ありたる大将軍なれば、天朝の忠臣と見るなり。万一不忠の事あらば、諫規の責、諸侯以下みなこれを任ずべし。大華の意は、大将軍を天朝の逆臣と見たるなり。」[20]

松陰は元来「尊王敬幕」の思想家であり、この時点では、「天朝より宣下ありたる大将軍なれば、天朝の忠臣と見るなり」として、大華の「大将軍を天朝の逆臣」とする見方を激しく批判している。

しかし、その松陰がこの二年後、日米修好通商条約締結直後の安政五年（一八五八）七月に著した「大義を議す」では、

「国患を思わず、国辱を顧みず、而して天勅を奉ぜず。これ征夷（大将軍あるいは征夷府）の罪にして、天地も容れず。神人みな憤る。これを大義に準じて討滅誅戮して、しかる後可なり。少しも宥すべからずなり。（中略）征夷は天下の賊なり。今おきて討たざれば、天下万世それ我を何とか言わん。…。」[21]

と、幕府を烈火のごとくに弾劾する。

敬幕家で大政委任論者であった松陰も、安政五年にはその態度を一変させたのである。この松陰の変化は、大政委任論や鎖国論のブーメラン効果をよく物語っている。

松陰はここで、「征夷」すなわち大将軍あるいは征夷府を「大義に準じて討滅誅戮」すべしと言

う。松陰は、「討幕」という用語を使うことはなかったが、彼は安政五年六月の幕府による無勅の日米修好通商条約締結をもって、ほぼ即刻に討幕論を唱えたことになる。

孝明天皇は、幕府が無勅のまま日米修好通商条約を締結したことに憤慨して、譲位を口にするようになる。安政五年八月八日には関白九条尚忠に、

「蛮夷一件にては愚存（譲位の念）この春申し述べた通りで、仮に条約の儀にあい成っては、実にもって神国の瑕瑾…。ただただ、無拠次第にて条約調印…、厳重に申せば違勅、実意にて申せば不信の至り、…。是非是非、衆議の上、右の両条を関東へ通達するよう、…。」[22]

と命じる。これがいわゆる「戊午の密勅」につながり、これがもとで、このあと大老井伊直弼は強権を発動して「安政の大獄」となる。松陰の上の言明は、天皇が条約の締結を「違勅」とする一ヵ月前のことである。松陰はこのあと「安政の大獄」で捕縛され、翌安政六年十月に「公儀をはばからず、不敬の至り」をもって断罪に処せられる。

三、討幕・廃幕等の定義

多くの歴史書で討幕と倒幕はあまり区別されることなく、大まかに幕府を征伐・打倒するといった意味合いで使われているようである。しかしそれでは、その二語が別々にある意味がなく、また論者同士の議論がかみ合わないことにもなる。そこで本書では、その両語とともに、廃幕および

閉幕（へいばく）と奪幕についても併せて定義しておく。

それぞれの語義はほぼ字義通りで、討幕は幕府を討つ、倒幕は幕府を倒す、廃幕は幕府を廃する、閉幕は幕府を閉じる、奪幕は幕府を剥奪するという意味である。これらで、幕末当時に実際に使われていたのは討幕のみで、倒幕と廃幕はほとんど使われず、[23]閉幕と奪幕はここで新たにつくった造語である。

討幕は、幕府に罪科があることにより、それを討つという意味を持つ。当時の名分論や君臣の義からして、幕府に罪科ありとしてその命を出せるのは天皇のみであるから、結局のところは、討幕は天皇の命によって幕府を討伐するものを指すことになる。

それに対して倒幕は、幕府を倒すという語義を持つ一般的な概念である。討幕も幕府を倒すものであるから、倒幕のなかの特殊なケースになる。倒幕の代表的な事例としては、覇権争いで相手方の幕府を倒すものが挙げられる。もっとも、倒幕は、幕末期当時にはほとんど使われておらず、歴史上の学術用語のようである。そこでは徳川幕府に対立する者がそれを倒して亡くしてしまうという、かなり広範囲な意味合いで使われている。

ところで、討幕と倒幕とのあいだには、用語上、厄介な問題がある。いわゆる同音異義語であるために生じる問題である。しかも、この両者は異義とは言えないほどに、語義もよく似ているから厄介なのである。話し言葉で「トウバク」と言っても、討幕を指しているのか、倒幕を指しているのかわからない。しかも、語義がよく似ているために、会話上などでは、討幕と倒幕の語義の違いなど関係なしに話が進むことにもなる。このことからして、当時「トウバク」は、ここで規定した討幕と倒幕の違いを特に分別することなく、渾然一体にして使われていた可能性がある。今日同様であるのも、そのことが関係しているのかもしれない。

次に廃幕であるが、幕府を廃止するということは、討幕も倒幕もそのためにやっていることでもあるので、それらも広義にはこの廃幕の概念に包摂される。しかし、廃幕という用語は、一般には討幕や倒幕などとは違って、比較的穏健に幕府を廃止するものについて言われることが多く、本書でも主にその意味合いで用いる。廃幕には、幕府を廃止するという広義の概念の廃幕と、穏健な方法で幕府をなくするという狭義の概念の廃幕とがあることになる。

廃幕には、幕府自身がするものと、幕府外の者がするものの二種類がある。前者は自発的な廃幕になるが、この廃幕にも二種類がある。一つは自ら廃幕にした上で徳川氏は一大名に返るというもので、もう一つは征夷大将軍を返上するが、それによってむしろ朝廷からの独立性を高めて徳川政権の強化を図ろうとするものである。このうち、前の方の自主廃幕を本書では特に閉幕と呼ぶ。

幕府外の者がする廃幕は、当然ながら何らかの強制が働き武力を伴うことにもなる。その最たるものが討幕や倒幕である。しかし、この廃幕には、討幕や倒幕とは違って、徳川幕府から幕府（覇権）を剥奪して徳川氏を元の一大名に返して、他大名と同様に朝廷を扶翼させようとするものがある。この廃幕を本書では特に奪幕と呼ぶ。先の閉幕もこの奪幕も、徳川氏を一大名に戻す点では同じであるが、自主による廃幕か他者の強制による廃幕かの違いがある。

奪幕には、それをする主体が天皇である場合と天皇以外の者である場合とがある。天皇の場合は、征夷大将軍の任免権者がそれをするのであるから比較的穏当に行くが、天皇以外の者がそれをする場合は、武威や武力行使を伴うものになりやすい。そのため、この後者は概念として倒幕に近いものになるが、奪幕はもとより徳川氏を一大名に返そうとするもので、その目的が明確な点で倒幕とは異なる。討幕や倒幕は、一般にそれをした後の徳川氏の扱いが不明確であり、その点でも、奪幕を新たな概念として立てておく必要がある。

最後に、本書の表題に掲げる討幕論と廃幕論であるが、討幕論というのは幕府を討つべしとする論のことで、廃幕論は幕府を廃止すべしとする論のことである。この討幕論に関しては、これに対置して、その討幕論を忌避し警戒して言われる反討幕論というのを、ここで前もって定義しておく。幕末期、討幕論そのものよりも、それを忌避し警戒する反討幕論の方が先に起こり、実際にもこちらの方が旺盛であったと見られるからである。

四、王政復興運動

尊王攘夷論者には、覇道による幕府政治を否定して、王道による政治の復興を求める者が多い。その彼らが、現幕府が天皇の命じる攘夷に少しもこたえられないのを目の当たりにして、王政復興の運動を活発化させていく。桜田門外の変から半年余りの万延元年（一八六〇）九月と十二月の二度にわたって、福岡藩士・平野国臣（次郎）が蟄居謹慎中の久留米藩士・真木和泉（保臣）を密かに「山梔窩」に訪ねて、王政復興運動について話し合っている。[24]

真木も平野もすでに京都や江戸に出て諸藩の者と交わり、尊王攘夷の活動家として天下にその名をとどろかせていた。二人のいる九州には、京都や江戸からも同志や仲間の者たちがやって来た。公卿・中山忠能家の諸大夫・田中河内介もその一人で、安政年間に二度と万延二年初頭の都合三度九州を巡遊している。

河内介は真木に会おうとしたが、三度とも果たせなかった。真木が久留米藩の「嘉永の大獄」に連座して、十年間近くも幽閉状態に置かれていたからだ。それでも、河内介は真木の嗣子・主馬や親族の者と親交を結び、その後も彼らを通じて連絡を取り合っている。河内介はそれらの九州巡遊を通じて、豊後岡藩の小河一敏や肥後藩の松村大成とも入魂になって活動の連携を約束し、このあと文久元年（万延二年二月に文久に改元）十一月末には、江戸から上京して来た清河八郎が、河内介の添書を持って彼らを訪ねている。

本書では、これらの尊王攘夷の志士たちを、特に「尊攘士」と呼ぶことにする。[25]彼らは藩士としてよりも、藩を離れ（浪士として）藩を越えて活動する武士たちで、総じて、将軍や大名（藩主）に対してよりも、天皇（天子・主上）に対して直接的に忠誠を誓う者たちで、自身をしばしば「臣子」と呼んでいる。

そういった点で、尊攘士は全国的に、また士農工商などの身分を越えて結び付きやすい者たちでもあった。もっとも、彼ら自身は軍事力も特段の経済力もないので、何か事を起こそうとするときには、やはり、いずれかの大藩に頼るほかはなかった。

真木和泉は安政五年十月に「大夢記」（漢文体）を起草している。一部だがそれから引く。

「朕、東海を巡狩し以ってその罪を問わんと欲するなり。…。幼主（徳川家茂）を徴して（召し出し）、甲駿の地に封ず。…。別して（代って）、親王を安東大将軍に為し、大城（江戸城）にいる某藩の兵これに隷す（したがう）。…。乃ち死を太宰（執政）以下に賜う。遂に大城に幸（行幸）す。」[26]

時期からして、おそらく日米修好通商条約が「違勅」となったのを聞いて草したものであろう。天皇自らの親征を夢見ている。「幼主」の将軍家茂を討つのではないが、彼から征夷大将軍職を剥奪して、徳川宗家元来の国元の「甲駿（甲斐・駿河）の地」に戻し、「親王を安東大将軍に為し」、「太宰（執政）以下」を討つと言う。

討幕を言っているように聞こえるが、将軍を討つのではなく、徳川氏は「甲駿の地」に戻すとしているのだから討幕とは言い難い。どちらかと言うと、先に定義した奪幕に相当する。しかし彼らの場合は、征夷大将軍職を無くすというのでもない。徳川氏からそれを取り上げ、改めて皇族を任ずるというもので、その点では後の一般的な奪幕論とは違う。

真木はまた、桜田門外の変を聞いてすぐ、万延元年五月に草した「密書草案」では、[27]「天朝の事において、もとより臣子だけの分を尽くす」として、次のように言う。

「彼（幕府）の運も既に限りありと見えたり。…、自ら斃れる勢いなれど、余りなりゆくままに致しおくと、思わぬ所に天命下りて、またまた覇者の世とならん。」

続いて、「或国（長州藩と察せられる）」に「義旗を挙げさせる」として、その方略を次のように言う。

「その国はかねて、器械整いて巨艦も大砲も十分調いたれば、九千の精兵を撰み、国君が三千を率い、…、華城（大坂城）を乗っとり、…、（天子）玉輿を奉じて華城に入れ奉り、…。親王をもって安東将軍に任じ、近辺の義侯に副将軍職を任じ、それより鹿島を拝し仙城（仙台城）に臨み、北夷の処置を議し、左折して羽・越を経、…。」

要するに、「或国」に義兵をさせ、それによって先の「大夢記」のごとく、天皇が親征して全国制覇し、この国を「覇者の世」ではなく、「天朝」が「仁政」によって治める国にするというのである。真木の天皇親征論である。

この真木の「密書草案」の翌年になるが、文久元年四月に薩摩藩士の有馬新七が、藩主・島津茂久に国事周旋の率兵東上を求める上書を提出している。有馬は早くから江戸・京都に出て活動した薩摩藩尊攘派の代表的人物である。安政の大獄の嵐が吹き始めた安政五年の九月には、西郷隆盛・堀仲左衛門（次郎）らと東西同時の義挙計画を立てて江戸と京都を奔走し、また翌六・七年にかけては、大老井伊直弼誅殺の「斬奸計画」を立てて、水戸藩士と共謀した薩摩藩「盟中」（一般に「精忠組」や「誠忠組」などと呼ばれている）の中心メンバーでもあった。

有馬はその上書で、まず「臣子の情義、拱手（手を組み）・緘黙（だんまり）罷り在り難し」として、次のように言う。

「去年三月奸魁・井伊掃部頭伏誅以来、夷賊いよいよ横行致し、幕議は却ってますます偸安の方に赴き、…、主上宸襟（お心）ますます穏かならず、…、赫々たる皇国ついに夷狄の正朔を奉じ（統治に服する）、開闢以来未曽有の御瑕瑾到来も計り難く、実に我が国安危興亡に関係する御一大事、このときです。…。大義を正し名分を明らかにし、上は朝廷を靖んじ奉り、中は幕府を輔け、下は万民左袵（夷狄）の苦を令免賜ら。」[28]

井伊斬奸は成ったものの、その後「夷賊いよいよ横行」している。にもかかわらず、幕府は一時しのぎの策を取るばかりで、「宸襟ますます穏かならず」、今こそ、大義名分のもと「朝廷を靖んじ」、「幕府を輔け」人民を救うために薩摩藩が立つべきときだと言う。

この有馬の上書と先の真木の「密書草案」とで大きく違うところは、有馬の上書では「中は幕府を輔け」とあるところだ。真木があくまで幕府をなくして、王政復興を目指しているのに対して、有馬はそうではない。

有馬は自ら「臣子」と言うものの、島津家家臣としての忠義心はなお強い。もっとも、「中は幕府を輔け」とあるが、それは「上は朝廷、下は万民」という常套文句からすれば、いささか取って付けた観が否めない。

その「幕府を輔け」るには、まずは幕政改革が必要であるとして、有馬は次のように言う。

「太守様（茂久）より、一橋侯（徳川慶喜）を徳川御家御後見、越前侯（松平春嶽）を大老職に任ぜられるようご建白あらせられたく、…。」

これは、この翌文久二年に島津久光が率兵東上して、その通りに実行したものである。

有馬は続いて、方策の「第一策」として次のように言う。

「太守様ご英断なされて、天下義兵の魁主（かいしゅ）となられ、速やかに尾張・水戸・越前…土佐等の有志の御大名に直書遣わされ深くご結合の上、期限を定めて京師にご出馬、勤王のご趣意奏聞の上、勅命ご奉戴され、奸賊安藤帯刀（信正）・酒井若狭守（井伊政権下以来の京都所司代）等が輩をご誅伐され、幕府をご補佐、諸大名を和輯（わしゅう）し外夷を排除して、皇室再造の御策略ご決定為されたく存じます。」

これから、有馬の考えは、まずは、井伊政権以後もなお居残っている奸賊を誅伐し、その上で、諸大名を結集し、外夷を排除して「皇室再造」することにあることがわかる。

有馬はこの上書でも、

「普天率土（ふてんそつど）、いずれか、皇臣でない者、皇土でない所があり得ようか。皇土に生まれた皇臣として、朝廷の御危迫、皇国の存亡に関係致し儀を、どうしていつまでも望観まかりありりや。」

と言う。長州の久坂玄瑞の言い方によく似ている。有馬は正真正銘の尊王主義者であり皇国主義者である。上書では「中は幕府を輔け」などと言うが、実のところは、有馬の心奥は真木に近い。

この有馬の上書とほぼ同時期、平野が文久元年七月に長文（漢文体）の「尊攘英断録」を書き上げ、それを同年十二月に「回天管見策」として薩摩藩主に差し出している。一部だが訓読体にして引いておく。[29]冒頭に、

「天下の形勢を観るに、西洋鴃舌の（かまびすしい）猾夷（狡猾な外夷）、邊陲（くにざかい）に陸梁（跳梁）し、まさに赫々たる神明国を腥羶（なまぐさくけがらわしい）の荒域と為さしめんとする。譬えれば、人体に癰疽（悪性のできもの）を醸す勢い。…。」

とある。

この前文からだけでも、平野がいかに洋夷を忌み嫌っているかがわかる。平野は嘉永六年に二度目の江戸赴任をした際に、ペリーの「黒船」騒動を経験している。続いて次のように言う。

「幕府の有司、ただ一人の英断士の無きのみならず、讒諂面諛（人の悪口を言い、またへつらう）の徒、府廳に跋扈し、…、軋軌（きしんだあと）を箴めず、泄々（たるんで）沓々（かさねがさね）、今日に至るは何ぞや。…。今においてなお黯然として察せずんば、ますます黠夷（狡猾な洋夷）の術中に陥らん。開港籍地（土地の貸与）、かくて四海八面みな渠の巣窟と為さしむ。」

平野が、洋夷と交渉などする「幕府の有司」をひどく嫌悪していることもわかる。また、

「開国（五ヵ国通商条約締結）以降、未曽有の大恥辱なり。これ誰の過誤なりや。弁ぜずして明らか（大老井伊直弼）なり。王命を犯す者は必ず誅される。これ古の制なり。」

とも言う。

さらに平野は、「外寇」と戦うには、まずは「天下を一にせざることあたわざる也。天下を一にする者は王室を尊ぶより善はなし」と言い、また、「海内一に帰すは、攘夷第一の策たり也」とも言う。論理は明快である。

そして平野は、「今上皇帝（現天皇）は希世の天縦、聡明叡智」、「覇業を憎み、しこうして王道を詢（はかる）のが孔孟の行いなり」とする。真木が「即今至尊の聖徳、古来比類すべきなく」（「義挙三策」文久元年十二月）とするのとまったく同じである。彼らにとって、「今上」天皇が「希世の天縦、聡明叡智」で「覇業を憎」んでいるのは、もとより自明のことなのである。これまた明快である。しかし、それらは彼等の観念としての天皇であって、それが今上天皇というわけではない。

また平野は、

「将軍は大任。…。故に昔はこれを臣下に委ねず、皇族を任じた。後世になって、臣下をこれに任じたため、大権が下に移り、遂に武家が天下に跋扈して、覇業を開く。このため、ここにおいて皇室衰微ここにきわまる。」

として、「青蓮院宮（中川宮）を迎えて征夷大将軍と為し」とも言う。征夷大将軍には皇族を就けるべきで、それに武家を命じたために、「覇業を開」かれ、「皇室衰微ここにきわまる」と言う。

平野は先の真木と同じく、武家による「覇業」を嫌悪し「王道」による政治こそがこの皇国の政治のあり方だとし、その復興運動のために一身を奉じているのである。

この年文久元年十一月末には、庄内藩郷士の清河八郎が、江戸から薩摩藩浪士の伊牟田尚平らとともに上京し、京都で田中河内介に会い義挙について話し合う。清河は江戸で、幕臣の山岡鉄太郎や在府中の薩摩藩士の益満新八郎（休之助）・美玉三平（雷西）らと「虎尾の会」を結成して尊攘活動の先頭に立っていた。

清河らは京都で河内介からの添書と中山忠愛の密書（青蓮院宮の令旨なるもの）を授かって九州に向かう。十二月二日に肥後に入って高瀬（現・玉名市）に松村大成を訪ね、そこで翌三日に平野に会い、鎮西の尊攘士の糾合と京都での義挙について話し合う。そのあと、清河らは平野を介して真木を「山梔窩」に訪ねてもいる。

それらのいずれでも、清河は幕府が和学者・塙次郎（塙保己一の子供）に命じて廃帝の先例を調べさせていること、さらにそれに加えて、京都で河内介と相談して案出した青蓮院宮の令旨が出るという話を、各所でして回る。[30] 青蓮院宮の令旨の件は、中山忠能の長男・忠愛が青蓮院宮と親しかったこともあって話が作りやすかったようである。河内介は長く中山忠能家に仕えて、忠愛らの教育係を務めてもいた。

廃帝の風聞というのは、江戸でも京都でも噂になっていたもので、もとは、老中安藤信正が別件で塙に調査を命じていたことが歪曲されて伝わったようだ。もっとも、幕府の一部で、実際に廃帝についての論議があったのは事実である。幕府と朝廷の両方でそのことが噂になっている。塙はこの噂のために、文久二年十二月に暗殺される。

清河は九州巡遊中、「季冬（十二月）六日」付で薩摩に帰っていた美玉三平に、次の書簡（漢文体）を送っている。

「今や天機（天皇のお気持ち）忽ち発して、草莽の義侠を募り、夷狄を攘斥せんとの密旨あり。…。すなわち、卑賤なること僕らの若き者をして、先ず西藩の義侠を徴し、一挙して錦旗を奉じ、然る後、天下に号令せしめんとす。これ誠に万世一時、豪果英決の断、また何ぞ足下（貴兄）に疑いあらんや。…。皇子某君（青蓮院宮のこと）を奉戴し、狄虜を斥逐し、幕府の奸吏を殲滅せん。…。願わくは足下驟に同志を促し、倶に身を皇室に致さんか」[31]

清河は自分たち「草莽」の糾合を図るために、美玉に檄を飛ばしているのである。清河らの方略は、真木・平野らの義挙が雄藩に頼るものであるのに対して、浪士・草莽らを結集して自分たちの力で義挙しようとするものである。ただし、清河らの策も、天皇の親征が基本であり、その点では真木・平野らと同じである。

もっとも、真木や平野にしても、また有馬や清河にしても、誰も幕府や将軍を倒すとは言わない。上で見たように、真木は「死を太宰（執政）以下に賜う」、平野は「幕府の有司…。王命を犯す者は必ず誅される」、有馬は「奸賊安藤帯刀・酒井若狭守等が輩をご誅伐」であり、この清河もまた、「幕府の奸吏を殲滅せん」である。これだけそろってこういう言い方をするということは、やはり、彼らに孝明天皇への気遣いがあったからであろう。孝明天皇と将軍家茂は和宮の将軍家降嫁で義理の兄弟にもなっている。その家茂を討ったり、討幕や倒幕を唱えたりするわけにはいかないのであろう。

また、彼らに征夷大将軍をなくするような気はまったくない。将軍には皇族を当てるというのが一致した考えである。再び「覇者の世」にしてはならないからだ。また、その皇族に「青蓮院宮（中川宮、朝彦親王）」を当てるという点でも皆同じである。安政七年の桜田門外の変の「斬奸趣意書」に、「安政の大獄」で幽閉された親王（「粟田口親王」）としてその名が出て、皆に知られていたからのようだ。

九州で清河と平野や真木らが会っていたころ、彼らのもとに薩摩藩主の率兵東上というビッグニュースが伝わる。平野はさっそく伊牟田尚平とともに薩摩に向かい、文久元年十二月中旬に大久保利通・小松帯刀らに会っている。平野はこのときに、先述のように自身の「回天管見策」を差し出し、併せて真木から預かっていた「義挙三策」も手渡し、大久保らからは、「国父」島津久光の率兵東上の話を聞く。大久保はこの直後に、その準備のために京都に向かう。

平野・伊牟田が薩摩を出る直前の十二月十七日には、伊集院でその二人と有馬新七・田中謙助・柴山愛次郎・橋口壮介・美玉三平らが一堂に会し、平野が清河八郎らと立てている京都義挙計画を話して、そのもとでの相互連携の相談をする。清河は一月七日に九州をたって京都に戻り、田中河内介と中山忠愛に九州歴訪の報告をする。尊攘士たちの京都義挙については次章二節で述べる。

五、公武合体運動

桜田門外の変が起き、その後、尊攘士たちの王政復興運動が活発になる一方、他方では、有力大名による公武合体運動が起きる。これは、朝廷の政治的地位が浮上するなか、朝幕間に起きている亀裂を修復して、朝幕および公武のあいだの融和・協調を図ろうとするものである。以下、少し以前にさかのぼって、この運動に至る経緯を見ておく。

前述のように、孝明天皇は安政五年八月八日に関白九条尚忠に、幕府による日米修好通商条約の締結を、

「厳重に申せば違勅、実意にて申せば不信の至り、…。是非是非、衆議の上、右の両条を関東へ通達するよう、…。」

と命じ、朝廷から水戸藩に「戊午の密勅」が発せられ、これがもとで「安政の大獄」が起きる。しかし、その「密勅」の内容自体は、水戸藩主に対し幕府に協力して、外様の諸侯を含め「一同群議評定」せよと命じるもので、さほど大きな問題を孕(はら)むものではなかった。また、幕府の処置についても「軽率の取り計らい、大樹公賢明のところ、有司心得いかにもご不審に思召されている」として、将軍家茂や幕府を責めることをせず、条約締結をした「有司」の責任を問うものになっていた。[32]

そして最後には、

「何とぞ公武御実情を盡され、御合体永久安全のようにと偏に思しめ召されている。」

として、「国内治平、公武御合体いよいよ御長久のよう徳川御家を扶助」せよと、命じるものであった。要するに、「違勅」の条約締結を責めつつも、将軍や幕府の責任を問うことはせず、あくまで「公武御合体」を望んでいるわけだ。

一方の幕府の朝廷に対する姿勢も、基本的に朝廷のそれと変わるところがない。「公武一和」を強く望んでいる。ともに朝幕の相補的・互助的な関係を崩すわけにはいかないのである。大老井伊は条約の締結を釈明するのに、老中間部詮勝を朝廷に送り、現時では西洋列強を相手に兵端を開いても勝ち目はないので、調印はそれを避けるための「一時の御計略」とか「権道（一時しのぎに取る方便）」であると説明させている。

しかし、大老井伊としては、朝廷からの政治上の命令が幕府の頭越しに、御三家とは言え、一大名に発せられたことについては、これを看過するわけにはいかなかった。大政委任を受けて幕藩体制を敷いている幕府にとっては、面子にかかわる重大問題であったからだ。この密勅問題を幕府の屋台骨を揺るがす大問題と捉えた大老井伊は、このあと強権を発動して、一年以上にわたって「安政の大獄」の嵐が吹き荒れる。

この嵐の最中、安政五年十二月三十日（晦日）、朝廷は幕府に対し「叡慮氷解の勅諚」と呼ばれる次の「宣達書」を送っている。

「大樹公以下、大老・老中役々にも、いずれ蛮夷においては、叡慮のごとくあい遠ざけ、前々御国法どおり、鎖国の良法に引戻すべき段一致の儀、聞こしめされ、誠にもってご安心の御事。然る上はいよいよ公武御合体にて、…、止むを得ざる事情においては、審(つまび)らかに御氷解、方今のところご猶予の御事。」[33]

「止むを得ざる事情」、「審らかに御氷解」と言う。まずは「公武御合体」の方が大事なのである。しかし、両者ともに離反してしまうわけにはいかないので、ともかく、こういう状態でつながっているわけだ。しかし、このような状態も、やはりそのときの双方の力関係で変わる。大老井伊が強権を発動中は朝廷側が低姿勢で、このあと桜田門外の変で井伊が殺されると、かわって朝廷側が俄然(がぜん)高姿勢になる。

井伊のあとを引き継いだ老中の久世・安藤の政権は、井伊政権のときに着手していた、孝明天皇の妹・和宮の将軍家への降嫁策を推し進める。幕府としては、大老井伊横死後の幕権凋落一途のなか、和宮降嫁はそれへの歯止めをかけるべき起死回生の策であった。

この和宮降嫁問題で、朝廷側で終始これに深くかかわったのが、当時、孝明天皇の信任の厚かった岩倉具視である。岩倉は、桜田門外の変から四ヵ月後の万延元年（一八六〇）六月、孝明天皇から和宮降嫁についての諮問を受ける。それへの岩倉の奉答書は次のようなものであった。長文のもので、引用も少し長くなるが要所を引く。

「関東の老吏等も始めて畏懼（いく）（朝廷への恐れ）の念慮あい生じ、朝廷のご威光を借り奉って、関東の覇権を粉飾し、天下の人心を圧服する覚悟にて、和宮御縁組をにわかに内願し、再三に及んでいる儀と存じております。…。

目今、関東の覇権は最早地に墜ち、昔日の強盛にはなく、井伊掃部頭（かもんのかみ）は大老の重職に居ながら、自己の首領（首級？）さえ保護できずに、路頭において浪人の手にあい授けました。これ明確なる一証であります。…。

最早（もはや）衰運とは申しながら、東照公（家康）以来二百余年間太平を致させておれば、その徳沢（とくたく）は人心に浸染しており、…。万一にも干戈をもって多年の失職の罪を問うような挙動があれば、…。遂には、関東に代って覇権を掌握しようとする策謀をめぐらす者もないとは申し難く、またもし、この虚に乗じて浮浪過激の徒は五蛮（通商条約を結んだ外国五ヵ国）の商館を焼討ちなどし、一時の決意を講ずべきとする者も出て、五蛮の者は申し合わせて、…、沿海の国郡を略奪してほしいままにその国の旗幟を建てるようなことにもなりかねません。

かようなことになっては、内憂外患一時に差し迫り、厳然と御国是を確立遊ばされたき御盛意は、かえって五蛮の術中に陥る拙計とあい成る次第で、識者は取らないものです。

目今の時機は、先ずはその名を捨てなされて、その実を為される御方略、肝要のことと存じます。

幸いにも、過日以来関東より熱心に和宮御縁組を再三内願に及んでいる故、朝廷においては特別出格の聖恩を垂れなされて、…、公武御一和を天下に表示なし遊ばれて、漸次に五蛮の条約（五ヵ国条約）引戻しは勿論、御国政の大事件は（朝廷に）奏聞の上それぞれ執行するべきよう、関東に懇々と御沙汰なされれば、…。

かように、関東へご委任の政柄を、隠然と朝廷にご収復のご方略に拠りなされれば、大政ご委任の名義はなお（幕府に）存在仕りながらも、その実権は朝廷において掌握なされる御事あいなります。今日、和宮御一身は実にもって九鼎（中国古代の夏・殷・周の三代に伝わった宝物）よりも重く、御縁組の内願をご許容なさるのと、なさらない儀は、皇威のご消長に関係しますので、…。

ついては、関東へはまず五蛮条約引戻しの儀、速やかに実行仕るよう御沙汰遊ばされて真実のお請けもあれば、皇国の御為（おんため）と思召され、和宮へお勧め遊ばされ、ご納得あらされれば、関東へ御縁組の内願ご許容の御沙汰遊ばされる御儀と存じ奉ります。」[34]

ここには、岩倉の日本の政治情勢の認識と彼の国政についての考え方、そして彼の策士ぶりがよく表れている。

「大政ご委任の名義はなお（幕府に）存在仕りながらも」「その実権は朝廷において掌握」して、「御国政の大事件は奏聞の上それぞれ執行する」と言う。この時期ではまだ、「大政返還」や「王政復古」ではなく、国政の重要事については奏聞させて天意を仰（あお）がせる、天皇親裁制とでもいうべき政体を想定しているようである。

和宮降嫁については、幕府に五ヵ国通商条約の破棄を約束させることを条件に、「御縁組」を許されるのが得策だと言う。和宮降嫁は、幕府にとっては起死回生策であったが、朝廷にとってもまた、「皇威のご消長に関係」する「すこぶる御大事」であった。

　この岩倉の上書を受けて、天皇は関白九条尚忠に指示を与え、幕府へは「蛮夷拒絶」が和宮降嫁の条件であることが伝達される。幕府はそれを受けて万延元年七月末に、京都所司代・酒井忠義（ただあき）を通じて朝廷に次のように奉答する。

「ただ今軍艦・鉄砲製造真っ最中にて、決して懈怠（かいたい）致しておるわけには更になく、追々衆議を尽くし計策運びますところ、当節より七八年ないし十ヶ年もあい立つ内には、是非々々応接（交渉）をもって引戻すか、又は干戈を加え征討するか、その節の処置方に至っては、…、予（あらかじ）めこのようとは申し上げ難いのですが、いずれにもその節はきっと、叡慮を為し立てられ、ご安心にあいなれられるようのご処置にあい成るべく、……。」35

　今より軍備整え強兵に努めているので、「七八年ないし十ヶ年をあい立つ内には」、交渉によってであれ、干戈によってであれ、いずれにしても、「叡慮」にお応えするつもりだと言う。つまりは、「十ヶ年をあい立つ内には」、通商条約を破棄し「鎖国の良法に引戻す」というのである。

　孝明天皇はこれを受け、万延元年十月に和宮の将軍家降嫁を許し、和宮は翌文久元年（万延二年二月に文久に改元）四月に内親王の宣下を受けて「親子（ちかこ）」の名を賜り、嫁入りの準備に入る。これが成れば、孝明天皇と将軍徳川家茂は義兄弟になり、言うならば、最も明快な形での「公武御合体」が成ることになる。

さて、上述のものは、朝幕双方の直接的な交渉による公武合体の運動であるが、これとは別に、有力大名が朝幕のあいだに入って周旋する、もう一つ別の公武合体運動がほぼ同時期に起きる。その一つは毛利家長州藩の周旋によるものであり、もう一つは島津家薩摩藩の周旋によるものである。

幕府は元来、大名諸藩の国政への関与や朝廷への接近を著しく嫌っており、従前なら、そのような周旋はとても受け容れられるものではなかった。しかも、その両藩が、親藩や譜代などではなく、外様大名であればなおさらだ。しかし、幕威凋落のなか、背に腹は代えられなかったのであろう、幕府はともかくそれらを受け容れている。

この大名による公武合体のための運動も、前述の朝幕両者の直接交渉による公武合体の運動も、当時どちらも「公武御合体」などと呼ばれていたこともあって、歴史上でも同様に両者ともに「公武合体運動」と呼ばれているが、本来、それらは分けられるべきものである。

「公武」の「公」は朝廷、「武」は武門すなわち武家全体を指すことからすれば、朝廷にとっても、大名たちにとっても、その二つが一体となって協力することに問題はない。しかし、幕府にとっては、公武合体の「武」は幕藩体制下において、諸大名（諸藩）が個々に加わるものであってよいはずがない。「武」は武門の代表者としても幕府でなければならない。その点から、本書では、朝幕両者の直接的な交渉による公武合体を用語上、朝幕合体と呼び、他方の雄藩の周旋によるものの方に公武合体の用語を当てることにする。

公武合体運動の先鞭をつけたのは長州藩である。長州藩は長井雅樂(うた)が唱える「航海遠略策」を藩論にして、その長井自身が朝幕のあいだを奔走して周旋に当たる。[36]文久元年五月十五日の日付のある「航海遠略策」について、一部だが要所を引いて解説を加える。

「皇国三百年来、国内のご政道は関東へご委任（大政委任）とあい見え、外国との駆引きも悉く皆関東より仰せ出され」ており、幕府を「皇国の政府」として認めるべきで、「破約攘夷」などというのは、すでに五ヵ国との通商条約が結ばれ、横浜・長崎・箱館では交易も始まっている現状ではおよそ現実的ではない。むしろこの機に、開国して富国・武備充実を図り、将来の攘夷に備えるべきである。

鎖国についても、朝廷は「鎖国」を「祖法」や「叡慮」とされるが、それは「三百年来の御掟(おきて)」に過ぎず、皇国の歴史全体からすれば「神慮」に叶っておらず、むしろ、今般に当たっては「神祖の思召し」を継承して開国されるべきである。そして、これの実行のためには、まず、幕府は「違勅」の条約締結を朝廷に謝って朝廷尊崇の念を天下に示し、その上で、朝廷は幕府へ「厳勅」を下す体制をもって「公武御合体」を図り、国難を乗り越えるための挙国一致の体制を築かれるべきである。

このように唱える航海遠略策は明らかに開国論であり、今日から見れば至極、良識的な論策に思える。多分、当時においても、長州藩がこれを藩論に据えたごとく、少なくとも指導者層や知識人層にとっては十分に説得力のあるものであったはずだ。

長井は文久元年四月末に国元を出発して、京都で議奏の正親町三条実愛を通じて朝廷に航海遠略策を入説し、孝明天皇から朝幕周旋の了承も得て出府する。天皇も「戊午の密勅」の際には大名たちの「衆議」を求めたこともあり、異存はなかったのであろう。また、この「策」にある「五大州が貢を皇国に捧げ」などという言葉に、天皇も気分を和らげたのか、正親町三条によると大いに喜ばれたと伝わる。

しかしこのとき、孝明天皇が長州藩による朝幕和解の周旋を喜んだとしても、開国論の航海遠略策を受け容れたとは考えにくい。朝廷は前述のように、安政五年末の幕府への「宣達書」で、

「前々御国法どおり、鎖国の良法に引戻すべき段一致の儀、聞こしめされ、誠にもってご安心の御事。然る上はいよいよ公武御合体にて、…。」

とし、また、万延元年八月には幕府から、

「七八年ないし十ヶ年も立つうちには是非以って応接引戻しかまたは干戈を加え征討するか、…。」[37]

の言質を取っており、孝明天皇がこのときに、急にそれらを自ら反故にするような気持ちになったとは考えにくい。長州藩が動くならやらせてみよう、幕府側の様子もつかめる、といったところが本音であっただろう。

長井は江戸で久世広周・安藤信正の両老中に会って航海遠略策を説明し、周旋依頼の回答を直ちに得ることはできなかったものの、好感触を得て八月末に萩に帰国する。このあと、参勤交代で藩

主毛利慶親（よしちか）（敬親）が元年十一月に出府した折に、慶親が将軍家茂から正式に朝幕周旋の依頼を受けている。長井はそのときも藩主に随従しており、それを聞いた上で再びいったん帰国する。

次に薩摩藩による周旋であるが、薩摩藩の公武合体運動は長州藩のやり方とはずいぶん違って世間の意表を突くものであった。それは、「国父」島津久光が鹿児島から陸路、重装備の兵を引き連れて上京し、その上で朝廷から勅諚を得て、東行・江戸出府するというものであった。この薩摩藩の率兵東上について、三谷博氏は次のように書かれている。

「島津久光の率兵上京は前例のない大胆不敵な行為であった。実備を備えた一〇〇〇余の大軍の行軍は太平の世にかつてなかったことであり、大名が入京して直接公家に面謁することは、通念においては、幕法を無視した傍若無人の振舞いと見なされた。

のみならず、久光はその大名ですらない無位無官の陪臣に過ぎなかったのである。京都所司代酒井忠義がこれを制止しえず、また久光の上京を機に京坂間に雲集した尊攘の浪士の鎮圧を彼に任さざるを得なかった事実が、幕威の衰退を白日に曝したことはいうまでもない。」[38]

薩摩藩がこういった策を立てたのは、かなり早く文久元年十月のころで、新たに久光の側近に就いた小松帯刀・中山尚之介・堀次郎（仲左衛門）・大久保利通の四人が「御大策」として練り上げたものであった。前藩主・島津斉彬の死去以来、途切れていた薩摩藩の中央政治への再参画を狙うもので、兄・斉彬の意志を継ぐ弟・島津久光の中央政界デビューを目論むものでもあった。

その実行のため、まず堀が上京・出府し、中山もまた上京して朝廷との折衝に当たり、文久二年初めには大久保利通が上京して朝廷との詰めの交渉をする。鹿児島では大久保上京の同時期、久光率兵上京の発表がある。

大久保は一月十四日に京都で島津家と姻戚関係の深い近衛忠熙(ただひろ)・忠房(ただふさ)父子（父子ともに正室は島津家出身）に拝謁し、茂久・久光の藩主父子連署の「文久元年辛酉十二月」付の建言書を手渡す。[39]それは十ヵ条からなるかなり長文のものだが、以下その要所を述べる。

まず朝廷について、「天朝の御危殆、実に焼眉（焦眉）の急」とし、和宮降嫁について「和宮御下向に付き、お含みの内策もおありの由ですが、それは決して頼りになるものではありません」。「和宮様…御下向成らせられた上は、（幕府の）掌中の物にて、…、この上はいかようの邪謀をほどかすか計り難く」とする。このころ尊攘派が唱えていた和宮「人質」論と変わるところがない。

和宮の降嫁を推進したのは先に見たように岩倉具視ら天皇に近侍する公卿たちであり、この時期、和宮が江戸に着いて婚儀を待つばかりになっていることからしても、皇室に対してずいぶん不遜な言い種(ぐさ)である。

幕府についてはさらに厳しく、「小人・俗吏」は「苟且偸安(こうしょとうあん)（目先の安楽）の情をもって天下国家の傾覆は少しも意に介しておりません」などと言もう。ただし、ここでもやはり、将軍を直接責めることはしない。

その上で、今回の久光率兵上京について次のように言う。

「兵を動かすという訳で、国家重事は勿論、天朝の御安危に関係いたす儀、誠に不軽（不敬？）の次第と恐れ入りますけれども、前条の通り危急の御時節にあっては、…、いみじくも王臣として忍び難く、皇国復古の御大業を為しあられたく誠願（請願）奉ります。」

「王臣」として「皇国復古の御大業」[40]に尽くしたいと言う。「皇国復古」は後に言われる「王政復古」と同じでないにしても、天皇・皇室を中心に置いた政治体制への復帰を言うものであろう。

続いて、久光上京後については次のように言う。

「滞京して（京地）守護仕りますので、その勅諚を下され、その通り御守衛が十分整った上は、非常の聖断をもって、表向き関東へ勅使差立てられたい。その趣きは、一橋（慶喜）公御後見、越前老（春嶽）公御大老に出世あい成るよう云々、しこうして尾張・長州・仙台・因州・土佐へ別段勅命を下されたく、その趣旨は、今般徳川家へ云々の詔を下されるので、各々談合して皇国の御為に赤心を尽くして忠勤すべしとするものです。

万が一、（「徳川家へ云々の詔」に対して）違勅の廉（それを聞き入れないこと）が顕かになれば、国家の奸賊執政・安藤（信正）速やかに誅伐を加えるべき旨を仰せ下されたい。そうすれば、有志の諸藩が合従いたし勤王義挙するに相違なく、その節に臨んでは勢い計り難く、幕役も戦慄して勅意を捧げ奉るほかはなく、万一不軌（むほん）を謀るなら、長藩そのほか水府（水戸藩）諸浪人が四方蜂起して義応致すは案中の勢いなれば、何れの筋、関東において成敗決しましょう。」

「非常の聖断をもって」、「今般徳川家へ云々の詔を」というのは、慶喜を将軍後見職、春嶽を大老に就けよとする詔のことで、もし、徳川家がそれを聞き入れないときには、「国家の奸賊」老中・安藤信正を誅伐するよう「仰せ下されたい」と言う。

慶喜と春嶽の登用および安藤の排除が幕政改革の骨格である。幕政改革であるが、その相手の呼び方は「徳川家」である。自分たちを「王臣」とし、相手を幕府ではなく、自分たちと対等の徳川家として扱っているのである。

続いて、朝廷改革については次のように言う。

「一勅を下され、即日（現関白）九条（尚忠）御退職、左府公（近衛忠煕）関白御帰職、青蓮院宮様の御幽囚を解き万機の事、大小なくご談判為されるよう仰せ出されたく存じます。」

朝廷トップの首の据替（すえかえ）である。朝幕両方の中枢人事の据え替えを進言して、「大小なくご談判」されたくと言う。並の者に言えることではない。自ら「御大策」と呼ぶごとく、薩摩藩としても覚悟の政治行動であったのだろう。

ここに見られる建言の主旨は、有馬新七が前年の四月に藩主・島津茂久に国事周旋の率兵東上を求めて上書した「御策略」と寸分違わない。大久保がこれを提出したころまでは、大久保らと有馬らは、かつて「盟中」の同志として、なおほぼ一致した考え方を持っていたと考えられる。しかし、この三ヵ月余りあとには、有馬らは「御大策」実行のために上意打ちに遭う。いわゆる寺田屋事件である。

薩摩藩が上の建言書で幕政改革について提案している方法というのは、すべて「勅諚」・「聖断」・「詔」などの勅命を授かって事を進めようとするものである。言うならば「勅諚主義」である。[41] 天皇の命で動くのであるから、相手に有無を言わさず、事を迅速に進めることができる。これが、薩摩藩が国事周旋をする際の大方の定則である。

建言書の最後には、

「当時（当今）種々議論もあり、この期に臨んだ上は、徳川家を捨て大義を唱えて正々堂々天下に義旗を揚げ、干戈を用いる論もある哉に聞きますが、そうなっては、首尾の詰まりは甚だ難問になります。

畢竟、罪は幕役にある故、真実、皇国復古の赤心もって尽忠の者がおれば、是非干戈を用いず国体を傷付けず成就できるよう策を立てたいものです。もちろん、先々より徳川御扶助・公武御合体の叡意でありますし、先君（島津斉彬）の遺志もまたその通りますれば、どこまでも右のご趣意を貫きたいと存じております。しかしながら、止むを得させられざる儀、到来においては、及ばずながら是非にも儀にこれあるべく奉りたいと存じております。」

と締めくくっている。

「この期に臨んだ上は、徳川家を捨て…義旗を揚げ、干戈を用いる論もある哉に聞きます」と申し立てた上で、「罪は幕役にある故」、「国体を傷付けず成就できるよう策を立てたい」と言う。上で言う「干戈」はほぼ討幕の戦争と同義になる。しかし、ここにある「幕役」というのは、孝明天皇や尊攘士たちが言う「有司」と変わらず、薩摩藩もまた、幕府本体や将軍自身の罪を問うことにならないよう気を配っている。天皇が「先々より徳川御扶助・公武御合体の叡意で」あることも、重々承知しているのである。

なお薩摩藩は、この建言書では、孝明天皇と朝廷の最大の関心事である攘夷や開鎖問題については何ら触れていない。そのところでも、長州藩が航海遠略策を掲げ、攘夷・開鎖問題を真正面に据えて周旋に当たったのとはまったく異なる。薩摩藩は天皇と朝廷の内情をよく知った上で、攘夷・開鎖問題は棚上げにして周旋に当たっているのである。しかし、それは幕朝不和の最大の問題を不問に付しているのに等しく、後には薩摩藩による朝幕周旋の行き詰まりの原因になる。

注

1　藤田覚『松平定信』（中公新書）、中央公論社、一九九三年、一一〇頁、参照。

2　このあとレザノフが、ラクスマンが受けた査証を引き継いで一八〇四年に長崎に来航する。このとき幕府は、レザノフを半年以上も長崎にとどめながら、結局は通商を拒否し、ロシア皇帝の親書の受け取りも拒否する。しかしこのとき、定信はすでに一七九三年に失脚していた。当然レザノフは激怒して帰国の途に就くが、彼は一八〇九年に病死している。

3　岩崎奈緒子「〈論説〉松平定信と『鎖国』」、『史林』九五号、二〇一二年、参照。
4　『孝明天皇紀』二、八〇八頁。
5　『水戸学　日本思想大系』53、岩波書店、一三頁。
6　渡辺浩『東アジアの王権と思想（増補版）』、東京大学出版会、二〇一八年、二一‐四頁。
7　三谷博『明治維新とナショナリズム』、山川出版社、一九九七年、三四九頁。
8　明治維新史学会編『講座　明治維新』、有志社、二〇一一年、五頁（青山忠正「総論　幕末政治と社会変動」）
9　『孝明天皇紀』一、二五五頁。
10　同上書、二五七頁。
11　『孝明天皇紀』三、三六頁。
12　『開国起源安政紀事』明治二一年、二三四頁。
13　『孝明天皇紀』三、六一〇‐六一七頁。
14　同上書、七四七‐七五〇頁。
15　Sir Ernest Satow『A Diplomat in Japan』,ICG MuseInc.2000,(originally 1921)、二七五頁。アーネスト・サトウ著・坂田精一訳『一外交官の見た明治維新』下、七六頁、参照。
16　早い例としては、『孝明天皇紀』一、二三〇頁に、弘化三年四月のものがあり、同二巻の三五二頁には安政二年二月のものがある。
17　『孝明天皇紀』一、七二〇頁と七二三頁。
18　同上書、九二五頁。無論、「幕府」と同じで、「按」などではこれよりも早くに「朝廷」も出る。
19　幕末を象徴する用語としてよく使われる。水戸藩主・徳川斉昭が天保九年（一八三八）に発した言葉とされている。この「内憂」は、飢饉などと、その一方での将軍や領主の奢侈、それに政治腐敗などを含むものである。
20　『吉田松陰全集』三、岩波書店、五九五頁。なお、松陰はここでも「幕府」という用語を使っているが、早くからそれを使っている。弘化三年（一八四六）に満十五歳のときに書いた文書で、すでにそれが見られる。（『吉田松陰全集』八、一八九頁）。彼は兵学者で、また、後期水戸学にもすでに触れていたからであろう。

21　同上書、五、一九二‐一九三頁。

22　『孝明天皇紀』三、一一八頁。

23　歴史学上も倒幕は学術用語と見られているようである。もっとも、倒幕については希少な例として、当時の岩倉具視書簡にそれが現れるものがあり、それについては第四章六節で取り上げる。なお、青山忠正氏は、土佐藩が慶応三年八月に発した訓告を引用して、「このごろ猥りに倒幕などと相唱える者もこれ有るやに…」（『講座明治維新2　幕末政治と社会変動』二〇一一、二四一頁。その他）とされているが、筆者が調べた『山内家史料　幕末維新』六（五〇七頁）では、そのところは「此頃猥ニ討幕ナトト」であり、「倒幕」ではない。「廃幕」については、当時、廃帝が言われていたことからしても、同様に言われていたのではないかと想像できるのだが、管見ではこれまでのところ、それに接したことがない。

24　山口宗之『真木和泉』（吉川弘文館、一九七三年、九四‐九五頁）を参照。平野の二度目の来訪時の真木の日記に、「国臣はまた、禁闕を慕う第一等の人なり」とある。

25　この「尊攘士」は、町田明広氏が『幕末文久期の国家戦略と薩摩藩』（二〇一〇）で「尊王志士」とされている者たちとほぼ同じである。また、『維新史』（一九四一）が「尊攘志士」と呼んでいるものとも大きな違いはない。

26　真木保臣先生顕彰会編『真木和泉守遺文』、大正二年（一九一三）、六一八‐六二二頁（原文は漢文体）。

27　同上書、一八九‐一九二頁より引用。

28　久保田収編『有馬正義先生遺文』、藝林会、一九七〇年、三五三‐三五六頁。

29　以下、平野国臣顕彰会編『平野国臣伝記及遺稿』一九一六年、「平野国臣遺稿」、第一編　論策、一四‐三三頁より引用。

30 『徳川慶喜公伝』2、一五頁、その他参照。
31 『清河八郎遺著』、「潜中紀事」四、二九七頁。
32 『孝明天皇紀』三、三〇頁。
33 同上書、一五六頁。
34 『岩倉公実記』上、三八三―三八七頁。
35 同上書、三九六頁。
36 『孝明天皇紀』三、六一一―六一七頁。
37 同上書、四二六頁。
38 三谷博、前掲書、二一一頁。
39 『島津久光公実紀』一、四四―五二頁。『孝明天皇紀』三、七四七―七五〇頁。
40 「皇国復古」という言葉については、後に久光自身は「皇国挽回」とも言っている（慶応三年六月二十七日の茂久宛書簡、玉里補遺二、七四二頁）。
41 この勅諚主義という用語については、町田明広氏が前掲書（一四頁等）で使われているものを参考にしている。

第二章　文久二年の変転

文久二年（一八六二）は、朝廷と幕府の関係が、徳川幕府開府以来の「幕主朝従」から「朝主幕従」へと、目に見えて転換した年であった。二度にわたって別勅使が、京都から外様大名家の警護・供奉を受けて東行してきたことが、そのことを物語っている。幕府は、朝廷から無理難題を押し付けられながら、それを一切拒むことができなかった。幕府は国際情勢と現時の国力に鑑み、すでに開国へと舵を切っておきながら、攘夷実行を約束させられる。内政、外交ともに混乱は必至となる。

一、坂下門外の変

朝幕合体の象徴となる和宮降嫁の一行が、中山忠能（ただやす）・千種有文（ちぐさありふみ）・岩倉具視（ともみ）らが供奉して文久元年の十月二十日に京都をたつ。大行列は中山道を行き、十一月十五日に江戸に着いて新年の挙式を待つばかりになる。

ところがその新年の正月十五日「上元の佳節」の日に、和宮降嫁に尽力した老中安藤信正が登城中に水戸藩脱藩士に襲撃される事件が起きる。いわゆる坂下門外の変である。安藤の命に別状はなかったが背中を斬られ、いわゆる「後ろ傷」を追う。一昨年の桜田門外の変に続いて起きた同様の事件で、幕府の権威はまたも大きく傷つく。

襲撃に加わった六名は全員が闘死するが、襲撃時刻に遅れたとされる川辺佐次衛門が、斬奸趣意書を外桜田の長州藩邸にいた木戸孝允のもとに届ける。一昨年の万延元年八月に水戸と長州の両藩士のあいだで交わされていた「成破の盟（ちかい）」の盟約[1]に則った行動である。川辺は届けたその場で自決し、木戸はこのあと幕府の厳しい追及を受ける。

斬奸趣意書は次のようなものであった。[2]上段でまず、

「申年（さるどし）（安政七年）三月、赤心報国の輩、御大老・井伊掃部頭（かもんのかみ）殿を斬殺に及んだ事、毛頭、幕府に対して、異心を挟む儀にはこれなく、掃部頭殿執政以来、自己の権威を振るい、天朝を蔑（ない）が如くにして、ひたすら夷狄を恐怖いたすの心情より、…。斬殺に及んだところ、その後、いっこうにご悔心（かいしん）のご模様もあい見えず、いよいよご暴政の筋のみに成り行きこと、…。対馬守（安藤信正）殿は井伊家執政の時より同腹にて、…。」

と言う。

前回、「赤心報国の」先輩たちが井伊を斬奸に及んだ後も、幕府に「いっこうにご悔心のご模様

もあい見えず、いよいよご暴政の筋のみ」なので、今回、「井伊家執政の時より同腹」の安藤を討つことにしたと言う。

続いて中段では、安藤の罪状を次のように挙げる。

「対馬守殿罪状は一々枚挙に堪えず候えども、…、この度の皇妹御縁組の儀も、表向きは天朝より下置かれたように取り繕い、公武御合体の姿を示し候えども、実は奸謀・威力をもって強奪し奉ったのも同様の筋なので、この後必ずや、皇妹を枢機として外夷交易御免の勅諚を推して授かろうとする手段であり、その儀、もし叶わざる節は、ひそかに天子のご譲位を醸し出す心底にて、既に和学者どもに申し付け、廃帝の古例を調べさせている始末、実に将軍家を不義に引き入れ、…。」

とする。

当時、和宮は幕府の人質に取られたとする風説や廃帝陰謀説が飛び交っていたことは先にも触れた。朝廷としては、どちらも聞き捨てならぬことで、千種・岩倉は和宮降嫁に供奉して文久元年十一月に江戸に入ると直ちに、老中の安藤・久世にそれらのことを詰問して、将軍家茂自筆の疑念払拭の誓書を取っている。

この廃帝説については、この半年ほどあとになるが、関白の近衛忠熙が七月、大原重徳勅使に供奉して江戸にいた島津久光に送った書簡で、次のように書いている。

「当春、久和州（久世大和守広周）・安対州（安藤対馬信正）杯同腹にて、かの九条（前関白・九条尚忠）に廃帝の古例をも探索の次第、実にもって国賊の儀、容易ならず。」[3]

九条尚忠は、井伊政権下以来ずっと関白の地位にあったが、久光率兵上京の際に、大久保が近衛父子に提出した薩摩藩の建言書にあった通りに更迭され、代って近衛がその地位に就いていた。もし、この近衛の言うことがほんとうなら、「国賊」は朝廷にもいて、そこが「廃帝陰謀説」の出どころの一つでもあったことにもなる。事実かどうかは別にして、この時代も、いろいろな噂・風説が飛び交って世情や政治に影響を与えた。

斬奸趣意書は、安藤の罪状についてさらに、このころ彼が先頭に立って対応していた外交問題に及ぶ。

「さてまた、外夷取り扱いの儀は、対馬守殿いよいよ増して慇懃丁寧を加え、…、近ごろ、品川御殿山を残らず彼らに貸し遣し、江戸第一の要地を外夷どもに渡す類は、…。対馬守殿長く執政致されれば、遂には天朝を廃し幕府をたおし、自分封爵（領地を与え官爵を授けること）を外夷にするようなことになるのは明白、…。」

安藤はこの時期、前年文久元年に起きていたポサドニック号事件（ロシア軍艦による半年にわたる対馬占領事件）や東禅寺事件（文久元年五月に起きた尊攘派浪士によるオールコックらイギリス公使館員襲撃事件）の事後処理ために外国側との折衝に追われていた。

安藤の外国人との交渉能力は高く評価されていた。交渉相手となったイギリス公使オールコックは、『大君の都』（一八六三）で、安藤について、

「公的な立場から、相反する意見を交換したり相反する利害を論じたりしたが、個人的には安藤

対馬守と私の関係は、常に友好的でいんぎんなものであった。（中略）彼は締結した条約から必然的に起こってくる急務を公正かつ妥当に見ようとする気持ちが最も強く…。」[4]

などとして、安藤の交渉態度を高く買っている。

また当時、外交局の幕吏であった田辺太一は『幕末外交談』（一八九八）で、安藤のことを「外交上に在りては、幕府格老中第一に屈指」（一三六頁）とし、同・福地源一郎も『懐往事談』（一八九四）で「外交上において唯一の宰相たりける安藤閣老」（九四頁）と評している。こういった安藤の外国との交渉能力の高さが、攘夷主義者にはいっそう皇国を冒涜するものに見えたのであろう。

斬奸趣意書の下段では、

「毛頭、公辺（幕府）に対し異心を存じている儀にはこれなく、伏して願わくは、この後のところは、井伊・安藤二奸遺轍（いてつ）をご改革遊ばされ、外夷を擒逐（きんちく）して叡慮を慰め給い、…、真実に征夷大将軍のご職位をお勤め遊ばされるようされたく、…。

皇国の風俗は、君臣上下の大義を弁じ忠孝節義の道を守るご風習にありますれば、幕府のご処置数々、天朝叡慮に相反し…。尊王攘夷の大典を正し、君臣上下の誼（ぎ）を明らかにし…。

…、臣らが身命を擲ち（なげうち）奸邪を誅戮（ちゅうりく）して、幕府諸有司に懇願愁訴するところの微意であります。恐惶謹言。」

と諫言（かんげん）している。

水戸藩の尊王攘夷者の思想がよく表れている。彼らがひたすら願っているのは、幕府が「真実に征夷大将軍のご職位をお勤め遊ばされる」ことであり、幕府を倒すなどといった考えは毛頭ない。水戸藩は徳川御三家の一つで、藩主は定府（江戸定住）を原則とするなど、徳川宗家守護を第一とする藩である。元藩士たちはその思いを一心に、この義挙に出ているのである。

二、尊攘士の義挙計画

平野国臣が文久元年十二月末、鹿児島を去る直前、伊集院で有馬新七ら薩摩藩士と一堂に会して、京都での義挙計画について話し合ったことは、前章四節の終わりで述べた。そのあと、さらに柴山愛次郎・橋口壮介が平野を追ってきて三人で詰めの話し合いをしている。平野は翌二年一月二日付で、その二人に次のように書き送っている。

「一橋を将軍とし、越前を後見として、そのほか然るべき人材を撰（えら）みて有司とし、幕府を扶（たす）け、もって外寇を攘（はらう）と申す説は、去年來、堀・大久保両兄よりも拝承しております。…。

然るに当時（現時）の勢いは、江戸旗本を初め、府内の人民に至るまで、聊物（りょうぶつ）を（いささかでも物事を）弁（わきま）えたる者は、皆幕府を恨み侮っているようなことで、まして諸国の士民は…。

今や、幕府をいかに扶（たす）けても徒（いたずら）に骨折りにて、とてもとても行われまじく、迂論（うろん）きわまると言うべし。…。かくまで天意を叛（そむ）き、人心に離れたるものを、何を頼みに力を尽くすべきや。畢竟、天下の大勢を知らざる僻論と言うべし。」[5]

平野はここで、久光が「御大策」でやろうとしている公武合体策に痛烈な批判を加えている。今、この期に及んでなお、幕府を扶けるなどというのは「迂論」であり「僻論」だと断じる。

文久二年一月十七日に鹿児島で「国父」島津久光の率兵東上が布達される。その報は、江戸で一月十五日に起きた坂下門外の変の報とも重なって、特に西国の諸藩や浪士・草莽のあいだで、久光による尊王の義挙として伝わる。各地の尊王攘夷の志士たちが色めき立って、肥後の宮部鼎蔵、豊後岡藩の小河一敏、長州の来原良蔵（藩庁の指示による）らが次々に鹿児島にやってくる。

一方、上記の柴山・橋口は連署して、二月一日付で佐土原藩（薩摩藩支藩）士の同志・富田孟次郎に次のように伝えている。

「西国勤王の士、申し合わせ、名分大義を明らかにし、鎌倉以前の大御代に挽回し、朝威を内外に輝かす時節到来に付けては、和泉殿（久光）上京以前に、勤王勇士の勢いをもって城州伏見に義兵を挙げ、所司代酒井若狭守ら姦計ある幕賊を斃し、和泉殿上京を待ち受け、…。

この義挙には凡そ七百人を要するなり。肥後には宮部鼎蔵・轟武兵衛…、筑後の真木和泉…、筑前には平野次郎、秋月には海賀宮門、豊後岡には小河弥右衛門、…。我々は江戸に罷り下り、安藤（老中安藤信正）を斃し、かの地において一挙の積り。…。」[6]

京都での「勤王勇士」による義挙を伝えて、同志結集の指示を送っている。ここにある「鎌倉以前の大御代に挽回し」云々というのは「王政復古」に近い。

長州藩の久坂玄瑞一派もまた、薩摩藩の同志から早くに久光率兵東上の報を受け、二月二十七日には、

「今日に至り他藩に先鞭を付けられては、何とも遺憾の至り。…。脱走（脱藩）の重典を犯さん。…。」[7]

として、血盟書を起草している。もっとも彼らは、このあと、藩庁から上方派遣の命を受け脱藩の必要はなくなる。

薩摩藩庁はこういった尊攘士たちの狂騒ぶりを警戒して、久光一行出立六日前の三月十日に次のような訓告を発している。

「…。各国有志と唱えている者ども、尊王攘夷を名として、慷慨激烈の説をもって四方に交わりを結び、不容易な企てを致しているかに聞く。当国でも右の者どもと私にあい交わり、…。浪人軽率の所業に同意致しては、当国の被害は勿論、皇国一統の騒乱を醸出し…、不忠不幸この上ない。…。勘弁ならぬ族があっては天下国家のため許せないこと故、遠慮なく罪科を申付ける。」[8]

有馬・柴山・橋口らと「各国有志」らとによる義挙計画は、ほとんど見透かされていたのであろう。「遠慮なく罪科を申付ける」と厳命が下っている。

久光は、小松・大久保らを従え約一千の兵を率いて三月十六日に鹿児島をたち、陸路をちょうど一ヵ月かけて四月十六日に京都に入る。これに前後して、真木・平野・小河・宮部らの九州勢、清河・吉村虎太郎らの各国有志、それに薩摩藩の有馬・田中・柴山・橋口らが、続々と京・大坂に集

結する。また同時期、久坂玄瑞ら長州尊攘派の多数も長州藩京都藩邸に入る。

久光は入京すると直ちに近衛邸を訪ね、国事周旋のための「口上の覚」と「趣意書」を提出する。それに対して朝廷は久光に、滞京の上「浪士共蜂起不穏の企てこれあるところ、島津和泉、取押え置く旨、先ずもって叡感思召され」[9]とする朝命を授ける。つまりは、率兵上京の久光の滞京を許すが、先ずもって浪士鎮撫に当たれというわけだ。

久光より先に上京していた平野は、四月八日に朝廷に「回天三策」を大原重徳を通じて上呈する。これは、彼が文久元年七月に書き上げた「尊攘英断録」を、同年十二月に「回天管見策」（第一章四節に一部掲載）として薩摩藩主に差し出し、さらに、それに改訂を加えたものである。『孝明天皇紀』はそれを「浪士組極秘」として収録している。[10]

平野はその前書きで、

「当時（現時）天下の形勢、駸々（刻々）として黠夷（狡猾な洋夷）が外より迫り、滔々たる大奸が内に誇り、その機の安からざる事、譬えれば、人体に癰疽（悪性のできもの）の内痛を醸すが如く。実に国体の存亡・命脈の断続このときに御座います。（中略）

西海・山陽・南海の有志この如く奮起あるいは亡命脱藩して上坂し、京摂に潜伏しおる者も数多、実に止むに止まれぬ勢いにて必至の確決をもって、是非是非この度は大挙して恢復の基を開く含みであります。」

と言う。

「回天三策」というのは、上・中・下の三策で、いずれも率兵東上して来る久光の武力を使うもので、それに合わせて自分たちも義挙するというものである。「上策」を引く。

「島津和泉（久光）滞坂中に綸命下り、直に華城（大坂城）を抜き、彦城（彦根城）を火し、條城（二条城）を屠り、同時に一勢を率いて和泉出京、幕吏を払い、青蓮院宮の幽閉を解き、参廷の上、鳳輦（天皇の乗物、行幸）を促し、蹕（行幸のさきばらい）を華城に遷し奉り、皇威を張ってもって、七道の諸藩に命を賜り、陛下親ら兵衆を率い給い、…、幕府の罪科を正し、前非を謝する時は、官職を剥ぎ爵禄を削り諸侯の列に加え、もし命に叛く時は速やかに征伐するをもって上策とする。」

ここに平野らの義挙計画の考え方がよく表れている。要するに、天皇が雄藩に義兵の命を下し、自分たちも義挙して、「陛下親ら兵衆を率い」親征するというものだ。

「幕府の罪科を正し、前非を謝する時は、官職を剥ぎ爵禄を削り諸侯の列に加え」ると言う。この「官職を剥ぎ爵禄を削り」というのは、後に言われる辞官納地と同じである。もとより武力によるものだが、徳川氏を一大名に戻すとする点で本書で言う奪幕論である。そして、「もし命に叛く時は速やかに征伐する」と言う。これはもとより討幕論であるが、天皇の意に叛けば、相手が誰であろうと討伐されるのは当然である。平野のこの論は、真木和泉の天皇親征論と同じである。

この「回天三策」の後書きで、平野は次のように言う。

「右三策のほかは、公武御合体、夷狄攘斥と申す説はすべて、根元姑息。…。御合体の機会は既に五ヵ年前にあって、…。
その後、ますます衰弱究めたる幕府を憑み攘夷を策するは古今天下の愚策にして、勢い決して行われまじく、殊にかくが如き醜虜と親睦している幕府に御諂い、御合体の儀は恐れながら、やはり外夷に御合体も御同様にて、自今三年も過ぎ去るうちには座して腥羶（なまぐさくけがらわしい）の属国に成り果てるは必然かと存じます。…。」

「醜虜と親睦している幕府に御諂い」、それと「御合体」というのは「外夷に御合体も御同様」とは、ずいぶん辛辣である。

平野がいかに幕府を嫌っているかがよくわかる。しかし、久光は「公武御合体」のために率兵東上してきているのであり、朝廷もまたそれを望んでいる。それを「外夷に御合体も御同様」と言うのでは、久光と天皇の気持ちを逆なでしているようなものだ。とうてい受け入れられるはずがない。

前書きには、「京摂に潜伏しおる者も数多、…、是非是非この度は大挙して恢復の基を開く含みであります」とある。この「回天三策」（「浪士組極秘」）の上呈がもとになって、久光に「浪士共蜂起不穏の企てこれあるところ」として、鎮撫の朝命が出たと考えてもおかしくはない。

この上書の半月後の四月二十三日に寺田屋事件が起きる。久光は孝明天皇の「浪士共蜂起鎮撫」の命を受け、伏見の寺田屋に集まった自藩の者や浪士たちを「鎮撫」する。有馬・田中・柴山・橋口らは上意討ちに遭って死に、真木和泉父子・田中河内介・吉村虎太郎ら多くの者が捕縛される。

久光はこれによって、孝明天皇から「実にもって論を正し、殊更頼もしい」とする称賛の「御内書」を授かる。[11]

三、攘夷親征の勅書

寺田屋事件からすると二十日足らず後、孝明天皇は文久二年五月十一日に廷臣たちに「思召書」を授け、そのなかで自分に攘夷親征の考えがあることを言明する。尊攘士たちがかねてから待ち望んでいたものだ。

『孝明天皇紀』はその「思召書」を、「坂下門外の変のことを聞食られ、時勢を御嘆息になり」、「臣下に示された」として掲載している。[12] 長文のもので、天皇の考えがいろいろと述べられている。一部だが、それから引いて説明を加える。それは次のように始まる。

「天下二百有余年に至り、平に慣れ、内・遊惰に流れ、外・武備を忘れ、…終に癸丑甲寅の年より、有司ますます駕御の術を失し、…。」

武威喪失して攘夷のできない幕府を責めているのだが、将軍家茂を責めることにならないように、「有司（幕吏）」を責めている。このとき、将軍家茂は和宮と結婚してまだ三ヵ月のころである。ここにある「有司」は具体的には外国との交渉に当たっている幕府の官僚たちを指す。

前半部では、「癸丑甲寅（嘉永六・七年。ペリー来航）」以来、「朕」がそれぞれの場面で「深謀遠慮」し苦労したことをとうとうと述べている。

後半部ではまず、

「和宮をもって将軍に尚して、公武一和を天下に表し、爾後、戎虜（洋夷）を勦絶（滅び尽くす）に及ぶ」とし、「十年を出ずして必ず外夷掃除のことを命じ、かつ、海内大小名（大名）に朕の意を伝示し、武備充実せしめん。」

と言う。この「十年を出ずして」については、これより一ヵ月余り前の四月七日の「諸臣に諭して」の沙汰書でも同じことを述べている。[13]

続いて、天皇は坂下門外の変や桜田門外の変で殉じた浪士たちを次のように称揚する。

「去冬、和宮は入城したが、今春に至り幕吏・安藤対馬守が浪士のために刺される。これらみな掃部頭（井伊直弼）を刺した者と同意の者にして、この如き輩は死を視すること帰するが如く、実に勇豪の士なり…。誠に愛しむべき士なり。然るに幕府は、意を解せず日夜なお、その余党を探る由。」

和宮降嫁に尽くした老中・安藤信正を「幕吏」（この四月に失脚）と呼び、彼を刺した「浪士」は「実に勇豪の士なり…。誠に愛しむべき士なり」と言う。

さらに、

「水府浪士が井伊掃部頭を刺した事あり。その所為は乱暴に似たりと雖も、その懐中の書状（斬奸状）を視てその意を察すれば、深く外夷の跋扈を憤怒し、幕府の失職を死をもって諌めるにあり。また後年、墨使を刺し東禅寺の件々皆その意これに基づけり。…。」

と、大老井伊直弼を暗殺した者や外国人公使殺傷に及んだ者たちにも称賛の言葉が及ぶ。

そして、この「思召書」の最後で、

「もし幕府十年内を限りて、朕の命に従い膺懲（討ち懲らしめる）の師を作さずんば、朕実に断然として神武天皇・神功皇后の遺蹤に則り、公卿百官と天下の牧伯（諸侯）を帥いて親征せんとす。卿等この意を体してもって朕に報せんことを計れ。」

と言う。

孝明天皇は、幕府が約束通り「十年内を限りて朕の命に従い」外夷を追い払うことができない場合は、いよいよ自ら「親征」に立つと言う。斬奸や攘夷に殉じた者たちを称揚した上で、十年先のことではあるが、自らに親征の意思があることを明言したのである。天皇の親征を望んでいる者、とりわけ尊攘士たちにとっては、まさしく天の声であっただろう。

この「思召書」が廷臣たちに示された五月十一日のころというのは、朝廷では、幕府への別勅使の派遣が決まり、それに大原重徳が就き、島津久光が随従することが決まった時期でもあった。この別勅使の派遣はまた、朝廷が長州藩の航海遠略策による周旋から薩摩藩による周旋へと乗換えたことを意味するものでもあった。それらのこともあって、この「思召書」はこのとき、薩長両藩にも下賜された。そのため、この勅書は広く知られるようになり、この後の尊王攘夷運動の原動力になる。それについては次章三節で述べる。

四、二度の別勅使東行

島津久光は寺田屋事件によって「浪士共蜂起鎮撫」の内命に見事に応じ、天皇の信頼を得て、願い出ていた「幕政御変革」と「公武御合体」のための江戸出府にも勅許が下る。別勅使の大原重徳を警護しての東行となったわけだ。

しかし、この別勅使の決定は当然ながら、昨年来長州藩が進めている公武合体運動と齟齬を来たす。五月十三日には、朝廷から江戸でその運動に当たっている長州藩主毛利慶親に、大原別勅使の派遣が通達され、江戸に留まってそれに協力するよう内勅が下る。[14] 長州藩の航海遠略策による周旋に中止の命が下ったことになる。

これと同時期京都では、昨年長州藩が提出していた航海遠略策の建言書に、朝廷を誹謗する文言があるとする「謗詞(ぼうし)事件」が起きる。これが江戸に伝わり、藩主毛利慶親は六月五日に長井に帰国・謹慎を命じる。その後、長井は責任を負わされ、翌三年二月に萩の自邸で切腹する。無念であっただろう。

別勅使大原に久光が随行して兵五百ほどを帯同し、一行は五月二十二日に京都を出発する。大原の任務は「朝旨三事」を幕府に命じることである。それは、

(一) 将軍の上洛の上、夷狄掃攘を議すこと。

（二）沿海大藩五ヵ国諸侯を五大老に任命すること。
（三）慶喜を将軍後見職に、春嶽を大老に任命すること。
の三つである。「三事策」とも呼ばれる。

ここで以下、勅使が着府する前に、幕府が自身で進めていた幕政改革について簡単に触れておく。文久二年二月十一日に江戸城で和宮親子内親王と家茂の婚儀が挙行される。これによって、天皇家と将軍家が姻戚関係で結ばれ、現役の天皇と将軍どうしが義理の兄弟になったわけだ。最も明快な形での朝幕合体が成ったことになる。

このあと幕府の人事刷新や改革も進む。三月十五日には水野忠精（ただきよ）と板倉勝静（かつきよ）が新たに老中に就き、幕府直属軍の軍制改革および士風振起策などが推し進められていく。すっかり「奸賊」にされてしまっている老中安藤信正を、そのままにしておくわけにはいかず、四月十一日に退職させる。その一方で、四月二十五日には、安政五年に大老井伊によって処分を受けていた、いわゆる「一橋派」諸侯の徳川慶勝・松平春嶽・徳川慶喜・山内容堂・伊達宗城らの処分を解除する。

特に春嶽については、解除後すぐの五月七日に政務参与に任用して、ただちに登城させている。朝廷にも声望のある春嶽の協力を得るためだが、このとき併せて、彼を直ちに将軍家茂の訓導役に就かせてもいる。これは、将軍後見職に就いていた田安家当主・徳川慶頼（よしより）を解職にしたためである。春嶽と慶頼は異母兄弟で、慶頼の解職のわけについては下で触れる。

春嶽はそれらのため、政務参与に就いた当日から連日のように登城している。家茂に会って、「幕私」を排して「天下公共の政(まつりごと)」をすべきこと、幕政改革や「開国創業」への決意を説き、また、将軍自身の皇室への「第一等の御尊崇」を説いている。いずれも越前藩の記録『再夢紀事(坤)』に出る言葉である。

春嶽は、当時の有力諸侯の徳川斉昭、島津斉彬や井伊直弼などと同様に、尊王家でまた国学の尊奉者でもあった。春嶽も家茂と同じく若干十歳で越前福井藩主を継いでいるが、そのときの教育係は中根雪江(二十歳ほど年長)で、彼は平田篤胤の門(気吹舎)に入り国学を学んでいる。

春嶽が家茂に天下の政治や皇室御尊崇を説いたのは、家茂満十六歳のときで、この二月に同い年の和宮と祝言(しゅうげん)をあげてもいた。皇室から妻を迎えたばかりで、春嶽の説く皇室御尊崇の言葉は家茂の心に響いたことであろう。

家茂は春嶽に会うことを楽しみにしていたようである。家茂は父の死後に誕生して、実父を知らないこともあって、春嶽を父のように慕うところがあったのではないか。これ以後の春嶽への思慕から見ても、短期間ではあったものの、春嶽が将軍家茂に与えた影響は大きかった。

越前藩の『再夢紀事』は、家茂は春嶽が説く言葉に「一々ご嘉納遊ばされ義の由」[15]と記している。また、家茂の春嶽への傾倒ぶりについては、肥後藩士が国元に送った報告書に、

「将軍家(家茂)、越前公を親のごとくお慕い遊ばされ、越前公の御一言といえば何事にもお聞き入れなされないことはないとの由、…、お政事向き等段々お引き改めにあい成り、…、だいぶ頼も

しい世の中にあい成り申し候。…。」[16]

とある。

和宮の降嫁は尊攘家のあいだでは、先に見たように和宮が幕府の人質にとられたように見られているが、実態はむしろ逆で、将軍家茂の方が朝廷の人質になったような観が後の家茂自身の言動からもうかがえる。

幕府は六月一日には、上記の「朝旨三事」の一つにある「将軍上洛」を、勅使到着前に決めている。[17]閣内で反対・慎重意見もずいぶんあったが、それらを抑えてここに二百有余年来の大事業の実施を決定したのである。

勅使大原重徳の一行は六月七日に江戸に着く。江戸に留まって勅使に協力せよと内勅を受けていた毛利敬親は、一行が江戸に着く前日にそこを立って、わざわざ一行に出会わないように、東海道を避けて中山道を取って京都に向かっている。

大原は六月十日に登城して幕府に、

「蛮夷拒絶の叡思を奉じ、固有の忠勇奮起し、速やかに掃穣の功を建て、…。」

と命じ、上記の「朝旨三事」を議して叡慮に応えよ、とする勅書を授けている。[18]

もっとも、「三事」のうち大原・久光が、この際に是非にも通さねばならないと考えていたのは、慶喜の将軍後見職と春嶽の大老就任であった。「三事」にある「将軍の上洛」はすでに幕府自身で決めていたし、「五大老任命」については、もともとそれほど重視していなかったようである。「夷狄掃攘」については大原・久光ともに、すぐにできることとは考えていない。慶喜と春嶽がそれぞれの役職に就いてから決めればよいと考えていた。

幕府にとって、慶喜と春嶽の任用については、春嶽はすでに政務参与に就けてもおり、さして問題はなかったが、慶喜の将軍後見職任用については大いに問題であった。実はこのことのために、先手を打って、五月には家茂が成人したとして、将軍後見職の徳川慶頼を解職にしていたのである。これが先に触れた、後見職・慶頼の解職の理由である。

慶喜はかつて将軍家茂と将軍継嗣を争い、しかも、このとき慶喜自身まだ満二十四歳の若さであった。後見職と言っても、将軍家茂と張り合う関係になりかねない。しかもこの件は実質、外様大名の島津によって命令されているようなもので、幕府としては受け入れ難いものであった。

しかし、一方の久光にとっては、この慶喜の将軍後見職登用こそが、今回出府の眼目であり、それを果たさずに帰るわけには行かなかった。あらゆる手段を講じて押し通そうとする。このころ江戸で、慶喜登用に反対する閣老暗殺の噂も立っている。

朝命を盾にしての久光の強硬なやり口に、幕府も受け入れざるを得なくなる。七月六日には慶喜の後見職任用が決まり、続いて春嶽の「政事総裁職」任用が決まる。慶喜の任用が決まった日、大久保利通は日記に次のように記している。

「数十年苦心、焦思したこと、今さら夢のような心持ち。皇国の大慶、言語に尽くしがたい次第なり。」

この「数十年苦心」には、前藩主島津斉彬時代以来の苦労が含まれる。斉彬のもとで慶喜の将軍継嗣擁立のために懸命に働いた西郷隆盛は、その擁立運動に取り掛かったころ、安政三年五月、国元の大山綱良に送った書簡で、慶喜が将軍家定の継嗣に就けば、

「天下のため、また我が御国家（薩摩藩）の難事もいたしやすく、かつ、水戸をお救い下さるにはこれより良策はありません。幕府の一改革もできるでしょうし、神州を扶持する(助ける)道、これをもってほかにないことです。」[19]

と、まるでいいこと尽くめのように書いていた。

しかし、その西郷はこの運動がもとで幕府の追及を受け、近衛家出入りの僧・月照を連れて鹿児島に逃げ帰り、錦江湾でともに入水自殺を図る。このとき西郷だけが蘇生して死に損ない、後に遠島になる。慶喜将軍継嗣擁立運動で西郷とともに働いた、薩摩藩の日下部伊三治は捕われて獄中死し、春嶽の側近・橋本左内は断罪に処せられる。

それが今回、薩摩藩は「御大策」をもって、ようやく慶喜を将軍後見職に就けることができたのである。大久保の日記の言葉には、それら「数十年苦心」を思い返しての万感の思いが込められている。

しかし、この成功は、後には、薩摩藩にとってまったく裏目に出る。この一年半余り後の元治元年春には早くも、慶喜と久光は「参預会議」で対立し、それ以後も、慶喜が禁裏御守衛総督そして

徳川将軍へと登り詰めるとともに関係は悪化し、最後には完全に敵対的な関係になる。

大原は慶喜将軍後見職決定の翌々日七月八日に、久光に「岩倉への写しなり」として、岩倉宛書簡の写しを送っている。その中身は次のようなものである。

「一・越（慶喜・春嶽）登用、要路に在職した上は、（主上も）何の御案思もないはず哉、それでも御案思にあらば、一も越もいらぬ事、政事御取り返し、貴（岩倉）を執政して、天下のために辛苦なさるがよしと申すものなり。これはできぬ事。そうであるなら、先の治定を（両人に）させられるべきだと存じます。

しかし、恐れながら、これまでやってきた治定は御任（御委任）とは申すものの、実は、（幕府に）御とられ遊ばしたのも同様のことにて、違勅調印を正され遊ばすのが難しいほどまでに、（幕府の）我侭が長じて今日に至っております。

今日一・越出頭、薩も気張っており、今日以後は真実の御任にて、常々のことはこれまでのまま、国是天下悦んで服し、いささかも私論なく、（幕府が）真正のところをあい定め、行わずして（実行する前に禁中に）あい伺いすれば、則ち決断は禁中にて遊ばされるというものなり。そのようになれば、これまでの訳とは違うことになる。…。」[20]

慶喜と春嶽が幕府要職に就いた上は、天皇ももう悩まれることはないはずだと言う。そして、「政事御取り返し」（大政奉還させて）、朝廷でそれをするといったことは、そもそも「これはできぬ事」だと言う。その上で、通常のことはこれまで通りに幕府に委任し、「真正」大事なことについては、朝廷に決断を仰がせるようにすればよい。そうすれば、これまでのように、外国との「違勅」の条約が結ばれたりすることもなくなると言う。

大原の考えがよく表れている。ずいぶん虫のいい話だが、大原だけではなく、公家衆の多くがこういった考えであっただろう。このとき、王政復古などは「これはできぬ事」であった。久光には、彼らの考えの大方のことはわかっていた。

久光一行は大方の任務を果たして八月二十一日に江戸をたつ。ところがその日、一行が武蔵の生麦（なまむぎ）に差し掛かったところで、その行列を乱した英国人旅行者を殺傷する事件が起きる。有名な生麦事件である。幕府はこのあと、この賠償金問題で苦しめられ、薩摩藩も後にイギリス艦隊が錦江湾に侵入して戦火を交えることになる。

久光一行は閏八月七日に京都に帰着する。このとき久光は、まるで尊王攘夷の英雄のように迎えられる。生麦事件のことが知れ渡っていたのと、京都がこの時期、またまた尊王攘夷の熱に浮かされる情勢になっていたからだ。久光としては、苦々しい思いであった。

久光は東行前の在京中に、朝廷に圧力をかけて関白九条尚忠（ひさただ）を辞めさせ、代わりに近衛忠熙（ただひろ）を復職させていたが、その後、久光らが東行で三ヵ月半ほど留守をしているあいだに、朝廷はすっかり、三条実美（さねとみ）・姉小路公知（あねがこうじきんとも）・徳大寺実則（さねつね）らの尊攘急進派公家によって席巻される形勢になっていたのである。

この急進派公家たちのバックには、長州藩尊攘派の久坂玄瑞らがいた。久坂らは、先述のように、久光の率兵上京に合わせて上京したが、その際、長州藩邸を拠点にしていたため、寺田屋事件に巻き込まれることなく無傷であった。その後、久光らの留守中に、寺田屋事件で抑え込まれた尊攘活動を挽回させていたのである。

長州藩は七月、京都藩邸での「御前会議」で、藩論を航海遠略策から「破約攘夷」へと大転換を図っていた。「破約攘夷」というのは、安政五年に幕府が締結した「違勅」の五ヵ国修好通商条約をいったん破棄して、新たに朝廷のもとで結び直し、将来の万国対峙に備えるというものである。

「因循開国」のままでは、皇国の将来はないという考え方である。

これまで、藩主以下、周布政之助や木戸孝允らも支持して、航海遠略策を藩論に掲げて公武合体の周旋活動に当たってきたが、それの失敗が明白になった今、長州藩としては、そのままではおられなかった。五月十一日には「思召書」をもって、天皇に攘夷親征の意思があることが示されていた。長州藩はそのもとで「奉勅攘夷」を掲げ、藩論を「破約攘夷」に切り換えたのである。従前のやり方では、薩摩藩の強硬なやり口の後塵を拝するばかりでもあった。

このとき、長州藩は幕府との対決も視野に入れていたであろう。幕府はなお攘夷に踏み切らず、むしろ、長州藩の「破約攘夷」に邪魔立てをしてくる可能性が高いからだ。その際は、幕府と戦わねばならないことになり、長州藩は「奉勅」のもとで討幕の戦いをすることになる。しかし、現実には、そのようなことにはならなかった。

実際には天皇に攘夷親征の意思などはなく、それを強要する長州藩はむしろ、翌文久三年八月十八日の政変で京都から放逐され、翌年には禁門の変で藩自体が朝敵にされてしまう。これ以後、朝敵となった長州藩が討幕を唱えることは当然ながらない。

久光が江戸から京都に戻った閏八月七日のころには、京の町では「天誅」と呼ばれるテロ事件が頻発していた。多くは安政の大獄にかかわった者たちへの報復であったが、なかには和宮降嫁のために働いた公家たちへの攻撃もあった。岩倉具視・久我(こが)建通(たてみち)・今城(いまき)重子らが「四奸二嬪(にひん)」と呼ばれて、やり玉に挙げられたのである。彼・彼女らは、先に見た岩倉具視の天皇への奉答書でも明らかなように、「皇威」伸長のために働いたのであって、幕府を利するために働いたのではない。

しかし、尊王攘夷派のほとんどの者が、和宮は幕府の人質に取られたと見ており、そのために働いた者たちは「君側の奸」や裏切り者と見られたのである。特に岩倉・久我の二人は孝明天皇から重用されてもいたので、やっかみもあった。

結局は、「四奸二嬪」全員が、八月下旬に蟄居・落飾等の処分を受ける。特に岩倉は、このときから慶応三年十一月までの、実に五年にもわたって、洛北の岩倉村で幽居を余儀なくされる。しかしこの間、岩倉は朝廷を離れ、かえって浪士・草莽たちも含め多方面の者とよく交わり、また多くの論考を著し、同志の諸卿や諸藩藩士・志士たちに影響を与え、時々の政局を動かしていくことになる。

島津久光は京都の情勢を憂慮しながらも、閏八月二十三日に京都をたって帰国の途に就く。生麦事件による英国の報復に備えねばならなかったからだ。離京に際して、久光は朝廷に十二ヵ条から成る意見書を提出している。その条項のなかには、

「諸国有志の者どもは攘夷の説を主張し激烈の論を唱え、実にもって危急存亡の時にして、終には州郡戦争（内戦）にもなるかと大息

「匹夫の論、激烈に過ぎ、かつ己の名利のためにすること多ければ、猥りにご採用なされぬようされたい。」[21]

といった警告がある。しかし、尊攘急進派に席巻された朝廷では、久光の警告も嫌みぐらいにしか聞こえなかったであろう。

長州藩の「破約攘夷」への藩論転換や「四奸二嬪」の排斥で、いっそう力を得た三条実美ら急進派公家たちは、さらに過激に動いて、朝廷から再度の別勅使差遣の勅許を取り付ける。大原勅使の「一・越（慶喜・春嶽）登用要路に在職した上は、（主上も）何の御案思もないはず」といった仕事ぶりに不満で、この際、より明確に幕府から攘夷実行の約束を取り付けねばならないという考えである。

別勅使の正使には三条自身、副使に姉小路公知が就いて、二度目の別勅使一行が十月十二日に京

都を出発する。これには土佐藩主山内豊範（とよのり）が随行し、武市瑞山（たけちずいざん）以下の土佐勤王党の党員たちがその警護に当たる。また、朝廷は長州藩に対しても、在府中の長州藩世子毛利定広に今般の勅使を補佐せよとの沙汰を出したため、同時期に久坂ら長州の尊攘派藩士たちもまた、多数が江戸に向かう。

　このように、勅使に多数の武装した藩士たちが随行したり、朝廷が諸藩に対して「内勅」や「ご沙汰」などを盛んに発したりするのは、いずれも久光が率兵東上の際に取ったやり方を踏襲するものである。以後、こういったやり方が常套化して、幕府と朝廷から命令が別途に出る、いわゆる「政令二途」の様態になる。国政が混乱するのは必至である。

　このころ、山内容堂は幕府参与に就いて江戸にいたが、その容堂に近侍していた寺村左膳が、十月十七日の日記に、容堂から板垣退助とともに呼ばれ、そこで交わした「時勢論」を次のように書き留めている。

「乾（板垣）退助この頃しきりに他藩人と出会致し、議論やや浪士論に類するもの多し。大趣意は、朝廷のご趣意遵奉して攘夷の議に決すべし。また、幕府もし、勅命遵奉これないときには、違勅の罪を問うもあるべき也と。大意このところに有り。

左膳の議論は然（しか）ならず。…。今、攘夷を行わば、かえって亡国となるべし。日本今より開国の制度に改める方、国家長久ならん。また、幕府を倒さんとするは、はなはだ不策ならんか。朝廷・幕府御合体、内乱無きようにご周旋されるのが当然なるべし。大意この筋也。

上（容堂公）には両人の議論するのを笑ってお聞き遊ばされ、何ともご発論無く、夜半過ぎお暇下された。」[22]

板垣は他藩の者ともよく交わり、長州藩の藩論の転換についても聞いていたであろう。「幕府もし、勅命遵奉これないときには、違勅の罪を問うもあるべき也」と述べたとある。これは討幕論に当たる。この時期、幕府に対して攘夷の勅命が下されたことで、それが聞き入れられない場合は討幕すべしの論がかなり広がっていたようだ。しかしこの論は、次章四・五節で述べる翌文久三年の八月十八日の政変で、天皇自身に親征や討幕の意思がないことが判明して水を差される。

三条・姉小路の勅使一行は十月二十八日に江戸に到着する。しかし、ちょうどこのころ将軍家茂は麻疹（はしか）に罹（かか）っていたため、勅使との対面が遅れる。将軍のそれが治癒して、両勅使が登城して将軍と対面したのは一ヵ月後の十一月二十七日であった。

この日、両勅使は、将軍ら一同が迎えるなか登城して、江戸城大広間の上段に座を取り、将軍家茂と後見職慶喜が中段に、総裁職春嶽と老中らが下段に控えた。江戸城大広間上段の中央に将軍以外のものが座を占めたのは、このときが最初である。

勅使が授けた勅書は次のようなものであった。

「攘夷の念、先年来今日に至るまで、絶えず日夜これを患（うれ）う。…。早く攘夷を決めて大小名に布告。その策略のごときは武臣の職掌。速やかに衆議を尽し、良策を定め、醜夷を拒絶。これが朕の意（こころ）なり。」[23]

要するに、攘夷は征夷大将軍の「職掌」であるから、速やかに攘夷の「良策を定め」実行せよと命じているのである。ただし、即刻の攘夷を求めているわけではない。

春嶽と容堂が勅使の三条・姉小路の両卿に直接面会して話を聞いている。越前藩の記録『続再夢紀事』に次のようにある。

「両卿、攘夷に一決せらるればとて、直（じき）に拒絶にも及ばざるべし。宜しくその方略を尽くし、しかる上の事なるべしと答えられ、兼て過激の議論を主張せらるる由との風聞には似ざりしとぞ。」[24]

春嶽・容堂は思っていたほど、「過激の議論」を押し付けられたわけではないという印象を持ったようだ。

上記勅命に対して、将軍家茂は十二月五日に正式に、

「勅書謹んで拝見しました。勅諚の趣き、畏（かしこ）み奉ります。策略等の儀は、ご委任下される条、衆議を尽し、上京のうえ委細申しあげ奉ります。　臣家茂（花押）」

と奉答する。[25]

「臣家茂」と署名して、君臣関係を明確に表明している。

なお、朝廷から同時に「御親兵」の新設を求められていたのに対しては、

「家茂、征夷の重任に膺（あた）り、かつ右近衛大将にも兼任仕っている上は、御守衛の義は職掌ですので、不肖堅固に御守衛の手配仕るべし。」[26]

として、新設を断っている。もっとも、これについては、翌三年四月に「御親兵」の名を「御守

衛兵」に変えて、諸藩交番制による御所の守衛制を新たに設けている。[27]
三条・姉小路勅使は上の奉答を受けて、十二月七日に江戸をたって帰京の途に就く。
文久二年後半期、二度にわたる別勅使の來府で、江戸はにわかに脚光を浴びる。しかし、江戸が首都として光彩を放ったのはこれが最後である。翌三年に将軍家茂が徳川の将軍としては二百有余年ぶりに入洛して以後、幕末の政治の中心は京都に移る。

五、開国説破の不発

幕府は、久光が率兵上京したころには別勅使の来府があること、また五月初めには、その来府の際、「朝旨三事（「三事策」）」の命があることをつかんでいた。幕府は直ちに検討に入り、そのなかの第一事にある将軍の上洛については、六月一日に先手を打って将軍上洛を決定した。

しかし、肝心の「夷狄掃攘」については、策の立てようがなかった。四年前に五ヵ国修好通商条約を締結して、すでに外国貿易も盛んになり、外国人の居住も始まって外国艦隊も駐留している。「夷狄掃攘」などできるはずがないのである。和宮降嫁の際に天皇と約束をした「十年内を限り」などというのも、要するに問題の先送りに過ぎない。つまり、現実には「夷狄掃攘」などというよりも、もとより朝廷に攘夷の不可と開国の不可避を了解してもらうほかはないのである。

将軍上洛前に、それを何とかやっておこうと閣僚たちは躍起になる。幕府が長州藩の航海遠略策による朝幕間の周旋を受け入れたのも、それを通じて朝廷に開国を認めてもらえるのではないかという期待があったからだ。在府中の藩主毛利慶親が五月初めに将軍上洛を求めた際には、将軍家茂がわざわざ彼を江戸城の奥の間に招いて、航海遠略策による周旋の尽力に満足の意を伝えている。

五月七日に政務参与に命じられた春嶽は、さっそく翌八日に登城を求められ、その場で水野忠精・板倉勝静両老中から、長州藩主が出府して将軍上洛を建言している件について意見を求められる。このときの春嶽の返答を、越前藩の記録『再夢紀事』は次のように記している。[28]

「長州の（将軍上洛の）建議の趣きも、ずいぶんもっともの筋であり、また何の訳がないにしても、君臣の名分、御一代に一度ぐらいは御上洛があって然るべき御事、況して当時（現今）の不容易・混雑の訳もあっては、かたがたもって御上洛の義はご至当と存じられます。」（五九頁）

春嶽は「君臣の名分」からして、将軍は天皇の臣下として、特に「何の訳がないにしても」、「御一代に一度ぐらいは御上洛」なされてしかるべきだと応じている。尊王家である春嶽の明快な返答である。

さらに、そのあと将軍家茂に呼ばれ、「御人払にて」直々に、「公武の御間柄の儀につき心配」なので、老中久世広周といっしょに「上京の上、御一和あい成るよう」助力してくれるよう頼まれる。これは、老中久世の上京を命じる朝命が届いているのについて、それへの同行を春嶽に求めるものであった。

春嶽はそれを聞いて直ちに久世の同席を求め、その場で、自分は四年近くも謹慎処分を受けて蟄

居していたため今日の事情に疎（うと）いとした上で、

「日本国を治めるべき条理の国是があい定まらぬ内は、いかに台命（将軍の命令）といえども上京の儀はお断り申し上げる。」

と同行を断る。

これに対して、久世は自分だけでは「ご威権の墜行（ついこう）があってはあい済まぬ」と述べるが、それに対し、春嶽は家茂がいる前で、「ご威光は最早墜（お）ち切って、すでに滅びんとする勢い」と厳しい言葉を返している。（六〇‐六三頁）

翌九日にも、大目付の大久保一翁と浅野伊賀守（氏祐）らから再び、

「何分ご上京頂いて、開国のご趣意をご説破なし下されなくてはとてもあい適（かな）わず…。」

と、頼まれたのに対しても、春嶽は同様に、

「開国にせよ鎖国にせよ、大本の国是が立たずしては、説破の種（たね）がなく、…（それさえ）立てば何時なりとお請けも致し上京も致すが、それが出来るまでは台命にても何にてもお請けし難い。」（六七‐六八頁）

と、拒絶の言葉を繰り返している。

ここで両大目付が「開国のご趣意をご説破」と言い、春嶽がそれに対して「説破の種がなく」と応じている、この「説破」が、幕閣たちが春嶽に上京してもらいたいとするその目的である。幕閣たちは、朝廷から老中久世の上京の召命が出ている機会に、春嶽に同行してもらい、さらにそれに

在府中の毛利慶親を同伴上京させて、「説破」を果たしたいのである。確かに、これ以上の「開国のご趣意をご説破」する使節団はない。慶親は航海遠略策の開国論をもって朝幕間の周旋に当たっており、春嶽はその慶親の賛同者でもある。

ところが、この使節団のなかで最もその役に自信がないのが老中の久世であった。彼は、和宮降嫁の条件として「当節より七八年ないし十ヶ年をあい立つ内」の「蛮夷拒絶」を約束した当の本人であるからだ。そのような事情を抱える久世の上に、春嶽が同行を断ったため、幕閣たちは結局、五月十七日に久世上京による説破は断念する。

しかし、それをもって開国説破を諦めたわけではない。幕府は五月二十七日には、久世に替る老中板倉の上京を決めている。しかしこれにも、やはり春嶽の同行が不可欠であり、板倉は直談判して、何とか春嶽に同行を承諾させる。板倉・春嶽の両人に長州藩主毛利慶親を同伴させれば、このときとしては確かに、これ以上の有力な開国説破使節団はない。

しかし、六月二日になって京都から、久世上京の召命を引き下げるとの通達が幕府に届く。京都では五月六日に別勅使の江戸派遣を決めたため、久世の上京が不要になったのである。幕府は同日六月二日に久世の老中罷免を発表する。これによって、幕閣が画策していた開国説破の使節派遣は立ち消えになる。六月七日には別勅使の大原重徳と島津久光の一行が江戸に到着する。

幕府内には同時期、幕閣たちのほかにもう一つ、朝廷への攘夷の不可と開国の不可避の説破をより強硬に唱える者たちがいた。それは、安政年間以来、条約締結や外交の前面に立って、その職務に携わってきた外交畑の有司たちである。彼らは幕吏であるが、日本政府を代表して外交任務に携わってきた者たちである。この者たちを、本書では「外国方有司」と呼ぶ。[29] この彼らは、孝明天皇や朝廷からは、「違勅」の条約を結んだ「有司」として譴責の槍玉に挙げられている者たちでもある。

この「有司」たちの首領格で、文久二年当時、朝廷への説破を唱えてその急先鋒に立っていたのが、外国奉行の水野忠徳（一八一〇年生）である。水野は浦賀奉行や長崎奉行を務め、安政五年の日米修好通商条約締結直後に（海防掛を廃止して）新設された外国奉行に岩瀬忠震・井上清直らとともに就いた日本外交の草分けの一人である。英・露・蘭・仏・米など各国との交渉にも当たってお り、外交畑の職務に就く後輩たちにも強い影響を与えた。

水野に親炙した田辺太一（一八三一年生）は、後年（明治三一年）の『幕末外交談』（一八九八）で、その文久二年年央のころのことを次のように記している。

「春嶽が政治を総裁するや、百事革正の期ともなったので、筑後守（水野忠徳）は再びこの機をとらえて、第一に開国の国是を定めることの必要を上言した。…。

これまでひたすら朝意を遵奉すると称して、その実は不合理、かつ時勢に逆行する攘夷の勅旨に対して極言諫争しようともせず、弥縫といえばいえるだろうが、つまりは朝廷をあざむいてきた従前の罪を率直に認めて、総裁（春嶽）はじめ閣老が上京し、公卿や諸侯と諮って開国の大規模を決定すべきである。

春嶽は諸大名のうちでも重望ある人であり、…。いわんや、その藩論は早くから開国を標榜してきているではないか。これは、筑後守がもっぱら春嶽に嘱望したところのものであり、これを補佐して朝旨を変えるために身を挺して当たろうとしたのである。」[30]

この田辺の後輩に当たる福地源一郎（桜痴）（一八四一年生）もまた、明治二十七年に著した『懐往事談』（一八九四）で、水野から直接聞いた話として、

「攘夷は断然不可なりという幕議を固めて閣老をもって京都に言上し、その迷誤を破るにしかず。不幸にして浮浪の徒が跋扈して公卿の評議を左右することあらば、厳にこれを逮捕し止むを得ずは兵力をもって掃攘すべきのみ。この議を決せられれば余（水野）は進んでこの難局に当たり必ず目的を達すべしと切論し、さらに書面をもってその趣意を述べられたり。（この書面も前の建言書と同時に一覧したり）。」[31]

と記している。

田辺は上記に続いて、

「筑後守はいよいよ激しく春嶽や時の閣老に向かって争論に及んだので、閣老たちも筑後守を避けて、彼が面喝を乞うと聞けば、仕事にかこつけて、これを断ったという。そのあげく、たちまち箱館奉行に転任の命を受けるに至った。筑後守も今はこれまでと、その職を辞するばかりでなく、同時に隠居をも願い出たのであった。」[32]

と言う。水野は箱館転任を断り、九月には隠居して「痴雲」と号する。

この件については、当時の史料でも確認できる。杉浦蘐水（七郎右衛門）が文久二年七月二十四日付で息子の杉浦譲（愛蔵）に次のように書いている。

「水野筑州過日、外国奉行御免、箱館奉行を命ぜられ、御役所向きも火の消えたごとく、…。御同人儀、十五日には総裁・閣老方へ何事を申し上げたのだろうか、…、翌日は引込み…。この御人物は元来手強の英傑で、お国の御為にも惜しまれる。過日も一橋殿と大議論あり、独橋もお一言もなかったほどの由。」[33]

この杉浦が「一橋殿と大議論」と書いているのについては、福地源一郎は回顧録で、

「水野痴雲は一日余に向かって、しきりに一橋殿の賢明なる事を称し、今日に当たりて将軍家を輔弼して天下を治めんとする人は、この御方のほかにはあらざるべしと語られたり。」[34]

と述べている。

杉浦が書いていることと一致する。水野は徳川慶喜に期待を掛けたのである。水野はもともと、徳川家定の将軍継嗣擁立運動以来の「一橋派」で、家茂の将軍就任後も、家茂ではこの国難を乗り切れないとして慶喜交代論を持論にしていた。

三条・姉小路の勅使一行が十月末に江戸に到着するが、ちょうどその十一月中旬に「文久遣欧使節」団で渡欧して帰国した福地源一郎が、水野から聞いた話を次のように伝えている。

「今度攘夷の勅諚を奉りて下向の勅使某殿と云える青公卿（三条・姉小路のこと）が和戦の利害を

討究せず、むしろ日本全国を挙げて焦土となすとも、攘夷をご実行遊ばされたきが叡念なりと申したりと承る。（中略）

もしまた、（それが）真実の叡念なりとの御事であれば、利害得失を陳べて飽くまでも諫め奉るべし。誠実の赤心をもって言上に及べば、ご聡明の主上にてましませば、必ずご聴納あらんこと疑いなし。…。

しかれども、それにてもご聴納これ無くば、…。焦土となるも攘夷を行わんとは、これ恐れながら、ご一己（いっこ）のお好みをもって天下に易させ玉うと申すもの。然る上は、恐惶の至りなれどもご譲位を促し奉るか、しからずば、都の外へ行幸為し奉るのほかはない。」[35]

勅使を「青公卿」と呼び、最後のところなどはもう、廃帝論に近い言行である。水野や勘定奉行の小栗忠順（ただまさ）らはこのあと、彼らからすると無知蒙昧とも言うべき勅旨と、それを「攘夷奉承」した幕閣の不甲斐なさに失望して、翌年にはいよいよ反発の直接行動に出る。それについては次章二節で述べる。

以上のように、幕閣たちも、外国方有司たちも、朝廷への攘夷の不可と開国の不可避の説破が不可欠として動こうとしたが、結局このときは両者ともに何もできずに終わる。二度にわたる別勅使の東行に押しまくられる形になったわけだ。両者の奮発の行動は翌年以降に持ち越される。

六、幕議での廃幕論

文久二年八月下旬に勅使大原重徳が江戸を去ったあと、幕府は九月七日に将軍家茂の上洛を「來二月、御上洛」と正式に布告する。[36] ところが、九月末にはまたまた、朝廷から幕府に再度の別勅使派遣の通達が届く。将軍上洛決定を理由に、今回の勅使派遣の猶予ぐらいは奏請できたはずである。しかし、その形跡はない。ほとんど言いなりのようで、「朝主幕従」は明白である。

再度の別勅使来府の目的は、攘夷実行をより具体的に迫るものであることは明らかである。幕議で、それへの対応策が討議される。以下、この文久二年九・十月のころの幕議の討議を、先にも用いた越前福井藩の記録『続再夢紀事』一巻（以下、『紀事』と略す）を通して見て行く。この記録は、松平春嶽を「公」として記録するものなので、当然、その立場からの記述になる。しかし、全体として事実を大きく歪めるような偏向はないように思われる。[37]

『紀事』の九月十六日の条に次のようにある。

「営中（城中）において、一橋殿が近く上京せられることに決す。さて着京の上は、開国の止むを得ざる所をもって、朝廷に言上せらるべしとのことであるが、開国は公、もとより多年の持論なれども、従前の条約は一時姑息をもって取り結びたるもので、国家永遠の計を立てるため取り結びたるものにあらず。加うるに、勅許を経ずして調印せし如き不正の所為もある事なれば、この際、断然この条約を破却し、天下を挙げて必戦の覚悟を定めしむべし。

さて、このことが実際に行われたる上は、天下の大小諸侯を集めて今後の国是を議せしめ、全国一致の決議をもって、さらに我より進んで交(まじわり)を海外各国に求むべし。果たして、かくの如くならば、始めて真の開国に進むことを得るべしとの意見を立てられたる場合なり、…。」（八六頁）

将軍家茂の上洛を控えて慶喜の先行上京が決まり、慶喜はその際に朝廷に対して「開国の止むを得ざる」ことを申し述べると言ったようだ。やはり、攘夷不可・開国不可避の入説不可欠の思いに変わりはないのである。それに対して、春嶽はさらに踏み込んで、「真の開国」のためにはこの際、「条約を破却し、天下を挙げて必戦の覚悟を定めしむべし」と、申し述べたと言う。

春嶽は長州藩がこの七月に航海遠略策を破棄して「破約攘夷」に転換した、その論に与(くみ)しているのである。このころ春嶽のところには、京都から江戸にやって来たばかりの周布政之助や木戸孝允らが盛んに訪ねて来ていた。

続いて、九月二十日の幕議では次のような意見が戦わされている。同じく『紀事』から引く。

「この日、西湖の間において、条約を廃し決戦の覚悟を定む云々の可否を諸有司に議せしめられたのに対し、小栗豊後守(おぐりぶんごのかみ)が異議を唱え、政権を幕府に委任せられているのは鎌倉以来の定制なり。然るに、近時は京都（朝廷）より種々の御差綺(おさしいろい)（指図）あるのみならず、諸大名よりもさまざまのことを申し立てることとなり、それがために、既定の政務に変更を要することあるに至っているのは、もってのほかのことであり、政府の失態なり。この上、赫然権威を振るわざれば、遂には諸大名に使役せらるるにも至るべし、と申した。

　それに対して、肥後守殿（松平容保）は大に憤激せられ、京都の御差綺を拒んでは尊王の大義に悖り、外夷の屈辱を受けては国威を墜とすべし。大義に悖り国威を墜とさば、幕府の権威いずれのところへ振るえようか、と申され、公も、公共の天理に依らずして、ひたすら幕府の権威をのみ振るわんとするのは一己の私なり故に、己を忘れて議せざるべからずと申されけれど、（芙蓉の間の）諸有司いずれも服さず、ついに決議に至らなかった。」（九一－九二頁）

　小栗忠順（勘定奉行兼江戸南町奉行）が、「政権を幕府に委任せられているのは鎌倉以来の定制」、今になって「既定の政務」を変更するなどは「もってのほかのこと」と、意見を述べたという。

　小栗らにはもとから、大政委任論などはあまり眼中にない。小栗は日米修好通商条約の批准のために渡米もしている。この小栗や浅野氏祐（外国奉行兼神奈川奉行）らは「外国方有司」でもとりわけ行動派で、彼らは幕府が攘夷奉承に傾いているのを警戒して不服従の態度を取っている。小栗らはむしろ、この際、幕府は毅然とした態度を取って、「諸大名に使役せられる」ようなことなく、幕権の強化を図らねばならないと考えている。

　この小栗に対して、尊王家の松平容保（この閏八月に新設の京都守護職に就任）が憤慨して、朝廷からの「御差綺を拒んでは尊王の大義に悖」ると言い、春嶽も「ひたすら幕府の権威をのみ振るわんとするのは一己の私なり」と小栗を制している。しかし、「諸有司いずれも服さず」であったようだ。

　この討議があった直後から、春嶽は意見が一向にかみ合わないのに嫌気が差したのか、登城を拒否している。上の九月二十日の幕議には慶喜が加わっていなかったため、九月三十日に春嶽の政治顧問の横井小楠（しょうなん）がその後の評議の進み具合を聞くために、御側御用取次役の大久保一翁（いちおう）を訪ねている。小楠は熊本藩士だが、春嶽が安政五年に「賓師（ひんし）」として越前藩に迎え入れていた。小楠は一翁とは旧知の間柄で、文久元年に五月から八月にかけて江戸にいたときに、勝海舟を介して何度か会っている。[38]

　『紀事』はその九月三十日（晦日）のことを長々と記している。いくつかに分けて下に引く。（一〇六－一一〇頁）

「横井が（一翁に）廟堂の今日の議はいかがかと尋ねしに、大久保（一翁）が昨夜申し聞かれた条約破棄・諸侯合同云々の春嶽公のご意見を今朝、橋（慶喜）公および閣老衆に陳述したところ、閣老衆は御尤（ごもっとも）なるべしと敢えて異議は立てられなかったけれど、橋公は断然不同意なりとありし故、その子細をうかがったところ、」

　慶喜は皆の前で次のように話したという。

「拙者は万国一般天地間の道理に基づき、互いに好（よ）しみを通ずる今日なれば、独り日本のみ鎖国の旧套（きゅうとう）を守るべきにあらず故に、我より進んでも交わりを海外各国に結ばざるを得ずとの趣意を叡聞（天皇のお耳に）に達するつもりなるか。
畢竟、今日の条約たる、最初阿部伊勢（正弘）が鎖国の旧見を脱せずして姑息の処置に及んだのに続いて、堀田備中（正睦）・井伊掃部（直弼）の輩その姑息を襲ね、遂に墨夷（アメリカ）の虚喝に怖れて、勅許をも俟たず調印するに至りしものなれば、不正と言わば不正にもあるけれど、すでに取り交わした上は、これを何とかすべきではないか。ただ万国並みに交通するほかに致し方あらざるなり。
しかるに、この節、従前の条約は不正なれば破却すべしとの議あれども、これは内国人にあってこそ言えても、外国人にあっては政府と政府との間にて取り交わした条約なれば、決して不正とは言えない故に、仮に我より談判に及んでも、その承諾せざるは鏡を懸けて見るよりも明らかなり。また、必戦の覚悟を定めしむべしとの議も、…。かかることよりして戦いを開かば、天下後世これを何とか云わん。」

慶喜は「鎖国」は不可であり、今や「海外各国」と「万国並みに交通するほか」はないとし、その「趣意を叡聞に達するつもりなるか」と言う。ここでも開国不可避の入説をする意思は変わっていない。条約締結の「違勅」については春嶽と同じ認識であるが、「破約攘夷」や「必戦の覚悟」などの無謀については小栗と同じである。

続いて、慶喜はこうも述べたという。

「また、諸侯を会同すべしとの議も、諸侯がもし時勢に適せざる愚論を申し出たなら如何にすべきや。政府は却って説諭の労を執ることになろう。これ、拙者が同意すること能わざる所以なり。かつ、このたびかかる意見を立てたのは、すでに幕府をなきものと見て、専ら日本全国の為を謀らんとするなり。

故に、不正の条約なれば破却すべしとか、諸侯を会同すべしなどと云えるが如く、時論に苟合(迎合)せんとするものとは同日の論にあらず(まったく違う)。拙者の決心すでにかくの如し。この上は、春嶽殿であれ、その他の人であれ、意見があれば速やかに説破せらるべし。もとより拙者の望むところなり。」

世界の情勢に通じ日本の現状をよくつかんで、自信あふれる見事な弁舌である。「拙者の決心すでにかくの如し。この上は、春嶽殿であれ、「意見があれば速やかに」申し出られるべしと、自信満々の確固たる言明である。前節で、水野忠徳が慶喜に期待を掛けたと書いたが、水野もこのような慶喜に接していたのであろう。

ところで、慶喜がここで「幕府をなきものと見て」としている「幕府」は、どのような幕府を指すのであろうか。慶喜はここで同時に「政府」や「日本全国の為」を言っていることからして、その「幕府」は日本政府としての徳川政権を指すものではないだろう。「鎖国の旧套を守るべきにあらず」として、開国論や攘夷の不可を論じているところからすると、征夷府としての幕府を指すものなのではないか。

『紀事』の九月三十日の条は上記に続いて、

「横井、橋公の卓見と英断とに驚き一時は物をも言い得ず。」

として、小楠の感想を次のように書いている。

「五十余歳（小楠、このとき五十三歳）の今日まで、かかる失敗を取ったことはない。実に橋公いまだ御若年（二十五歳）なれば、第一等の議を進めてもご負担に耐えられないだろうと、第二等の議をお進めしたが、…、眼識の及ばなかったことは慙愧（ざんき）の至りなり。」（一〇九頁）

中根はこれらのことを春嶽に伝え、その結果、春嶽も慶喜の「深意」を理解し「改めて同意を表し、明日は登営すべしと申された」と言う。もっとも、慶喜のことをよく知る春嶽が、小楠らが伝える慶喜の言葉を額面通りに受け取ったかどうかはわからない。

翌十月一日には、朝廷から再度の別勅使東行の決定を理由に、慶喜の上京を十一月以降に延期するよう通達が届く。（一一四‐一一五頁）朝廷としては、勅使の伝達を聞いてからにせよということであろう。これで慶喜の上京は延期になる。

十月八日には春嶽が慶喜に直接会って話したようだ。『紀事』のその日の条に次のようにある。

「この日、営中において一橋殿に、（公が）『先ごろ小拙が無謀拙策の嫌（きら）いがあるにもかかわらず、攘夷破約の議を申し立てたのは、懦夫（じゅふ）（弱い男）をして志を立てしむるは必ず効験（ききめ）あるべしと見込んだ故なれど、天地間の公道に基づき云々の貴卿の高論は、もとより至当のこと故、速やかにご同意に及んだ。然るに、…。されば、この際、さらに貴卿が奏上せられる開国主義が、もし朝廷において容れられないときは、幕府は断然、政権を返上せられる事に覚悟を定め、さて、この覚悟をもって人心を鼓舞することにしてはいかが。』と申されたのに、一橋殿大いにご同意なり。しかし、重大の件なれば、閣老始めに申し聞くる事はなお考案の上、明朝ご相談に及ぶべしと答えられた。」（一二一‐一二二頁）

そして、翌十月九日にも春嶽は登城しており、『紀事』のその日の条には次のようにある。

「昨日営中において相談に及ばれた政権返上の件を一橋殿熟考せられた由にて、（自分慶喜が）明らかに閣老に申し聞いたなら、定めて同意とは申すべけれど、後来果たして事実を決行するに至るべきや否や測られず故に、すぐには明言せず、時態の難艱（なんかん）に究して彼より申出るを待つことにすべしと申され、急に評議に及ぶには至らなかった。」（一二二頁）

結局、春嶽は「政権返上の件」については、慶喜に「急に評議に及ぶには至らなかった」として、お茶を濁されたようだ。

このころ、幕閣のあいだで、勅使の待遇方式でも意見の対立が起きていた。松平容保がこれまで以上に朝廷尊奉をもって待遇すべしとしたのに対して、老中板倉が「東照宮以来の定例をみだりに変えてはならぬ」と強硬に反対したためだ。

また十月に入って、京都所司代などを通じて続けざまに、

「今や京都の形勢は危機に迫れり。万一御請を踟躊（ちちゅう）するが如きこともあらば、御当家滅亡の端を開かん、宜しくこの意をもって老中に伝えるべし。」[39]

といった厳しい京都情勢の報が届く。

このようななか、春嶽はまたまた十月十三日に辞職の意を固めて、「廟堂（幕府）」へ長文の「建白書」を提出する。その内容は春嶽と慶喜の考え方の違いを示すものになっている。[40] そのところを引く。

春嶽が、

「今般の天使（勅使）は恐れながら、徳川家の興廃、幕府の存込、大に皇国の盛衰に関係することにて、実に未曽有の一大難事なれば、…。」（一四九頁）

として、それへの対応策として、

「天使お聞き入れなく、当今拒絶、攘夷なくては叶わぬという段になり、…。もはや為され方もなくなれば、東照宮以来二百余年関東へご委任になっている政権を京師へお指し上げになり、皇国の安危を天意に任せられ、徳川の御家は一諸侯と成らせられた上にて、掃攘（攘夷）の叡慮ご遵奉ある列侯と共にご忠勤に励まれるべし。」（一五〇頁）

としたのに対して、慶喜は、

「何分にも貴示のごとく今度の天使は実に不容易、…、何分鎖攘（鎖国・攘夷）は成り難いので開国にてどこまでも申し上げ、その上で、刑君（慶喜）天使（三条・姉小路）をご同道にてご登京の見込みにて、今さら大権を返上奉ると申す場合にはあるまじく、…。」

と応じたと言う。

要するに、春嶽は、勅使がどうしても「拒絶、攘夷なくては叶わぬという段に」なれば、政権返上し「徳川の御家は一諸侯と成らせられた上で」他の列侯とともに「掃攘の叡慮ご遵奉」されるべしとしたのに対して、慶喜は勅使には「開国にてどこまでも申し上げ」、勅使に同道して「登京の見込み」だとし、「今さら大権を返上奉ると申す場合」にはないと述べたようだ。また、慶喜は次のような態度を取ったという。

「すでにある執政（幕府高官）には、主上（天皇）も真の思召しにあらば、如何様ご不尤（ご不承）であっても、条理を尽くし申上げれば、然るべきになるだろうとも。畢竟、今度の天使と申しても、実々、叡慮から出た儀ではなく、薩長を始め浪人輩の思召しにてあるもので、彼らのために二百年来の大権を返上することは、甚だもってあってはならぬ事と申され、とても幕府を捨て、叡慮遵奉の念頭は毫もこれなき様子。」（一五一頁）

ここにある「主上も真の思召し」というのは、孝明天皇が内々に「執政（幕府高官）」を通じて伝えられているという話のことで、春嶽もこのあとで、

「宸慮を伺い奉れば、徳川氏をお悪み遊ばされるといったことは毛頭なく、只々ご憐恤（あわれみ）のご愛情恐察。」

と書いている。

この「宸慮」というのは、孝明天皇がひそかに伝えてきている自身の考えのことで、その伝達のルートは二つあって、一つは天皇から和宮への書簡で、もう一つは和宮の叔父・橋本実麗から和宮

のそばにいる生母観行院（橋本の妹経子）への書簡である。それらで上記のようなことが伝えられ、また、「勅意は三ヵ条（「朝旨三事」）の内一ヵ条あい済めば、薩州は落ち付くべし」といった趣旨のことも伝えられたようだ。[41]

この件について、高橋秀直氏は『幕末維新の政治と天皇』（二〇〇七）で、

「実際の三事策（「朝旨三事」）の決定過程をふりかえるなら、薩摩のせいという天皇の説明は虚偽であり、彼の責任逃れであった。しかし幕閣の目には天皇の発言が事実と見えたであろう。」（一五〇頁）

とされている。いずれにしても、慶喜も春嶽も、いずれ天皇に直接会って「条理を尽くし申上げれば」天皇には理解してもらえるという期待感があったのに違いはない。

春嶽はここで、朝廷が「攘夷なくては叶わぬという段に」なれば、「関東へご委任になっている政権を京師へお指し上げになり、…、徳川の御家は一諸侯と成らせられ」として、明確に、政権返上・廃幕論を建議している。自ら廃幕にするという点で、本書で言う閉幕論である。

それに対して慶喜は、

「彼ら（「薩長を始め浪人輩」）のために二百年来の大権を返上することは、甚だもってあってはならぬ事と申され、とても幕府を捨て、叡慮遵奉の念頭は毫もこれなき様子」

であったと言う。

二人は政権返上という点では明確に対立しているわけだ。もっとも、『紀事』がここで、慶喜に

「幕府を捨て」る気がないと書いているのは間違いではないが、それをもって、慶喜に「叡慮遵奉の念頭は毫も」ないと書いているのは正しくない。孝明天皇は、幕府が「幕府を捨て」たり「大権を返上すること」を望んではいないからだ。その点では、孝明天皇の「叡慮」を正確につかんでいるのは、『紀事』の方ではなく慶喜の方である。

春嶽の「建白書」の最終の結論は、次のようなものであった。

「ただ今となっては、開鎖の論判にはこれなく、ひたすら叡慮ご遵奉の一途に止まることとなれば、今般天使ご参向の上は、…、勅命の趣きを速やかにご遵奉のお請けにあい成る儀、君臣の分において義理の至当と存じ奉る。」（一五三頁）

「今となっては、開鎖の論判」をしている場合ではない、「勅命の趣き」すなわち攘夷の命を「速やかにご遵奉のお請けにあい成る」のみと言う。「開鎖の論判」よりは、まずは「叡慮ご遵奉（攘夷奉承）」である。最後はやはり、いかにも尊王家で「君臣の分」を重んじる春嶽の結論といったところだ。

政権返上・廃幕論について、『紀事』はこのあとの十月二十日の条で、御側御用取次役の大久保一翁が述べた意見として、次のように書いている。

「越州（一翁）この節、攘夷の叡旨を奉承せらるべしという議あれども、これは甚だ不可なり。…。この度（たび）は（朝廷に対して）どこまでも攘夷は国家のため得策にあらざる旨を仰せ立てられ、然る上、万一京都にいてお聞き入れなく、やはり攘夷を断行すべき旨仰せ出されるなら、その節は断然政権を朝廷に奉還せられ、徳川家は神祖の旧領の駿（駿河）・遠（遠江）・参（参河＝三河）の三州を請い受けて一諸侯の列に降られるべし。

もっとも、そのように政権を奉還せられたなら、天下はいかがなり行くかはあらかじめ測り知られねど、徳川家の美名は千載に伝わり、…。横井（小楠）深くその卓見に感服して、それ以上の処置はあるまいと答えたり。」（一六四－一六五頁）

春嶽の上の「建白書」の意見と同じである。一翁は、朝廷に「どこまでも攘夷は国家のため得策」でないことを説得して、それでも「お聞き入れ」ない場合は「政権を朝廷に奉還」して徳川家は「旧領の駿・遠・参の三州」の「一諸侯の列に降」るべきだと言う。紛れもなく政権返上・廃幕論である。

この十月二十日の条では小楠が一翁から聞いたこととして、これを記しているが、この一翁の論は、このときに初めて唱えられたものではないようだ。

明治になってのものになるが、春嶽自身が二つの回顧録で次のように書いている。その一つは「逸事史補」（明治十二年）にあるもので、

「ここに一つの奇話あり。余、総裁職中、京都より毎々の伝奏（武家伝奏から）来状あり。また（将軍の）上洛の事あり。幕議紛紜のとき、大久保越中守大目付勤役中なり。進みて言う。徳川家の傾覆、近年にあり。上洛あってしかるべし。その時、幕府にて掌握する天下の政治を朝廷に返還し

奉りて、徳川家は諸侯の列に加わり、駿・遠・参の旧地を領し、居城を駿府に占めること、当時の上策なりと諫言する。
衆役人満座大笑し、とても出来ない相談なりといえり。大久保越中守の先見は驚くべき感じるべきことにして、果たして明治元年にはこの挙に及べり。大久保氏の卓識を後世に伝えるために記載する。」[42]

と言う。

もう一つは『閑窓乗筆』（明治十六年）のものだが、それでも同様のことを書いている。[43] これらからすると、その時期は文久二年の七月ないし八月になる。[44] 一翁の意見開陳の時期としては、おそらくこの春嶽の回顧の記述の方が正しいのであろうが、いずれにしても、文久二年の夏・秋の幕議において、政権返上・廃幕の閉幕論が討議の俎上に上ったことは間違いない。

このころ春嶽の発議によって山内容堂が幕政参与に就いていたが、その容堂に朝廷から、勅使の命に従って幕府が「攘夷奉承」するよう尽力せよとの内命が届いていた。このとき、三条・姉小路の勅使には土佐藩主山内豊範（山内家と三条家は姻戚関係にあった）が供奉して江戸に向かっていた。容堂は大目付の岡部長常（長崎奉行・外国奉行からこの六月に大目付）に、かなり厳しい注文を付けたようである。『紀事』の十月十八日の条に、その岡部が春嶽の登城を求めてやって来た際に、次のように話したとある。

「岡部今朝、容堂殿のもとに至ったところ、（容堂公から）今度の勅使は攘夷の叡旨を伝えられるとの事なるが、来着ももはや近い。廟堂（政府）は異議なく攘夷を奉承せられるべしかと尋ねられたので、いまだ一決せずと答えたところ、今度は過般の大原卿の下られたときに同じではない。万一開国の趣意などと申し出られたなら、勅使は議論に及ばずそのまま帰京せられ、（そうなると）関西はたちまち大乱に至るべき形勢の由なり。…。

と申されたので、…いかなる攘夷の叡旨なるべしかと尋ねたところ、…。（攘夷というも）一概に無謀の攘夷にあらざるべし。元来この攘夷なるものは征夷府当然の職掌ゆえ、もし奉承せらないとなると、攘夷よりも攘将軍の議に及ぶとも測られず、容易ならざる時勢なれば、深く考察してなお閣老初めへも相談するようにとの事。

そこで登城して閣老衆へ容堂殿から申し聞いたことを陳述したところ、甚だ当惑せられ、ともかくも叡旨は奉承せられざるべからずとて、その趣きを橋公へ申しあげられたところ、橋公も同じく当惑せられ、やはり奉承せられるほかはあるまいと申されたけれども、公（春嶽）ご不参中故、今に決定に至らず。…。」（一五九–一六〇頁）

三条・姉小路の勅使一行はすでに近くまで来ており、容堂の「攘将軍」の警告もあってか、慶喜はこの翌日十九日に春嶽に、

「別勅使攘夷の議、愚論はかねてご承知の通りではあるが、過日容堂から申し聞いた趣き等、篤と考えれば、何様お請けになった方がご都合然るべしとも思うが、貴慮いかがや。…。」（一六二頁）

と尋ねている。春嶽は上記のように、十月十三日に提出した「建白書」で、「ただ今となっては、…、勅命の趣きを速やかにご遵奉のお請けにあい成る」べしであった。

慶喜はこのあと将軍後見職の辞表を提出して、勅使一行が江戸に到着する二日前まで引き籠もってしまう。一ヵ月足らず前の九月末には、幕閣を前に朝廷への開国説破で熱弁を振るった慶喜も、別勅使の強硬姿勢が伝わり、それに容堂の「攘将軍」警句も重なって、すっかり腰砕けである。また春嶽も、先の「建白書」に見られるごとく、いろいろと講釈はするものの、最後は叡慮尊奉で、結論は慶喜とさして変わるところがない。

『紀事』の十月二十三日の条は、容堂が大久保一翁を褒め上げたことを次のように記している。

「今日、営中（城中）において大久保越中に面会せしに、越中、大開国論を説きしに一々感服のほかなし。越中は当世第一等の人物なり。このほどは岡部駿州（長常）に対しては大声を放ったけれど、今日越中に対しては声は次第に細くなった。この節、かかる人物四五人を得たなら天下の事は憂うに足らずと物語られた。」（一七三－一七四頁）

一翁が容堂に説いた「大開国論」がどのようなものであったのかはわからないが、よく言われる「大開国論」なら長州藩が唱えた「航海遠略策」がそれに当たる。容堂の言う「大開国論」には、すでに城中で知られていた政権返上・廃幕論も含まれていたのではないか。容堂はこの五年後には、将軍慶喜に対して政権返上を建言する建白書を提出する。容堂がここで使った「攘将軍」が、薩摩藩が後に唱えた後述の「討将軍」とよく似ているのも興味深い。

一翁はこの十日ほどあとの十一月四日に、御側衆・御用取次を解職になる。その前日の三日の『紀事』の条に次のようにある。

「一橋殿、過日来、大久保越中が俗論家のために忌嫌されている由を聞くが、この説いっそう甚だしく、すでに登城の途中を要して撃ち倒すべしなどと密々議するものある由なれば、…一時他職に転任を命ぜられてはいかがと申し出られた。」（一八七頁）

このころ京都から、尊攘派による一翁・岡部・小栗暗殺の報が伝えられており、それを理由に一翁の「転任」が命じられたのである。

実際のところは、暗殺情報などよりも、将軍のそばにいて妙な知識を吹き込まれては困るといったところではなかったか。容堂によると「かかる人物四五人を得たなら天下の事は憂うに足らず」ではあるが、やはり現実は「出るくぎは打たれる」であった。

注

1　この盟約は長州船の丙辰丸船上で結ばれたもので、その「議定書」には、「夷狄横従に跋扈、これに加えて、内に姦吏私を営み、天下日に逼迫、真に皇国未曽有の大事、幕府御安危の決（わかれめ）、実に一介の草莽といえども、…、身命を顧みず、…。」（『維新史』二、八〇五頁）とあり、水戸側が「破」を実行し、長州側がそのあとの「成」を為すというものである。木戸らは水戸側の実行によって、後の「成」の責任を負ったことになる。

2　『水戸藩史料』下編全、一五四－一五七頁。

3　『島津久光公実記』一、一二三七頁。なお、この近衛忠煕書簡は『孝明天皇紀』四、九七－九八頁にも掲載されているが、本文で引用した箇所等は『天皇紀』では「云々」として省かれている。確かに、関白が廃帝の件に関わっていたような記事を、『天皇紀』に記載するわけにはいかないであろう。

4　山口光朔訳『大君の都』下、三一八－三一九頁。

5　平野国臣顕彰会編『平野国臣伝記及遺稿』一九一六年、「平野国臣遺稿」、第一編　論策、三九－四〇頁。

6　小河一敏「王政復古義挙録」、『幕末維新史料叢書』5、所収、一二四－一二五頁。

7　『久坂玄瑞全集』、二九八頁。

8　『鹿児島県史料　玉里島津家史料』一、三三五頁。

9　『孝明天皇紀』三、八四〇頁。

10　同上書、八四五－八四七頁、「忠香公手録」。

11　『鹿児島県史料　忠義公史料』二、九六頁。

12　『孝明天皇紀』三、八八八－八九二頁、「忠香公手録」。この「思召書」については、原口清「文久三年八月十八日の政変に関する一考察」、明治維新史学会編『幕藩権力と明治維新』（一九九二）、佐々木克『幕末政治と薩摩藩』(二〇〇四)、九五-九七頁、高橋秀直『幕末維新の政治と天皇』(二〇〇七)、一五六-一六四頁、等で詳しく取り上げられている。

13 同上書、八二二頁。

14 この辺のことについては、高橋秀直、前掲書の第一部・第二章・二節3「三事策の決定」(九一-九六頁)に詳しい。

15 『再夢紀事・丁卯日記』、六二-六四頁。

16 『改訂肥後藩国事史料』三、一〇二-一〇三頁。

17 『再夢紀事・丁卯日記』、一〇三-一〇四頁、参照。

18 同上書、一一八頁。

19 『西郷隆盛全集』一、五九頁。

20 『鹿児島県史料　忠義公史料』一、八六一頁。

21 『孝明天皇紀』四、一二六頁。

22 横田達雄編「寺村左膳道成日記」一、県立青山文庫後援会、六三-六四頁。

23 『孝明天皇紀』四、一九五頁。

24 『続再夢紀事』一、二一〇頁。

25 『孝明天皇紀』四、三〇五-三〇六頁。

26 同上書、三〇六頁。

27 『維新史』三、三五〇-三五一頁、参照。

28 引用は『再夢紀事・丁卯日記』による。

29 奈良勝司氏は『明治維新と世界認識体系―幕末の徳川政権 信義と征夷のあいだ―』(二〇一〇年、有志社)等で、この外交畑の者たちを「親外派」有司層とされている。ほぼ同様の者たちであるが、本書では「外国方有司」

とした。この有司たちの活動については、奈良氏の著作から多くの知見を得ている。
30 田辺太一編述・坂田精一訳『幕末外交談』2、東洋文庫、平凡社（底本は、富山房、一八九八年）、四－五頁。
31 福地源一郎『懐往事談』、民友社、一八九四年、九七－九八頁。
32 同上書、六頁。
33 『杉浦譲全集』一、一九七八年、二九八頁。
34 福地源一郎、前掲書、一一七頁。
35 同上書、一〇〇－一〇一頁。
36 『続徳川実記』第四編、吉川弘文館、一九九九年、三八八頁、参照。
37 春嶽を「公」とする視点が入るのは止むを得ない。そこで、同じく徳川慶喜を「公」とする『徳川慶喜公伝』や、松平容保を「公」とする『京都守護職始末』などを照らし合わせながら見て行くが、幕議での討議については、『続再夢紀事』の記述が断然詳細で、他のものも多くがこの記録を使っているので、やはり『続再夢紀事』が中心になる。なお、この文久二年の幕議での討議については、原口清氏の著作「幕末政局の一考察―文久・元治期について―」（二〇〇四年）（『明治維新史研究』第一号、明治維新史学会）や宮地正人氏の『幕末維新変革史』上、岩波書店、二〇一二年、三二四－三二八頁、でかなり詳しく取り上げられている。
38 松浦玲『横井小楠』、ちくま学芸文庫、二〇一〇年、二一四頁および二〇七頁、参照。
39 『徳川慶喜公伝』2、東洋文庫、平凡社（底本は、龍門社、一九一七年）、一一八頁、参照。
40 この建白書はおそらく、横井小楠が起草したものであろう。『続再夢紀事』一では、これを掲載（一四四～一五四頁）する前に、「今朝も執政参政および横井小楠を召し意見を尋ねられし上、いよいよ神思憂鬱の病名をもって辞職せらるることに決せられき」とある（一四三頁）。
41 『再夢紀事・丁卯日記』、一〇五－一〇六頁、一一六－一一七頁等、参照。
42 『松平春嶽全集』一、三〇四頁。

43　同上書、一三三－一三四頁。

44　一翁は四月二十五日に水野忠徳とともに外国奉行に就き、そのまま五月十六日に大目付を兼務、さらに七月三日に大目付兼外国奉行のまま側衆・御用取次に就く。春嶽が政事総裁職に就いたのが七月九日である。したがって、正確には、春嶽が政事総裁職に就いたときには一翁は六日前に御用取次に就いていた。

第三章　幕・朝の迷走

文久三年三月、将軍家茂が徳川将軍としては実に二百有余年ぶりに上洛する。孝明天皇の義弟にもなった家茂が、天皇に直接会って話し合えば、攘夷問題もいくぶんかは理解してもらえるという期待もあった。しかし、その期待はすぐに吹き飛ぶ。朝廷がすっかり尊攘急進派の席巻する場になっていたからだ。朝幕首脳会談もおよそ話し合いらしいものにはならず、幕府は攘夷実行期限まで約束させられる始末であった。朝廷の方もまた、前年の孝明天皇による攘夷親征の言明もあって、文久三年八月には大和行幸の詔勅が布告されるが、その直後に八月十八日の政変が起きる。その政変で詔勅は反故になり、天皇は喜んだものの政治情勢は混沌とする。

一、春嶽の将軍職辞退建言

将軍の上洛に先立ち文久三年一月中に、将軍後見職徳川慶喜・老中格小笠原長行(ながみち)・土佐侯山内容堂らがそれぞれ上京し、松平春嶽も二月五日に着京する。彼らは入京直後から、前年十二月末に京都守護職に就いて京都入りをしていた松平容保を加え、連日のように朝廷側の関白鷹司輔熙（この一月二十三日就任）、前関白近衛忠熙、青蓮院宮（この二月中旬より中川宮。その後、伊宮、朝彦親王とも）ら朝廷首脳と会合を重ねる。しかし、話し合いは実りのあるものにはならなかった。朝廷はこの時期、別勅使の仕事を果たして帰京していた三条実美ら尊攘急進派に席巻され、首脳たちが自分の意見さえ言えなくなっていたからだ。

議奏の三条、武家伝奏の野宮定功や姉小路公知らとその同志たちが、昨年末に新設された国事御用掛に就き、さらにこの二月に新設された国事参政と国事寄人の要職もほぼ独占して、その彼らが自らを「赤心堂上」と称して、朝廷をほぼ牛耳る形勢になっていたのである。その上、朝廷周辺と市中では、浪士その他による凶暴な事件が続発して、関白以下の首脳たちは不安におびえるばかりであった。

それら凶暴な事件は、昨年末に三条・姉小路勅使とともに江戸から上方に戻って来ていた、土佐勤王党一派や長州藩・久坂玄瑞ら一派の扇動によるものであった。京・大坂の市中で、儒者の池内大学や千種家雑掌の賀川肇らが惨殺され、公家や滞京幕閣らを脅迫する事件が相次ぎ、二月初めには賀川の首級が慶喜の宿舎に投げ込まれてもいた。

その慶喜の宿所に二月十一日夜、春嶽・容保・容堂が集合していた場に、三条実美・野宮定功・姉小路公知ら七名の「赤心堂上」が押し掛けて、攘夷実行期限の決定を強要する。この三条らの来訪は、単なる彼ら独断の行動によるものではなく、朝廷から勅使の勅許を取り付けての来訪であった。[1] 朝廷もこのころ、前年末以来、薩摩藩その他による将軍上洛阻止の動きがあったことや、また実際に、将軍家茂の上洛が遅れていたこともあって、いくぶんか焦燥感に駆られていた。

三条らとの話し合いの様子とその後の成り行きを、『続再夢紀事』一巻（以下、『紀事』と略す）は次のように伝えている。

十一日夕刻から翌明け方まで「反復弁論」が続いたが、結局は「公（春嶽）」は拒否した」ものの、慶喜らは三条らの強暴と執拗に根負けして、将軍の「滞京十日間と仮定し、帰東後二十日に当たる日をもって、その期限たるべきに決して（三条らにその）上答書を指し出」した。（三七一頁）

この「上答書」を受けた朝廷は、二月十八日に在京の諸侯二十一名を召集し、参内した慶喜・春嶽・容保・容堂らのほか、徳川慶勝（尾張藩）・毛利定広（長州藩）・蜂須賀茂韶（阿波藩）・黒田斉溥（福岡藩）ら在京の諸侯を前に、関白鷹司輔熙が次の勅旨を申し渡す。

「蛮夷拒絶の期限、仰せ出されたので、おのおの深重の叡慮を欣戴し、固有の忠勇を奮起し、速やかに掃攘の功を建て、上は宸襟を安んじ、下は万民を救い、…、神州を汚さず、国体を損ぜざるようにとの叡慮にあらせられる。」[2]

この勅旨については、さっそく「主上の叡慮は皇国が広原赤地（不毛の地）になっても苦しからずの攘夷の御沙汰」として、広く伝わって行く。[3]

こういった情勢を憂慮した春嶽は、慶喜らの閣僚や大小目付が集まる二月十九日の会議で熱弁を振るう。『紀事』から引く。

「過般来、朝廷より強いて攘夷期限を促され、幕府はそれを急速に実行し得ないことを知れども、これ争うこと能わず。また、浮浪の輩の暴行についても、幕府がこれを処理するのは容易なことなれど、朝廷においては暗にその所為を庇護せられるために、抛棄し置かざるを得ない。…。

このような次第に至ったのは畢竟、政令の出るところ、朝廷・幕府の二途に分岐している故なれば、…。この際、幕府より断然、大権を朝廷に返上せられるか、朝廷よりさらに大権を幕府に委任せられるか、いずれかその一方に定められずしては、最早天下の治安は望むべきもあらず。」（三八〇頁）

「一同」がこれに賛成して、二月二十一日には慶喜・春嶽・容保・容堂が近衛邸で鷹司輔熙・近衛忠熙・中川宮に会い次のように申し入れる。

「近来、政令の出るところ二途に分かれ、人心の方向一定せず。ついてはこの際、朝廷より旧の如く百事幕府にご委任あらせられるか、または、幕府より将軍職を辞し政権を朝廷に返上するか、何れにても、その一方に決せられずしては、天下は収まらず。…。」（三八二－三八四頁）

ところが、この幕府からの重大な申入れに対しても、関白の鷹司ならびに前関白の近衛はそれぞれ次のように答えたと言う。関白は、

「申し立てられる赴き、一々事の理当然なれど、目下、関白は少しも威権なく、…。（三条らの）激論も公家のみなれば、関白においていかようにも取締るけれども、これは陰武者（土佐・長州な

どの狂暴者）がその後ろに付けるものあっての事なれば、その者等の取締りは幕府を御たのみにするほかはない。」

と述べ、また前関白は、

「この節、宮中の実況は、御近侍の輩までも悉く激論家のみ故、（天皇は）実は深く厭わられ、お手元の御用、大方は女房を召し遣わされ、御近侍を疎外あそばされるほどの事なり」

と、涙を流して述べたと言う。（三八四頁）

これらを聞き、春嶽らは是非にも「天前（天皇の前）において大議を開かれるようにと申し立て」るが、これに対しては、関白が「伝・議（武家伝奏・議奏）両職を省き大議を開いては、他日紛議を生じる」としてそれを断る。このとき、野宮定功が武家伝奏で三条が議奏であったから、確かに、その彼らを除いて「大議」を開くようなことをしては、いっそう「紛議を生じる」ことになろう。

このように、慶喜や春嶽が「将軍職を辞し政権を朝廷に返上」といった重大な申し立てをしても、朝廷側はそれにまともに応じることができなかったのである。それでも、最後には、関白鷹司が慶喜らに対し、

「政権を関東へご委任あるのは勿論ゆえ、大樹公上洛の上は改めて仰せ出られることにも計らう。」（三八五頁）

と述べて、ともかくこの日は散会する。

慶喜や春嶽らは、このような朝廷を目の当たりにしてどのような気持ちであったのだろうか。慶喜も春嶽もこのときが、朝廷首脳と対面で討議する最初の機会であったはずだ。慶喜は母が公家出身で、他の公卿家との縁戚関係が深く、こういった公卿たちへの免疫もいくぶんかはあったであろうが、春嶽の方はどうであったのだろうか。春嶽は先に政事総裁職に就いたときには、幕閣たちことを「ふぬけ同然」と呼んでいたが、[4]この京都でも同様の感慨を持ったことであろう。

前年来、若き将軍家茂にもっぱら皇室御尊崇を教導してきた春嶽としては忸怩たる思いであったに違いない。二月末に春嶽は政事総裁職辞任の決意をする。三月三日に将軍一行が大津に着いたところへ出向き、家茂に京都の情勢を伝えた上で、

「方今の状態を顧みるに、道理に依りて事を成すべきにあらざるものあり。故に、この上は将軍職を辞せらるるほか、なされかたあらざるべし。」（四〇〇頁）

と言上する。

春嶽は、将軍がこのまま京都に入っても、攘夷実行期限を飲まされるだけで、後に大きな禍根を残すと考えたのであろう。春嶽は家茂に上洛の必要と皇室御尊崇を説いたにもかかわらず、上洛を目前にして将軍職の辞退を進言せざるを得なくなったのである。まさしく断腸の思いであっただろう。

将軍家茂は三月四日に入洛し、七日には参内して、「都て、これまでの通り御委任の儀、ご沙汰蒙り奉り」云々と奏請する。しかし、それに対して、下った勅書は次のものであった。

「征夷将軍の儀、これまで通り御委任遊ばされた上は、いよいよもって叡慮遵奉、君臣の名分あい正し、…攘夷の成功…。国事の儀については事柄により、直に諸藩へ御沙汰為されることあり、…。」

「征夷将軍の儀、これまで通り御委任」とある一方、「国事の儀については事柄により直に諸藩へ御沙汰為されることとあり」と言う。明らかに、幕府側が奏請した「都て、これまでの通り御委任」ではない。「御委任」は「征夷将軍の儀」に限るものになっている。

これでは、先月二十一日に関白鷹司が幕府側に対して、「政権を関東へご委任あるのは勿論ゆえ、大樹公上洛の上は改めて仰せ出られる」と言ったのに反する。関白は前回、虚偽を言っていたことになる。

しかし、鷹司は故意に虚偽を述べたのではなかった。そのときの天皇の考えは、後の天皇の言葉からすると、確かに「政権を関東へご委任あるのは勿論」であったからだ。今回の勅書を授ける直前になって、またまた三条実美らの「赤心堂上」が動いたのであろう。

孝明天皇が政権委任の考えであったことについては、天皇がこの年の十二月三日に島津久光に授けた「時議二十一条」を諮問する宸翰のなかで次のように述べていることでわかる。

「関東へ委任、王政復古の両説これあり。これも暴論の輩（三条実美ら）、復古を深く申し張り種々計略を運んでいるが、朕においては好まず、初発より不承知申し居り、過日決心申し出ている通り、何れにも大樹へ委任の所存で、この儀は、先だって大樹へも直に申し渡し、一橋にも直話にて今さら替える儀はこれ無い。」[6]

天皇はここで明確に、大政委任と王政復古の両説があるが、「復古の説」は「暴論の輩」の唱えるもので、「朕においては好まず、初発より不承知」、「何れにも大樹へ委任の所存」と伝えている。これが孝明天皇のもとからの考えである。「この儀は、先だって大樹へも直に申し渡し、一橋にも直話にて今さら替える儀はこれ無い」と言っているのは、この三月に家茂が上洛したときのことだ。春嶽は三月五日二条城で再び家茂に拝謁し、自身の辞職の意を伝えて、次の上書を差し出す。

「恐れながら、将軍の御職掌あい立ち兼ね御儀にありますれば、その段、主上へ仰せ上げられた上、速やかにご辞職遊ばされるほかはある間敷きと存じます。」（四〇三頁）

このあと三月十一日には、天皇の攘夷祈願の賀茂社行幸があって、将軍家茂はそれに供奉するが、春嶽は「引籠り中につき」供奉せず（四一〇頁）、三月二十一日に離京して帰国の途に就く。そのあと二十五日には、春嶽の無断退去に対して、幕府は政事総裁職の免職と逼塞の処分を下す。

このころ、上京して朝幕間の周旋に当たっていた前宇和島藩主・伊達宗城（むねなり）が、将軍家茂が春嶽の不在に見せた当惑の振舞いを、『伊達宗城在京日記』（以下、「日記」）の三月十日の条に、

「実に乳児が母をしたうといった様子にて、（春嶽を）ご依頼思召され御実情、…。」

と記している。

二、外国方有司の反発

前年文久二年、幕閣たちによる朝廷への攘夷不可・開国不可避の説破も外国方有志たちによるそれも、ともに不発に終わった。幕閣たちはなお、この春上京した際、「説破」に努めたが、何ら得るものはなかった。そのことも関係して、将軍家茂に熱心に皇室御尊崇と上洛を説いた春嶽は、自責の念に駆られ、将軍辞退建言をしたあと、職を退いて帰国してしまった。

さて、もう一方の外国方有司たちは、この年どのように動いたのであろうか。京都の情勢は江戸に刻々伝わっていた。文久三年二月十一日京都で、慶喜ら幕閣首脳が三条ら「赤心堂上」の猛攻に遭い攘夷実行期限を約束させられたこと、また同月十八日には、朝廷から在京諸侯に「蛮夷拒絶の期限、仰せ出された」ことも、江戸にすぐに伝わった。

将軍家茂一行は、それらの報が江戸に届く直前、二月十三日に江戸を陸路出発する。一行は当初、海路で大坂に向かう予定であったが、生麦事件の賠償金支払問題がこじれてイギリスが艦隊を横浜港に集結させていたため、急きょ陸路に変更になったのである。これで将軍上洛は当初の予定より遅れることになる。

江戸では、前年八月に島津久光が起こした生麦事件の賠償金支払問題で、幕僚たち、なかんずく外国方有司は四苦八苦していた。そんななかに将軍一行は京都に向かい、京都からは「蛮夷拒絶の期限、仰せ出された」の勅旨や横浜港閉鎖決定の報が届く。あまりに現実離れした京都からの指令に外国方有司たちは憤懣を爆発させる。

勘定奉行の小栗忠順ら勘定・寺社・町の三奉行が連署して、「二月」付で閣老宛に次のように上書する。

「目前に戦争となるようなことをお請けになるのでは、恐れながら征夷御職掌にては、ご承諾はあいならず、…。天下国家のためにあいならずの儀につき、恐れながら、篤とお覚悟遊ばされるほかはあるまじきこと。

もし、また党をなす匪人（攘夷を唱えて朝廷近くで徒党を組む者たち）ども劫制して、右様の次第にもあい成る儀になれば、ご上洛なされることを幸いにして、むしろ根元を截りなされるほどのご厳格なるご処置為しあらせたき儀は、徳川御家のご盛衰・浮沈のみにあらず、天下万民永世のところをご深慮遊ばされ、世界万国に対して無謀不義の汚名を取らず、日本の瑕疵を残されないようにされたく存じ奉ります。…。」[7]

上段は春嶽の将軍職辞退建言と同内容である。小栗らも明確に「征夷御職掌にては、ご承諾はあいならず」としている。

条約締結等に携わった外国方有司たちにとって、今になって「蛮夷拒絶」など、およそ「世界万国に対して無謀不義」なことで、とてもできることではない。さらに、小栗らは将軍上洛を好機にして、京都に巣くう「匪人」を「劫制」せられるべしとも言う。将軍は上洛に当たって約三千の兵を従えている。将軍がその決心さえすれば少しも難しいことではない。

しかし、このあと、この上書のことが外に伝わり、小栗ら三奉行ほか関係者が尊攘派の脅迫や嫌がらせに遭い、四月には小栗が勘定奉行と歩兵奉行の両職、京極高朗が目付の職を退く。もっとも、この彼らは退職して引っ込んだわけではない。肥後藩の「江戸時勢探索報知」は国元に、

「小栗役御免後も慎みこれなく、竊に横浜へ微行致し浅野伊賀守（神奈川奉行・浅野氏祐）を慫慂（勧誘）して、…、再旧悪を企てた由。…。」[8]

と伝えている。

一方、京都では小笠原長行と水戸藩主徳川慶篤（慶喜の兄）の二人が、三月二十五日に帰府のため京都をたつ。小笠原は将軍の在京が長引くなか、イギリスが生麦事件の賠償金支払問題で強硬な姿勢に出ているのに対処するためであり、慶篤は「外夷拒絶応接」の「将軍目代（将軍代行役）」に命じられたためだ。役目のまったく異なる者の出発が同日となる。小笠原は四月六日に江戸に着くが、一方の慶篤は、途次国元にも寄ったのだろう、四月十一日に着府する。慶篤の方は実際、急いで帰府しても、江戸で「外夷拒絶応接」などできるはずがない。

このあと京都で四月二十一日に攘夷実行期限が正式に五月十日と決まったため、さらに、その翌二十二日には、慶喜も江戸でその指揮を執るために京都をたつ。その慶喜も帰府に半月をかけ、着府したのは期限二日前の五月八日であった。これまた、急いで帰っても、江戸で攘夷実行などでき

るはずがないからだ。幕閣たちは、万事がこういった調子で、京都と江戸で身の処し方を変えている。今日の言い方なら、完全なダブルスタンダードである。

このころ江戸では、先の小栗ら三奉行の「二月」付の意見書に続いて、五月六日付で阿部正外（まさと）（北町奉行。四月に外国奉行から転任）・松前崇広（たかひろ）（寺社奉行）・井上清直（南町奉行）の三奉行が連署して、閣老宛に次の上書を差出す。

「今般、攘夷の期限、なおまた去る二十一日には鎖港の儀を仰せ出られたにつき、篤と勘考仕りますのに、…。

方今、三港一挙に鎖港のご趣意にては時勢の安危の拠り所なく、この是非論ぜず。ご難題に当たり、彼を知り己を知るのご処置これなくては、戦端を開くことになって、…。

皇統おぼつかなく神祖（家康公）以来の御武徳もご廃頽、実にもって何とも申し上げようもなく、…、前件の次第を申し立てられ、御職務ご辞退遊ばされようお願いし、…。

神君以来の征夷御職掌一時に御廃申し上げる義を勧め奉るのは如何にも臣下の身分にて重罪至極、申し上げ難きことながら開闢（かいびゃく）以来の大患…、苦心の情、密々言上奉ります。」[9]

先の小栗らの上書と変わるところはない。こんなことを続けていると、誠にもって「戦端を開くことになって」しまう。「神君（家康公）以来の征夷御職掌」の「御職務ご辞退」、「御廃」を、「臣下の身分にて重罪至極」ながら、申し入れざるを得ないと言う。[10]

もうこのころには、彼らとしては、徳川氏が征夷大将軍の任に留まったまま攘夷や鎖港をするのは、「無謀不義」であるばかりか、まったく馬鹿げているという思いであっただろう。彼ら外国方有司からすれば、征夷府などはさっさと廃止して、今日言う「外務省」にでも衣替えすればよいと考えていたに違いない。もっとも、この彼らに政権を返上するというような考えはない。[11]「御廃」と言っても、それは征夷府の廃止であって政権返上などではない。その点、先の春嶽・一翁らの政権返上論とは別物である。

阿部らによる上書提出と同時期、慶喜が江戸で攘夷実行の指揮を執るため五月八日に帰着する。翌九日には、老中ならびに大小目付・各奉行等を召集して、攘夷実行期日のことなど京都で決まったことを伝達するが、言わば総スカンを食う。慶喜もほぼわかっていたことであろう。

小笠原は九日横浜に行き、イギリスと賠償金問題で交渉中の神奈川奉行浅野氏祐(うじすけ)や目付山口直毅(なおき)らと話し合って、賠償金支払いの実行を裁断する。もっとも、支払うこと自体は、四月二十一日に京都から戻った徳川慶篤や尾張藩主徳川茂徳(もちなが)らも加わった幕議ですでに決定していた。しかし、それは無論、京都で決まっている「外夷拒絶応接」とはまったく相反する裁定であった。

これを聞いた慶喜は、浅野・山口を呼んで支払決定の差戻しを命じる。そのとき浅野らは、「尊諭、謹んで承りました。されどいったん条約を締結して、各国の承諾を経たるもの、…。今日に至り破約するに至らば、戦争、果たして言下に起らん。…。諸外国のこれを見分する者、…、必ずや言わん、日本は世界万国の公法を障害するの不信国なりと。」[12]

と論駁する。

この意見は、慶喜自身が前年の九月末に幕閣たちを前に、「政府と政府との間にて取り交わした条約なれば」「承諾せざる」を得ない、「海外各国」と「万国並みに交通するほか」はない、などと弁舌を振るったときの意見そのものである。

慶喜は浅野・山口と会ったあと五月十四日付で、京都の関白宛に将軍後見職の辞表を送っている。後見職の辞表を幕府・将軍宛ではなく、関白宛に送っているのも、いささか不可解だが、その辞表には「このたび攘夷の聖旨を奉じ東帰しましたのは、まったく勝算があってのわけではありません」とある。[13] 続いて十九日には、徳川慶篤も「将軍目代」を辞任している。どちらも、予定の行動であったのだろう。

慶喜は上の浅野・山口に会った件を、京都にいる水野・板倉両老中宛に五月十七日付で次のように伝えている。

「(蛮夷)拒絶の儀、両人(浅野・山口)へ申し聞かせたところ、両人大いに怒気を含み、如何なる訳にて攘夷のお請けを致し帰府いたしたのかと種々議論に及んだ故に、京師のご模様委細に話し、この度は是非とも攘夷遊ばされなくてはお請けの証も立たず、…段々に説得に及んだところ、たとえ上(将軍家茂)の御身はいかようにならせられても、皇国のためにはかえられずと、さらに取り合わないところ、なおさらに議論に及んだところ、この上強いて攘夷遊ばされるにおいては、小子(慶喜)を差殺す者が必ず出る旨聞きました。…。」[14]

幕府がさらに攘夷を進めようとするなら、将軍の「御身」も「小子」のそれも危ういと聞かされたと言う。

小笠原は五月九日イギリスに生麦事件の賠償金（第二次東禅寺事件賠償金も含めて十一万ポンド）支払った上で横浜港の閉鎖を通告する。小笠原はこのときに、イギリス側と話を付けていたようで、この直後にイギリスから艦船二隻を借り受けている。

そのようなことができたのは、昨年八月末に薩摩藩による生麦事件が起きて以来、その事件の処理や賠償金問題等で、外国奉行の竹本正雅（まさつね）や竹本隼人正（はやとのまさ）（正明）らがイギリス代理公使ニールやフランス公使ドゥ・ベルクールと交渉を重ねていたからだ。その過程で竹本らは外国側から、京都で活動する攘夷派や「破約攘夷」派の掃攘を支援する用意があることを聞かされていた。その件で竹本正雅が、三月終わりにはわざわざ上京して直接閣老に伝えているので、小笠原もそのことを聞いていた。

小笠原は五月二十五日に、借り受けたイギリス船二隻に、歩・騎・砲の「三兵」（文久二年の軍制改革で創設された洋式部隊）一千余り（『官武通紀』では約一六〇〇）を乗せて横浜を出航し、紀州の由良港で大坂から来た幕府船・朝陽丸らに兵を乗り移らせ、[15]六月一日に大坂に上陸させている。上方で籠絡（ろうらく）状態になっている将軍を江戸に連れ戻そうとした事件とされ、歴史上は小笠原の率兵上京事件と呼ばれている。

もっとも、この小笠原による率兵上京事件の「謀主」は水野忠徳で、そのほかに町奉行・井上清直、外国奉行兼神奈川奉行・浅野氏祐、講武所奉行・山口直毅、さらに目付の向山一履（かずふみ）（隼人正、黄村）、設楽（したら）寛（岩瀬忠震の実弟）、堀利孟（としたけ）（堀利熙の実子）らが加わっていた。まさしく外国方有司たち総出の事件である。小栗忠順は罷免中であったため表には出ていないが、前職の歩兵奉行の立場を使って「三兵」投入のために働いている。

小笠原・水野らは五月三十日に大坂に上陸して京都に向けて進発するが、途中で将軍の命を受けて駆け付けた老中水野忠精らに上京を阻まれる。水野忠徳はなお強行進発を主張したが、小笠原が全軍に上京断念を発令して進軍はあっけなく頓挫する。六月六日には朝廷から厳罰に処すべしとの命が下り、小笠原罷免のほか水野忠徳ら全員が罷免等の処分を受ける。

小笠原が率兵して横浜を出航したことは、直ちに複数のルートで上方に伝えられたが、なかでも最も早くそれを京都に伝えたのは慶喜であった。しかもそのとき、慶喜は将軍幕僚部にではなく関白鷹司に通報している。腹心・梅沢孫太郎が関白に届けた慶喜の五月二十四日付書状は次のようなものであった。

「一、小笠原閣老、威力をもって公卿を取り締るつもりにて、歩兵千人ほどすでに道中にあり。
一、小笠原閣老上京の儀は、攘夷を破り、開港説を申し上げ、右お聞き済み無き節は、公方様（将軍）をお連れ帰府取り計ること。
一、関東申し立て通りできない節は、御所へ火をかけ、公卿方を縛るつもり云々。

一、薩長へ軍艦差し向け、京都を屠（ほふ）ること。」[16]

最初に「威力をもって公卿を取り締るつもり」とあるところからすると、将軍奪還というだけでなく、朝廷を「取り締る」のクーデターにもなりそうな計画ということになる。このとき、上方に将軍が帯同している兵三千と京都守護職と京都所司代配下の兵がいて、それにこの小笠原率兵の一千の精鋭が加われば、将軍がその決断さえすれば企ての遂行は容易であった。

慶喜は京都から帰府直後からたびたび小笠原に会っているので、大方のことは彼から聞いていたのであろう。しかし、小笠原自身が、慶喜が上で言うようなことまでを考えていたとは思えず、慶喜は水野忠徳ともよく会っていたので、むしろ、水野から聞いたことを中心に書いているのであろう。[17]

外国方有志による小笠原率兵上京計画はあえなく失敗するが、将軍はともかくこの騒ぎのあと、六月十三日に大坂から老中の板倉・水野らを伴って、勝海舟の指揮する順動丸で帰府の途に就く。

三、親征勅語の波紋

前章三節で、孝明天皇が文久二年五月十一日に廷臣らに授けた勅書で、

「…。公卿百官と天下の牧伯（ぼくはく）（諸侯）を帥（ひき）いて親征せんとす。卿等この意を体してもって朕に報せんことを計れ。」

と、自らの攘夷親征の意思を告げたことを述べた。以下、この勅書を「親征勅語」と呼んで、こ 18
れが政局および特に尊攘急進派の活動に及ぼした影響について述べる。時期は、将軍家茂上洛直前の文久三年二月ごろから六月中旬の将軍離京直前のころになる。

本章一節で、文久三年二月十一日に三条実美ら七名の「赤心堂上」が、慶喜の宿所に押し掛け、春嶽・容保・容堂らの集会の場で、攘夷実行の期限を約束させたことを、『紀事』の記述から引いて述べたが、そのところの最後に、

「大樹公上洛の上、滞京を十日間と仮定し、帰東後廿日に当たる日をもってその期限たるべきに決し、上答書を指出された。さて、諸卿（三条実美ら七卿）が、しか切迫なる催促に及ばれたのは、今朝（この日の朝）、轟武兵衛・久坂元（玄）瑞・寺島忠三郎の三名連署して指出した建議書に起因せるなり。」（三七一頁）

とある。

ここに「起因せるなり」とある「建議書」というのは、この朝、ここに名のある轟・久坂・寺島三名が関白鷹司輔煕に提出したもので、これがこの夜の三条ら「赤心堂上」の行動の布石になっていたわけだ。それは次のように申し立てるものであった。

「（前年の別勅使が幕府に授けた）先般勅諚をもって攘夷の儀を仰せ出られ、関東もそれをお請け申し上げているところですが、その期限等の奏聞が無いため、天下の人心騒擾まかり在り、このままではどのような変動が出来るかも計り難い。…。

既に非常の宸断をもって、御親征をも思召し為し立たせられているほどの御事柄であれば、恐れながら、これまでの如く深宮にあらせられては、君臣の間隔が絶えては叶わず、…。」[19]

前段に「期限等の奏聞が無いため」云々とあるのが、この夜、三条らが慶喜の宿舎に押し掛けて要求したもので、後段にある「既に非常の宸断をもって、御親征をも思召し」とあるのは、親征勅語のことである。この二月十一日朝の轟らによる「建議書」の提出と、その夜の三条らの慶喜らへの攘夷期限明言の強要は連動した事件であった。

轟らはまた、関白に対し、すでに親征勅語をお出しになって数カ月もたっているのに、天皇がなお「これまでの如く深宮にあらせられては、君臣の間隔が絶え」るとして、是非にも行動を起こしてほしいと申し立ててもいる。

この轟らの建議に続いて、九日後の二月二十日には、長州藩世子・毛利定広（元徳）が関白鷹司に次の建議書を提出している。

「このたび、攘夷期限をご決定になされた上は、早々、奉幣使（伊勢・石清水神社等に祈願等のために送る使者）をご発遣されたく、なかんずく加茂神社は御間近き所柄ですので、非常の御破格をもって（御自ら）御社参為し遊ばされ、…。

加茂友泉涌寺の御参詣は、即ち親征御巡狩（じゅんしゅ）（巡視）の御基本にもあられますので、草莽の者ども、鳳輦翠華（すいか）の余光を仰がば、如何ばかりか感激奮興つかまつりましょう。攘夷の大業もまた、これにおいて自ずから相立ちましょう。」[20]

「このたび、攘夷期限をご決定」というのは、この前々日の二月十八日に、関白鷹司が在京諸侯二十一名を禁裏に召集して、期限決定の布達をしたことを指す。毛利定広はその布達や先の親征勅語にもとづいて、ここで「親征巡狩の基」となる加茂神社への攘夷祈願の行幸を建議しているのである。轟らが「深宮」から出て行動を起こしてほしいと建議したのに継いで、攘夷祈願の行幸を建議していることになる。

この建議は聴許され、将軍家茂上洛後の三月十一日に加茂下上社への行幸が実施される。この行幸は、在位の天皇が御所外に出るものとしては、京都市中ながら、後水尾天皇の二条城行幸以来、実に二百十二年ぶりのものであった。将軍家茂以下、諸大名の大隊が供奉して都大路を行進する大行列に、「草莽の者ども」ほか「都鄙」の皆々がまさしく「鳳輦翠華の余光」を拝する一大イベントになる。

この供奉を終えたのを機に、将軍家茂は三月十九日に、慶喜・容保・老中らを従え、東帰を願うために参内する。ところが、若い将軍は義兄の孝明天皇の「大樹帰府の請あれども、もし然ありては、心細く思召さるれば、なお暫らく滞京せんことを望む」といった言葉にほだされて、結局は帰府を延期することになる。[21]

この日、朝廷は攘夷祈祷のための石清水八幡宮への行幸を布達しているので、おそらく、この方も、このときに受け入れさせられたのであろう。家茂は参内後、天皇から次のような達書を受けている。

「大樹、帰府の事、段々もって勅諭召され、止める事。先日ご沙汰あらせられた通り将軍職万事これまでの通り御委任。ついては、諸大名以下守衛万端、指揮致されればご安心の事。事によれば、御親征も在らせられたきほどの思召しとの事」[22]

最初に、将軍が帰府を申し入れたが、「勅諭召され、止める事に」なったとある。その上で、「将軍職」は「万事これまでの通り御委任」とあって、「事によれば、御親征も在らせられたきほどの思召し」とある。

この「御親征」は攘夷のための親征のことだが、ここで孝明天皇が言う「御親征」には、征夷大将軍の職掌を犯すといった観念はまったくない。むしろ、大将軍を扶助する意味合いが強い。

もっとも、伊達宗城は上記の達書のことを側聞して、「日記」の三月十九日の条に、頭に「機密話」と付して、次のように記している。

「御書付（達書）にも御親征したき程と仰せ出られても、その御内実は云々と、ご直命とて御施為は出来難し。」

「御親征したき程」とあっても、「御内実は云々（この「云々」直接的には言い難いことの表記）」で、実行は「出来難し」と言う。[23]

天皇が自らの「親征」を言っても、実際にその気があるわけではないというのである。この件について原口清氏は次のように言われる。

「宮中の奥深く安座し、政治にはまったく関与していない伝統的な天皇の場合には、天皇みずから軍をひきいて征討するという親征論は問題にもなり得ない。」[24]

孝明天皇はにわかに政治付いた天皇ではあったが、内実は「伝統的な天皇」と変わるところはない。これらのことは、このあとすぐに天皇自身の言動によって立証される。

三月十一日の加茂下上社行幸に続いて、四月十一日には攘夷祈祷のために男山の石清水八幡宮への行幸が挙行される。しかしこの行幸には、将軍家茂は前日に発熱を理由に供奉を辞退し、後見職の慶喜も当日一行に加わったものの、途中で突然の腹痛を理由に神宮までは行っていない。三条実美らと長州藩士たちが、神前で攘夷の節刀授与の儀式を企てていることがわかったからだ。そんなことに付き合わされては、攘夷を実行せねばならない破目にもなる。

この石清水社行幸については、天皇自身もまた、もとから嫌がっていた。その行幸を済ました少しあとになるが、天皇は四月二十二日に、中川宮に次のように書いている。[25]

「余、持病の眩暈を発し十日の云々、とても遠路の乗輿、重大の儀、勤め難く大に心痛して臨期引延しの儀、十日朝に関白云々、…。」

しかし、三条実美その他の攘夷激派の公家が「虚病」だとして、「鳳輦へ入れるかのとけしからん大強勢の由」。

自分としては「とても遠路の乗輿」できない体調であったのに、「虚病」だとして押し込まれたと言う。

続いて、天皇は次のようにも書いている。

「実にこればかりに限らず、血気の堂上、このままにては万事にただただ我意に募りて、予（天皇）・関白は権を失い、両役（議奏と武家伝奏）は云……（この点線は筆者のものではなく、実際のもの）堂上の次第にあいなり、朝廷云……につき、（中略）この上は一廉の御智謀にて実々薩州を招き寄せ、予始め三郎（久光）と一致して、暴論の堂上きと目のあく様いたさねばとてもならず、日々夜々心配している。何分、参政（国事参政）・国事寄人云……止めにして、一廉改革せねばとてもとても国乱のもとである。何とぞこの辺、得と御密計ありたく内々、…。」

三条ら「血気の堂上」への不満を述べて、「暴論の堂上きと目のあく様」、久光を呼び寄せて「何とぞこの辺、得と御密計ありたく」と、中川宮に指示を出しているのである。

最後には、「決して関白へも誰へもご沙汰なきよう頼み入る」とある。天皇が関白の鷹司輔熙もそれほど信用していないことがわかる。このとき、頼れるのは中川宮だけであったようだ。

なお、この中川宮宛の宸翰は「島津家蔵」となっており、おそらく中川宮が久光を呼び寄せるのに、写しを薩摩藩の者（多分、下に出る高崎正風）に渡したのであろう。八月十八日の政変（以下、八・一八政変）は、このときに、天皇の「得と御密計ありたく」という言葉で始まったと見てよい。

石清水社への攘夷祈祷の行幸が済み、その十日後の四月二十一日には、いよいよ五月十日を期限

とする攘夷実行令が布告される。朝廷からは同日にさっそく、在京諸藩の留守居に、

「外夷拒絶の期限、来たる五月十日とご決定あい成り、ますます軍政あい整え、醜夷掃攘これあるべく仰せ出された。」[26]

と伝えられる。

しかし、幕府からの指令はそれとは違っていて、二十三日に諸藩に対し、

「攘夷の儀、五月十日拒絶に及ぶべき段、お達しにあい成ったので、銘々右の心得をもって、自国海岸防禦の筋、いよいよもって厳重あい備え、襲来の節は掃攘致すよう、致さるべくこと。」[27]

とするものであった。

朝廷のものにある「外夷拒絶」は、そのあとにある「醜夷掃攘」を指すことになる。そして、それを「来たる五月十日」を「期限」として実行せよということになろう。

それに対して、幕府のものにある「五月十日拒絶」の「拒絶」は何を拒絶するのかもう一つはっきりしない。「襲来の節は掃攘」であるから、「襲来」のない場合は、掃攘をする必要がないことにもなる。この時期、現実に外国船が「襲来」することはまずなかった。もっとも、何をもって「襲来」とするのかは定かでない。

いずれにしても、両者の指令の内容はまったく違う。典型的な「政令二途」である。これでは、諸藩が混乱するのは当然である。

朝廷からの指令は、実際には長州藩の考えによって作成されたものであった。長州藩世子毛利定

広は、朝廷から攘夷実行令が布告された同日の二十一日に帰国の途に就き、実際に、期限の当日五月十日に下関で攘夷を決行している。「奉勅攘夷」の幟（のぼり）を立てて、警告も無しに関門海峡近辺で仮停泊するアメリカ商船にいきなり砲撃を加え、さらに続いて、そこを通過する外国船に砲撃を加える。まさしく長州藩の自作自演の攘夷実行と言ってよい。朝廷はこの攘夷実行に対して、六月一日付で称賛と激励の勅語を授けている。

しかし、長州藩はこれがもとで、六月初旬には米・蘭二ヵ国の軍艦によって下関砲台および長州艦船への報復砲撃を受け、それによって長州海軍は一時壊滅状態になる。さらに、一年二ヵ月後には、四ヵ国連合艦隊による本格的な報復攻撃（「下関戦争」）を受けて下関近辺は完膚無きまでに打ちのめされる。

もっとも長州藩は、下関海峡通過の外国船砲撃中の文久三年五月十二日には、横浜港から密かに井上馨・伊藤博文ら（「長州ファイブ」と呼ばれる若者）をイギリス商戦に乗せてヨーロッパへ送り出し、また、元治元年八月に本格的な報復攻撃を受けた直後には、すかさず四ヵ国と講和条約を結んで、後の武器購入の道を拓いてもいる。いずれも、ずいぶん無茶なやり方だが、したたかな長州藩の「即今攘夷」とも言える。

孝明天皇は先の四月二十二日の中川宮宛に続いて、五月二十九日に中川宮と近衛忠熙の両人に、次のように書いている。

「姦人掃除これ無くてはとても治まらずと存じるので、（久光が）早々上京にて始終朕と申し合わせ、真実合体にて相違なく周旋これありたい。何分このままにては天下□□にて昼夜苦心しているので、その辺深く熟考ありたい。」[28]

中川宮へは久光呼び寄せの催促であり、また、そのためには、近衛家の力を借りる必要があった。近衛忠熙もまた、同様の思いであったようで、同日付で中川宮に、

「三郎を引き出し申さねば、実に天下治国の期これないと存じます。攘夷はその上と申すぐらいの事と存じます。」[29]

と伝えている。ともに、「醜夷掃穰」よりは身の回りの「姦人掃除」の方が先決問題であったようだ。

六月五日には、今度は中川宮自身が突如、「攘夷の先鋒仰せ蒙りたく」とする、次の嘆願書を朝廷に差し出す。

「頃日の形勢、攘夷の期限も過ぎても未だ掃穰の形もあい見えず、因循に日を送り、叡慮洞察奉り苦心仕っています。仍（よ）って不肖の身を顧みず恐れ入り候えども、攘夷の先鋒仰せ蒙りたく懇願いたします。自然、勅許の上は普（あまね）く天下の有志に布告しその助力を乞い、共に戦死を遂げ、国恩に報う一端にも仕りたく速やかに勅諭を謹んで待ち奉ります。」[30]

中川宮は「攘夷の先鋒」に立って「共に戦死を遂げ、国恩に報う一端にも仕りたく」と言う。これには、さすがに天皇も驚いたようで、中川宮に確認の宸翰を送っている。

それに対し、中川宮は六月七日に次のように奉答する。

「攘夷の儀においては黒土になろうとまでも御貫徹の思召しの段、これまで仰せ出られておりますが、方今の勢いにてはいずれの日か掃穣の場に至るか…。この上は無能の尊融（中川宮）徒然(つれづれ)に日を送るよりは、速やかに死をもって恩に報い奉り、上はいささか叡慮を慰め奉り、下は草莽の忠士の志を助け、勅に応じいずれの地へも出張仕り、神州固有の義勇を振起いたし闔国(こうこく)（挙国）一致の場合に至り、互いに狐疑する弊害も止むやと存じます。

しかし、攘夷の儀は従来、征夷府の職掌で、尊融その功名を欲しているのでは決してなく、今度この如く愚意申し立てれば、幕府においてもいよいよ決心・奮発仕り、忠戦尽力し攘斥の功を奏すに至るべしと存じ奉りますれば、国家の大幸この上なしと存じます。…。」[31]

天皇が「攘夷の儀においては黒土になろうとまでも御貫徹の思召し」[32]であるのに、今の様子では幕府がいつそれに取り掛かるかもわからず、ともかく自分・中川宮が「叡慮を慰め奉り、下は草莽の忠士の志を助け」、「死をもって恩に報い奉り」たいと言う。

中川宮は「攘夷の儀は従来、征夷府の職掌」とした上で、自分が攘夷先鋒の任を「申し立て」れば、幕府も「いよいよ決心奮発仕り、忠戦尽力攘斥の功を奏すに至る」であろうと言う。つまり、中川宮は自分の攘夷先鋒の申し立てが、幕府の職掌を犯したり幕府を困らせたりするものではなく、幕府に「決心奮発」させるものだと言っているのである。

これは、孝明天皇が自らの親征を言う論旨とまったく同じである。孝明天皇が自らの親征を言うのも、中川宮が自らの攘夷先鋒を言うのも、ともに幕府を困らせたりその職掌を犯そうとしたりするものではない。それらはむしろ、幕府や徳川将軍家に扶助の手を差し伸べるものなのである。

四、大和行幸の詔勅

六月五日に中川宮自身が「叡慮洞察」して攘夷先鋒の嘆願書を朝廷に提出していたころ、六月八日に真木和泉が着京する。ちょうど将軍家茂の離京と入れ替わりになる時期でもあった。真木は寺田屋事件以来、自国の久留米藩で拘禁されていたが、元侍従・中山忠光が長州藩士とともに久留米にまで来て彼の解放に尽力し、長州藩その他からの働き掛けもあって五月十七日に宥免される。さっそく真木は、上京の途に就き、途中、五月二十五日には下関で、忠光や久坂玄瑞らに会うとともに、長州藩による外国船砲撃による攘夷実行（五月十日開始）の見聞もしている。三十日には山口に行き毛利慶親に朝廷への攘夷親征の献策を申し出て支持の約束を受ける。長州藩としてはとりわけこの時期、攘夷親征の勅語が待ち望まれた。それが出れば、国中の関心が、ただ一藩、攘夷実行をしている長州藩に向くことにもなる。

着京するや真木は直ちに、在京の木戸孝允らと会合を重ね、六月末には天皇による「攘夷親征」実現のための「五事建策」を書き上げる。その後、山口から七月十一日に家老益田弾正らが藩主父子の命を受けて上京して来る。その益田にも諮（はか）って七月二十四日に「五事建策」を朝廷に提出する。

それは次の「五事」から成る。33

一、攘夷の権を攬る事

二、親征の部署を標る事。在京の兵を配する事。

三、天下の耳目刷新の事。

四、土地人民の権を収る事。

五、浪華に移蹕（行幸）の事。

一は、将軍家茂が帰府してしまったので朝廷が攘夷の指揮を執るとするもので、そのもとに、二では、公卿を含む攘夷親征軍の編成と配備を提議している。

四では、天皇が将軍に授ける「詔詞」が用意されていて、それでは、今日、天皇（朕）と将軍（汝）がともに、その「職」を果たさねば、洋夷に「猖獗（猛威）呑噬（飲み込まれる）」されるとして、次のように攘夷親征の方略を示す。

「朕の意はすでに決まっており、尾張以西は朕躬らこれに当たり、死をもってこれを守る。参河以東は朕これを汝（将軍家茂）に委ねん。」

東西を分担して攘夷のための共同戦線を取るというものだ。これらからして、「五事建策」が幕府から「攘夷の権」を取り上げたり、幕府を排除したりするものでないことがわかる。先に述べた、孝明天皇の攘夷親征の思いに則っている。

ただし、その「詔詞」を将軍に授けるについては、「御受の有無は論ずる所にあらず。彼の手に授けすらすれば、事済むなり」とある。すなわち、幕府がそれを受けようと受けまいと、それは問題ではないと言う。ここには、真木の本音が現れている。これまでの真木の論策からしても、幕府を嫌っているのは明らかで、真木がずっと望んでいるのは天皇の親征であって、幕府との共同などはまったくない。真木ら尊攘士は、そもそも覇府である幕府の存在そのものを認めていない。

この「五事建策」が朝廷に提出され、その後、八月十三日にはいよいよ大和行幸の詔勅が下る。その詔勅は次のようなものであった。

「このたび、攘夷ご祈願のため、大和国行幸、神武帝山陵・春日社等拝され、暫らくご逗留、御親征軍議為し在らせられ、その上、(伊勢)神宮行幸の事。」[34]

行幸先が「五事建策」では「男山(男山(石清水)八幡宮)」であったが、詔勅ではそれが「大和国」になり、さらに「(伊勢)神宮行幸の事」にもなっている。いっそう大掛かりな行幸になったわけだ。

この詔勅が発せられるのを事前に知った鳥取藩主池田慶徳、徳島藩主蜂須賀斉裕、米沢藩主上杉斉憲、岡山藩主池田茂政の四人(このころこの四人は朝廷参預に命じられていた)は、直ちに参内して、しばしの猶予を申し入れている。茂政・慶徳が連署して差し出した八月十二日付の上書がのこっている。

「…。親征とまでの思召されている、重々もって恐れ入る次第、さりながら神州武国であれば、…、武臣未だ本職尽くす以前に、親征は御早過ぎに存じますので、ご決定まで暫しご猶予成し下されたく。…。関東へ罷り下り、大樹へ申し達し、…。もし、臣らの意、大樹承知無きとも、横浜鎖港の端緒は、臣ら死力をもって叶えますので、…。」[35]

「武臣未だ本職尽くす以前に、親征は御早過ぎ」と言う。武門の者として当然のことだ。しかし、この池田慶徳らの申し入れも無駄に終わる。

大和行幸の詔勅は、その頭に「攘夷ご祈願のため」とあるごとく、行幸は攘夷のためである。したがって「御親征軍議」とあるのも攘夷のための軍議であるはずだ。しかし、この大和行幸の詔勅およぴ、それにそのもとになった「五事建策」は、単に攘夷親征のためだけではなく、討幕親征に及ぶものだとする風説が当時からあった。

薩摩藩大坂留守居の木場伝内は、詔勅の下った二日後の八月十五日に、国元の大久保一蔵宛に次のように書き送っている。

「今度、攘夷の御祈願のため、大和国行幸、…暫時ご逗留、御親征の軍議を為され、その上、神宮行幸仰せ出られた段、京都内田仲之助（政風、京都留守居）より申し越しがありました。…。畢竟、関東ただ今の通りのところにては、攘夷はとても覚束ない形勢のところ、行幸先に錦の御旗を掲げ、関東御征伐遊ばされるべき策略もこれ有る由。…。

虚実の間は委細分かりかねますが、まったくその形の儀とばかりにも見えませんので、…、お心得のため、虚実に関わらず、形行ご内用をもって申し上げておきますので、ご家老衆へも仰せ上げ下さる儀は、ご吟味為されたく、この段申上げます。」[36]

京都留守居から連絡があったことを知らせている。慎重にして正確な情報伝達で、木場の能吏ぶりがうかがえる。「錦の御旗を掲げ、関東御征伐遊ばされるべき策略もこれ有る由」と言う。「関東御征伐」は討幕と同義である。「関東…、攘夷はとても覚束ない形勢のところ」、大和行幸は討幕の「策略」であるとの話もあると伝えている。

この大和行幸の詔勅や「五事建策」については、後世の歴史書上でも、さまざまに論じられている。『維新史』（一九四一）は「五事建策」の条文を解釈して、

「もってその攘夷親征論の真意を窺うことができる。」（三巻、五四三頁）

として、その「真意」というのは、

「（真木や長州藩）急進派の猛烈な運動は漸く功を奏して、ここに攘夷親征の詔（大和行幸の詔勅）が下ろうとするに至り、急進派はこれを契機として、討幕の挙に出ようとしていたのである。」（同、五四八頁）

とする。また、

「しこうして攘夷親征論と討幕論とは名を異にして実は一なれば、尊攘討幕を念願とする志士は、専ら攘夷親征を計画して、これより一挙討幕に移ろうとした。」（同、五三五頁）

と言う。

また、『徳川慶喜公伝』（一九一七）は、上記の毛利定広の建議書を取り上げて、

「（これの）請願の目的はただに天下の人心を鼓舞して、他日の攘夷親征を謀れるのみならず、実は討幕親征の素地を作らんとするにありしなり、さればここに、幕末における討幕論の源泉を究むるの必要あり。」（二巻、一八二頁）

とし、また、

「長藩の建議は、攘夷親征の名を借りて、討幕親征の実を行わんとするにあること明らかなるべし。」（同、一八四頁）

とする。

また、尊攘士の真木・平野・清河八郎・有馬新八らそれに吉田松陰の志士たちをひとくくりにして、

「これらの人々が企てたる挙兵の計画は、実に討幕にありしを知るべし。」（同、一八四頁）

とも言う。

勤王側に立つ書と幕府側に立つ両書が、大和行幸の詔勅をともに討幕親征を目指すものと捉え、また、真木・平野らの尊攘士や長州勢を討幕論者とする。こういった見方を今日多くの歴史家が引き継いでいる。

これに対して、原口清氏は「五事建策」を検討して、

「真木和泉の『五事献（建）策』をもって討幕論とみなす見解が当を得ないことは明らかになったと思う。」

とされ、また、

「親征行幸を推進した長州藩に討幕の意図などはなかったし、真木和泉の『五事献（建）策』のなかにも討幕の意図を見ることはできない。」[37]

とされる。

上の両書やそれらを踏襲する歴史家の捉え方を批判されているわけである。しかし、原口氏の見解が正しいとも言い切れない。真木・平野らの尊攘士や長州勢の深意を推し計れば、「討幕の意図」はなかったとまでは言い切れない。また、後にではあるが、孝明天皇自身が、大和行幸の詔勅は、三条実美らが「軽率に攘夷の令を布告し、妄りに討幕の師を興さんと」したものだと明言している。この天皇の言明が噂や推測によるものであったにしても、そのような見方が当時にあったのは事実である。先の薩摩藩大坂留守居・木場伝内の国元への伝達がそのことを物語っている。

中山忠光は大和行幸の詔勅が下ると、翌十四日には吉村虎太郎ら三十余人とともに京都を立つ。上の詔勅を大和の現地に報じ、「御親征」の先鋒を果たすためである。その際、忠光は朝廷宛と三条実美ら同志宛に、それぞれ同内容の書状を送っている。朝廷に差し出したものから一部を引く。

「…。逆賊誅伐を免れ、各々(おのおの)帰国仕った段、遺憾の極み。大樹はじめ一橋慶喜・松平春嶽等、いずれも違勅の逆徒、速やかに征討の師を御興(おんおこ)し遊ばされて然るべき義なれども、何ぶん朝廷には兵馬の御大権為しあらせられず故、…。臣、実に悲泣に耐えられず、この上は邸内に罷(まか)り在って、偸安の中に日を送るよりは、再び草莽に潜匿し、速やかに天下の義士を招集し、…、御親征お迎えに参上仕ります。…。」[38]

頭にある「逆賊誅伐を免れ各々帰国仕った段」というのは、攘夷実行を国是として定め、その期限まで宣言しておきながら、将軍家茂が六月十三日に水野忠精・同板倉勝静らを従えて大坂から海路帰府し、慶喜や春嶽らはそれ以前にすでに帰府・帰国してしまっていることを言う。そして、自分はまずは今回の詔勅に従い先鋒に立ち、いずれ「御親征お迎えに参上」すると言う。

ここにある忠光の思いは、おそらく、真木も共有するものであっただろう。忠光と真木はこれまでも、行動をともにして来ている。意思疎通は十分にできていたはずだ。

ところが、大和行幸の詔勅が発せられて五日後、八・一八政変が起きる。これで詔勅は反故になり、尊攘急進派の三条ら七卿ならびに益田・木戸らの長州勢および真木らの尊攘士らが京都から一斉に放逐される。

八・一八政変は、薩摩藩の高崎正風が、中川宮との「御密計」のもと、中川宮に西国鎮撫使の任命が下った八月九日ごろから動き始め、会津藩と連携してクーデターを成功させたものである。先に、孝明天皇から「得と御密計ありたく」とあった中川宮宛の宸翰が「島津家蔵」になっていることに触れたが、それはおそらく、中川宮がその「御密計」の指示を与えるときに、高崎に渡したものであろう。

孝明天皇は何度か久光呼び寄せを指示していたが、久光は生麦事件の報復攻撃が予想されるなか、鹿児島を離れることはできなかった。七月初旬には実際に、鹿児島湾に侵入したイギリス艦隊と薩摩藩とのあいだで砲撃合戦（「薩英戦争」）が起きている。久光は前回滞京中に、中川宮に京都での薩摩藩名代の役を委嘱して帰国していたので、高崎が中川宮の指示で動くことには何ら問題がなかった。

政変の成功後、孝明天皇は右大臣（二条斉敬、この年十二月に関白）・伊宮（中川宮）・前関白（近衛忠熙）連名宛に宸翰を送り、次のように喜びの気持ちを伝えている。

「元来、攘夷は皇国の一大事、何とも苦心堪え難い。さりながら三条（実美）初め暴烈の処置、深く心痛の次第、いささかも朕の了解を採用せず、その上、言上もなく、浪士輩と申し合わせ、勝手次第の処置…。実に取り退けたいこと、かねがね各々へ申し聞かせていたところ、去る十八日に至り、望み通りに忌むべき輩（やから）取り退け、深く深く悦に入っている。」[39]

三条実美ら「忌むべき輩」を追い払って、孝明天皇は手放しの喜びようである。この政変の成功で、孝明天皇は親征のための大和行幸をせずに済み、中川宮は攘夷先鋒にも、また、八月九日に任命されて自身拒否していた西国鎮撫総督にも立たずに済む。

天皇はこのあと八月二十六日には、「松平容保以下在京の諸侯及び高家等を小御所に召見」して、次の「宸筆を（一同に）拝せし」めている。[40]

「これまでは、かれこれ真偽不分明の儀これあったが、去る十八日以後申出の儀は真実朕の存意であるから、この辺諸藩一同心得違い無いようの事。」

「十八日以後申出の儀は真実朕の存意である」と言うのであるから、それ以前の詔勅等は「朕の存意」を発したものではなく、「真偽不分明の」のものであったということになる。これによって、この八月十三日の大和行幸の詔勅は「真偽不分明の」のものになったのであろう。「これまでは」というのが、いつまで遡(さかのぼ)るのかは不分明であるが、もしかすると、文久二年五月十一日に廷臣等に示した親征勅語も、「真偽不分明」のものになったのかもしれない。

　この「宸筆」に接した者は、皆それぞれにさぞかし驚いたことであろう。そもそも、詔勅の真偽など一般の者に判断できるはずがない。朝廷から発せられた詔勅に疑義の目を向けること自体、不敬・不遜の至りである。

　また、「十八日以後申出の儀は真実朕の存意…一同心得違い無いよう」と言われても、「朕の存意」の真偽など推し計りようもないから、「心得違い」のしようもない。後に、大久保利通が「非義の勅命は勅命に非ず」と述べたが、そういう見方が一つの判断の基準になるのだろうか。

　中山忠光や吉村虎太郎らは、八月十三日に出た大和行幸の詔に応じて直ちに行動を起こし、八月十七日には大和で挙兵する。後に言われる「天誅組の変」である。しかし、十八日の政変で情勢は逆転する。義挙したつもりが逆賊にされて、追討を受ける破目になる。この戦いで吉村は戦死し、中山は何とか長州に逃げ延びる。

八月九日に上京していた平野国臣は中山らの義挙をやめさせようと、急きょ十八日に大和に入るが時はすでに遅かった。しかし、平野は天誅組を見捨てることができず、彼らと行動をともにする。その敗退後、平野は八月二十六日に但馬（たじま）の生野で、新たに澤宣嘉（さわのぶよし）を盟主に立てて挙兵する。しかし、その「生野の変」にも失敗して、平野は遂に捕縛されて獄中の身となる。

真木和泉は八・一八政変で「七卿」とともに長州へ落ちた後、中川宮のことを「出師（すいし）三策」で「中川王悖逆（はいぎゃく）（むほん）」[41]と書いている。孝明天皇についても同じ思いであっただろうが、天皇に「悖逆」はない。

真木はこのあと、翌元治元年七月に起きた「禁門の変」の戦いに敗れて、大山崎の天王山で同志の十六名とともに自刃する。平野はその「禁門の変」の煽りを食って、六角獄舎で三十三名の囚人とともに殺される。長州藩内に匿われていた中山忠光も、政権が変わった長州藩には邪魔者になったのであろう、十一月に同地で暗殺される。享年十九年六カ月の若さであった。誰もが、八月十三日に出た「かれこれ真偽不分明の」大和行幸の詔勅の犠牲者になったわけだ。

ここに、王政復興のために身を挺して戦った尊攘士たちは、慶応期に入る前にほぼ全員が鬼籍の人になる。過激な尊攘運動のために朝敵の汚名を着せられた長州藩は、以後さすがに、指導者たちは天皇を見る目を変える。天子から「玉」への転換である。

五、「討幕」の出自

文久三年の八・一八政変で確かに、京都の情勢は一変した。しかし、尊攘急進派が京都から一掃されただけで、朝廷の政治体制が変わったわけでも、新たな政治の方向が見えて来たわけでもない。朝廷としては、情勢変化に対応するには、やはり幕府や有力諸侯たちの力に頼るほかはなかった。それに、長州勢の反転攻勢も大いに心配であった。

島津久光が以前からの再三の上京要請（姉小路公知暗殺事件の嫌疑が薩摩藩にかかって、一時召命取り消しもあった）に応じて、ようやく十月三日に、「小銃隊一二隊、大砲隊二隊のおよそ千七百余の藩兵を引き連れ」[42]着京する。相当の大兵を引き連れての上京である。[43]当時薩摩藩は「薩英戦争」で大半の蒸気船を失っていたため、この大兵の輸送には、幕府から順動丸・鯉魚丸（ライモン）の貸与を受け、越前藩その他の諸藩からも支援を受けている。このことは、この久光の率兵上京を、朝廷はもとより、幕府を始め諸藩も歓迎していたことになる。久光のあと、続いて、徳川慶喜や松平春嶽・伊達宗城・山内容堂らの諸侯も十月中旬から十二月下旬にかけて順次上京する。

久光は十一月十五日に近衛邸で近衛忠熙から天皇の宸翰を受けている。その日の久光の日記に「極密宸翰拝戴仰せ付けられ、…、種々御箇条をもって、御質問…」[44]とある。『孝明天皇紀』には、文久三年十二月三日の条に「密勅を島津久光に降して時議二十一条を諮詢（しじゅん）す」として、その二十一条が収録されている（第四巻、九二九‐九三四頁）。久光が「極密宸翰拝戴…、御質問」というのは、その「時議二十一条」のことである。

また、それへの久光の「十一月」日付の奉答書も、『孝明天皇紀』に、「時議二十一条」に続いて掲載されている（同、九三四‐九三九頁）。ここでは、天皇諮問の二十一条の最初の二条だけを取り上げる。

その第一条は、「攘夷の一件」とあって、「武備不充実にては無理の戦争になってはならず」、「なにとぞ、真実の策略にて、皇国永代無穢安慮の攘夷、迅速これ有りたく、その建白を所望する」というものであり、第二条は、先にも引いたが、

「関東へ委任、王政復古の両説これあり。これも暴論の輩、復古を深く申し張り種々計略を運んでいるが、朕においては好まず、初発より不承知申し居り、過日決心申し出ている通り、何れにも大樹へ委任の所存で、この儀は、先だって大樹へも直に申し渡し、一橋にも直話にて今さら替える儀はこれ無い。どこまでも公武手を引き和熟の治国に致したい。右の儀、心得貫きたきこと。」

とあるものである。

孝明天皇の国政上の第一の関心はやはり「攘夷の一件」なのであろう。しかし、このとき、「即今攘夷」ではなく、「皇国永代無穢安慮の攘夷」の「真実の策略」の「建白」をするよう申し入れている。

そして第二条では、「関東へ（大政）委任」と「王政復古の両説」があるが、自分は「復古」の

説は「好まず、初発より不承知」として、以前に、将軍家茂にも慶喜にも幕府への大政委任の考えを申し入れていると言う。

久光はこれらの諮問に対して、十一月二十九日に近衛忠煕に奉答書を差し出している。佐々木克氏がこのときの諮問と久光の奉答とを対応させて論じておられるので、第一と第二の条について、諮問への久光の奉答をそこから引かせてもらう。[45] 第一条に関して佐々木氏は久光の奉答を次のように解説されている。

「攘夷については将軍が上洛してから、一橋慶喜はじめ諸大名の会合で基本方針を決めたい。自分の意見としては、『急速の攘夷』に反対である。今、外国と戦争するのは『醜夷の戎馬（軍馬）に穢される』結果となるだけである。また鎖港についていえば、日本の軍事力が弱体であるから、『開鎖の権』は外国が掌握しているようなものである。したがってこちらから鎖港を宣言しても相手にされないだろう。当面なすべきことは『武備充実の外に策略』はない。」

久光は「薩英戦争」も体験して外国方の力を知っている。至当な奉答であろう。また、第二条に関しては、佐々木氏は久光の奉答を次のように言われる。

「大政を大樹に委任するのが『至当の事』であり、今にわかに『王政に御復古』はとても難しい、と述べる。ただし幕府が『武備充実』のための指揮を怠り、『朝廷尊崇の道』が欠如した場合は、そのときこそ『顕然と罪』を正すべきであると言う。『大政委任』と『王政復古』では、現段階では『大政委任』でいくべきであるが、幕府がその委任された大政の執行を誤った場合は、罪を問い、

『正す』というものであった。」

これまた、久光の至当な答弁と言ったところであろう。

このあと、久光の奏請によって、天皇から「両舌に相似て重職不相応」[46]とされた関白の鷹司輔煕(すけひろ)が罷免になり、かわって二条斉敬(なりゆき)が関白に就き、また、上京して来た上記諸侯たちが朝廷から「朝廷参預」に任命される。さらに年が明けて一月には、二条城を会議所にして「参預会議」も開設される。いずれも、天皇の信頼をバックに久光が尽力して決まったものである。

文久四年(二月に元治に改元)一月十五日には、将軍家茂も二度目の上洛をする。京都に幕府中枢と有力諸侯が出そろったことになる。将軍家茂はそれら幕閣と諸侯たちを従えて、同月二十一日と二十七日の両日、参内して天皇に拝謁する。その際、両日ともに勅書が下賜される。その後者の二十七日には、『孝明天皇紀』によると、

「大将軍徳川家茂および在京の諸藩・高家を小御所に召して宸筆の詔旨を賜い、同心協力して治国安民の策を謀らしむ。」

とある。

この「宸筆の詔旨(勅書)」に「討幕」という用語が次のように出る。管見ではこれが史料上で「討幕」を見る最も早い事例である。[47]

「藤原(三条)実美ら鄙野(ひや)の匹夫の暴説を信用し、宇内の形勢を察せず、国家の危殆(きたい)を思わず、

朕の命を矯め（いつわって）軽率に攘夷の令を布告し、妄りに討幕の師を興さんとし、長門宰相（長州藩主毛利慶親）の暴臣のごときはその主を愚弄し、故なきに夷船を砲撃し幕吏を暗殺し（朝陽丸事件のこと）、私に実美らを本国（長州）に誘引す。…。これ皆朕が不徳の致す所にして、実に悔慙に堪えず。…。」[48]

　ここで「朕の命を矯め軽率に攘夷の令を布告し」とあるのは、前年の八月十三日に発せられた「攘夷ご祈願」・「御親征軍議」のための大和行幸の詔勅のことである。天皇はそれを、三条実美らが勝手に発したもので、「討幕の師を興さんと」するものであったと言っているわけだ。つまり、大和行幸の詔勅は単に攘夷親征をするものではなく、討幕親征をするためのものであったと言っていることになる。

　これ以前、八・一八政変のすぐあとには、上述のように「これまでは、かれこれ真偽不分明の儀これあった」としていたが、その五ヵ月後ここでさらに、その大和行幸の詔勅は三条実美らが「討幕の師を興さんと」して布告したものであったと弁明を重ねているのである。

　これには、将軍以下誰もが唖然としたことであろう。それに、今回のものは、討幕などといったことが、公卿や長州藩の者たちによって企図されていたことを、天皇自身が公然と述べていることにもなる。

　しかし、三条らがほんとうに「討幕の師を興さんと」したりしたのだろうか。それについてはよくわからない。三条らが、攘夷をいっこうに実行しない幕府に憤慨して、天皇の大和行幸をもって攘夷実行を企図したことはまず間違いない。また、三条らが王政復帰を目指していたとするのも間違いではないだろう。しかし、それらと討幕とを安易に直結させることはできない。

攘夷は外夷掃攘の戦いであるが、討幕は同胞同士の内戦になる。内戦は、この外夷の侵入に備えるべきときに、危険きわまりないことであった。幕末期というのは、多くの者が「清国の覆轍（ふくてつ）」を警句にして、それを踏んではならぬと自戒した時代でもあった。それに何よりも、王政復帰のために幕府の存在が邪魔になっても、何も討幕などをする必要はない。天皇が征夷大将軍を解職にして幕府を廃止にすれば、それで済むことだ。三条らが目論んだ攘夷親征について、町田明広氏は「廃幕を企図する大和親征」[49]とされている。

しかしまた、当時、大和行幸による攘夷親征は討幕親征につながるものとする見方や噂があったのも事実である。先述のように、薩摩藩の木場伝内はそのことを「関東御征伐遊ばされるべき策略もこれ有る由」と国元に通知しているし、また、八・一八政変の立役者の一人、薩摩藩の高崎正風が少し後になるが、伊達宗城に次のように話してもいる。宗城の「日記」の文久三年十一月二日の条から引く。この日、宗城は上京して来て伏見に着いたばかりであった。

「島津三郎から高崎佐太郎（正風）参。八月十八日の顚末尋ね、陳述の概略左の通り。行幸御親征、御軍議の義（大和行幸のこと）は尤も、主上にては御進み遊ばされず、伊宮（中川宮）も宜しく思召しでないところ、暴論の諸卿が遮って強奏、無理無法に三条始め取極め、…。

表向きは何分、幕府において奉勅がない故に、御親征ということに為らせられれば、迅速関東にて奉勅これあるべしの主意、実情、征幕府の密策也。…。」

八・一八政変の「顚末」について、高崎が「暴論の諸卿」三条らが企てた「実情、征幕府の密策也」と話したと記している

この高崎の話は、先の「宸筆の詔旨」が出る三ヵ月足らず前の話である。「討幕」と「征幕府」と語は違うが意味は同じである。また宸筆にある「実美ら…、朕の命を矯め」とここにある「無理無法に三条始め取極め」と三条の名が出るのも同じことを言っている。これらからして、当時、大和行幸は討幕親征を企図するものであったとする見方があったのは間違いなく、孝明天皇の言葉は天皇の作り話とは言えない。

さらに、興味深いことに、この「宸筆の詔旨」を「大将軍徳川家茂および在京の諸藩」らに授けたについては、実は裏で島津久光が深く関与していたということである。この「宸筆の詔旨」の草稿が、久光の手によるものであることは、すでに、三谷博氏（一九九七）や佐々木克氏（二〇〇四）などによって指摘されている。[50]

この「宸翰草案」問題は多岐にわたる重要な問題をはらんでおり、簡単には論じられないが、ここでは以下、討幕という用語の出自を問題にする観点から、「討幕の師を興さんと」という言葉のところのみに限定して論及する。

『島津久光公実紀』は、上記の『孝明天皇紀』にある正月二十七日の勅書と同文のものを掲載し、

それに続いて、

「これより先、正月七日、公（久光）密かに中川宮および近衛公に謁し、勅諭を大樹公に下し安慰せられんことを請い、また建言書を捧ぐ。その書に曰く。」[51]

として、その建言書を掲載している。この建言書が宸翰の草案になったものである。そこから勅書の上記に当たるところを引くと次のようである。

「藤原（三条）実美以下、麁暴の卿相等しく浪士の邪謀を信じ朝威を假て圧倒し、急きょに攘夷の命を伝え、大江（毛利）慶親・定広父子の暴臣の狂言に欺かれ、妄りに征幕の説を唱え君臣一和の道を失い、宇内の紛乱を促し、終に八月十八日の一挙に至り、…。」[52]

ここでは、宸翰にある「討幕」は「征幕」である。ところが、これとは別にもう一つ、「将軍への宸翰」とされる久光・薩摩藩による「宸翰草案」が、『鹿児島県史料　玉里島津家史料』三に掲載されており、ここでは上に当たるところが次のようである。

「藤原実美ら鄙野の匹夫の暴説を信用し、…、妄りに討幕の師を興さんとし、長門宰相父子の如き、家臣の狂暴を制すること能わず、…。これ皆朕が不徳の致す処にして、実に悔歎に堪えず。…。」[53]

ここでは、建言書にあった「妄りに征幕の説を唱え」は「妄りに討幕の師を興さんとし」になっており、これが実際の宸翰に引き継がれたことになる。討幕の用語に限って言うなら、「（中川宮・近衛公への）建言書」→「宸翰草案」→「宸筆の詔旨（実際に勅書）」の順に、「征幕」→「討幕」→

「討幕」になったことになる。

「征幕」と「討幕」とでは、語義はまったく同じである。この時期では、まだ「征幕」とも「討幕」とも用語が一定していなかったと考えられる。実際、先に見たように、木場伝内が大和行幸の詔勅が出た直後に書いて書簡では「関東御征伐」であり、また、高崎正風が十一月初旬に伊達宗城に伝えた話では「征幕府」であった。どれも、同じ薩摩藩の者が言うものだが用語が違う。この時期ではまだ、用語が一定していなかったと言ってよいであろう。

これらからして、「討幕」を最初に朝廷に持ち込んだのは、薩摩藩のこの「宸翰草案」であり、天皇がそれを宸翰で使ったとしてよさそうである。久光・薩摩藩は勅書で天皇に「討幕」を言わせて、朝廷ならびに将軍家茂と幕府および政局に緊張感を持たせようとしたと考えられる。「討幕」という語は、これ以後、朝廷周辺から広がって行く。

この草案の作成には、高崎正風自身が関与していたとも想定できる。[54] 高崎はこの時期ずっと在京していて、八・一八政変に直接かかわり、その後の京都政局の推移にもよく通じていた。八・一八政変の実行に関わった高崎（薩摩藩）と天皇や中川宮らは、政変の悪印象を払うために「討幕」の警戒感をあおったと考えられなくもない。

とりわけ久光の尽力によって新設された「参預会議」が、元治元年三月に開設一ヵ月足らずであっけなく空中分解してしまう。その原因はこの「宸翰草案」問題にあった。慶喜が天皇の宸翰が久光によって操作されていることを知ったのである。幕府としては、そんなことを放置しておくわけにはいかない。慶喜と幕府は直ちに久光排除の策に出る。

幕府は新たに横浜鎖港を提案して孝明天皇の歓心を買う一方、それに抵抗する久光ほか春嶽ら「参預」たちを開国論者として、天皇が遠ざけさせたのである。久光は先の天皇の諮問に対する奉答書でも、「開鎖の権は彼（外国側）の掌握に帰し」、現今「鎖港の儀を立てても、…却って、彼が怒り激し後患が勝る」[55]としていた。

慶喜は将軍継嗣擁立運動では前薩摩藩主島津斉彬の支援を受け、その後、その弟の久光の力によって将軍後見職になってもいた。その慶喜と久光とのあいだの信頼関係は、この文久四年一月ごろほぼ頂点に達していた。[56]しかしそれが、この「宸翰草案」問題で一瞬にして崩れ去る。これ以後は、慶喜と久光・薩摩藩との関係は悪化の一途をたどる。

上記の勅書で「討幕」が言われてから二ヵ月後、伊達宗城の日記の元治元年三月二十六日の条に「討幕」が次のように出る。この日、中川宮や近衛忠熙らのあいだを駆け巡っていた高崎正風が宗城のもとに来て「密談」をしたと言う。その「密談」の背景には、このころ慶喜と中川宮が結託して慶喜を「摂海防禦総督云々」に就けようと動いていた（実際にこのとき、慶喜は将軍後見職を退き、禁裏御守衛総督兼摂海防禦に就任する）ことと、近衛が孝明天皇から疎んぜられて中川宮とのあいだで確執が生じていたことがある。「密談」であるため、その内容は全体として他者からは読み取りにくいが、「討幕」が出るところだけを引くと次のようである。

「去夏までは（中川宮は）討幕のご論も暴論有志へはお話あったところ、又々お説を変えられたと、怨んでおられる由。」

「去夏まで」とあるのは八・一八政変までということで、「討幕のご論」というのは中川宮が主張したというものである。「暴論有志」というのは三条実美らを指し、「怨んでおられる」というのは前関白・近衛忠煕のことである。中川宮は八・一八政変以前には三条実美らと同じく「討幕のご論」であったのに、今日「又々お説を変えられ」、そのために近衛忠煕が中川宮を怨んでいるということになる。[57]

中川宮が「討幕のご論」であったと言うのは、先に取り上げた、中川宮が「攘夷の先鋒仰せ蒙りたく」とする嘆願書を朝廷に差し出したりしたことを指しているのであろう。しかし、実際には、先述のように、中川宮が討幕論などを申し立てたことは一度もない。そのことは、高崎は無論、宗城もよくわかっている。高崎はここで、近衛忠煕のやっかみと彼の討幕論への心配を、宗城に伝えているわけだ。

天皇の勅書に「妄りに討幕の師を興さんと」と出て以来、近衛のような高位の公卿たちと幕府側の者たちが、心配の種として、あるいはそれを警戒して、「討幕」をよく言うようになる。この討幕論への心配や警戒、また「妄りに討幕」のように討幕を忌避する言動を、本書では、討幕論に対置して反討幕論と呼ぶ。

「妄りに討幕」というような言い方で「討幕」が言われるようになった如く、実は、この反討幕論の方が討幕論に先行したのである。事実、討幕すべしとする討幕論が旺盛になるのは、孝明天皇が慶応二年末に亡くなったあとの翌三年になってからである。それまでに、「討幕」の噂はよく立ったが、誰かが正面切って討幕論を唱えたと言えるような形跡は見当たらない。

慶応期（元治二年四月に元号が慶応に変わる）に入ると、史料上でも比較的「討幕」の用語がよく見られるようになる。岩倉村で幽居中の岩倉具視が、慶応元年閏五月十七日付中御門経之宛の書簡で、「討幕」について次のように書いている。

「（薩摩藩は）元来討幕の心底があるにつき、まったく長（長州藩）を提灯持ちに用いるために長に一肩入れているのではないかと申す者もいるが、如何か。」[58]

岩倉はここで、薩摩藩の「討幕」の噂を心配して、それについて問い合わせている。これに対して中御門は、

「お説の通り、薩はいっこう趣意はあい分からずながら、底意は討幕で、長を提灯持ちに用いるつもりかどうか、その辺は、二印（関白二条斉敬）もお噂され、何分薩はどうもならぬと申されている。」[59]

と応えている。

薩摩藩は元治元年の第一次征長では率先して兵を送り、西郷隆盛が征討軍下参謀として活躍し、年末には、戦火を交えることなく征討軍を解兵にして、一応の解決を図っていた。この最中に、実

のところは、すでに薩長両藩の接近が進んでいて、慶応二年一月には、かの有名な薩長盟約を結んでもいる。そんなこともあって、慶応元年にはもう、薩摩藩の「底意は討幕」といった噂が立っていたようだ。

岩倉が中御門に上の書簡を送っていたころ、中岡慎太郎や坂本龍馬らが盛んに薩長の融和と提携のために動いていた。龍馬は慶応元年五月には鹿児島に滞在していたが、龍馬がそこから大宰府に三条実美らのもとに行き、その足で閏五月一日に下関入りする。薩摩藩の意向も受けて薩長提携を促すためである。そのとき、龍馬は木戸孝允に会い、記録によると木戸に、

「薩は総而（そうじて）滅幕の論と察せられる。」[60]

と伝えたようだ。

この龍馬の「滅幕」を、今日の多くの歴史家は討幕と同じ意味に捉えているが、それは正しくない。龍馬がここで言う「滅幕」は討幕というよりは、幕府の自滅や、むしろ自主廃幕の意味に近い。龍馬はこのときより二年前、文久三年四月に大久保一翁に会っているが、龍馬はそのとき、一翁から彼の持論の政権返上・廃幕論を聞いている。龍馬はそのとき、一翁からその論のことを書いた春嶽宛の書簡を預かり、それを福井に届けてもいる。[61] 龍馬は早い時期に、一翁・勝海舟・春嶽らと幕府自身による政権返上・廃幕論を共有していた。

また、ちょうどこのときの龍馬の鹿児島滞在中のころになるが、鹿児島に将軍家茂が五月十六日に江戸を進発したとの報が入る。西郷隆盛はそれを受けて、閏五月五日付の小松帯刀宛書簡で、

「これより天下の動乱となり、徳川氏の衰運この時と存じます。」[62]

と書き、また大久保は、これより少し前になるが、幕府が敦賀で降伏した水戸天狗党反乱軍の武田耕雲斎らを大量殺戮したのを聞いて、慶応元年三月十一日の日記に、

「実に聞くに堪えざるなり。これをもって幕滅亡の表（れ）と察せられる。」

と記している。

これらはどちらも、徳川氏や幕府の「衰運」や「滅亡」を言うものであって、討幕などを言うものではない。龍馬は多分、こういったことを知った上で下関に向かったはずだ。

龍馬自身もまた、この少しあとと思われる時期に、高知の姉・乙女（おとめ）に送った手紙で、将軍家茂が大坂城に入り、長州再征の戦争が間近に迫っているとして、

「私は近日おうおうに軍（いくさ）致し、将軍家を地下（じげ）に致すことができない時は、もう外国へ遊ぶことを思っています。」[63]

と書いている。

姉・乙女に意気盛んなところを見せているのだが、龍馬がここで書いている「将軍家を地下に致す」というのは、西郷らが徳川家を島津家などと同等の一大名に下ろすと唱えているのと同じで、討幕などを言うものではない。

「軍致し」と書いているのは無論、長州を助けるための軍（いくさ）であって、幕府軍と戦うものではあるが、討幕のためのものではない。幕府の征討に対して抗戦する戦いである。この龍馬が言う「将軍

家を地下に致す」についても、討幕と捉えている歴史家が多い。

井上勲氏は「坂本も『おふおふ軍致し、将軍を地下致』（「将軍を地下」は「将軍家を地下」の引用ミス）すべしとの、激超な討幕の言辞を漏すに至る」と解釈し、[64]また、宮川禎一氏もこの龍馬の手紙を解釈して、「武力倒幕を明記している点で重要だと言えます」[65]とされている。史料を討幕や倒幕に引き付けて読む傾向が強く出ている。本書で言う討幕史観[66]の影響であろう。

六、将軍辞表提出事件

慶応元年十月に将軍家茂が朝廷に辞表を提出するという前代未聞の事件が起きる。この事件は十月初頭に急に顕わになり、事件そのものは、家茂が四日ほどで辞表を撤回したため表向きはそう大そうなことにはならなかったが、この件は相当に以前から計画されていたもので、問題の根は深い。

前章五節で述べたように、文久二年に幕府による朝廷への開国説破が不発に終わり、特に外国方有司たちはそれに強い不満を抱いていた。そのため、前述のように、その翌文久三年六月初めには小笠原率兵上京事件も起きていた。しかしそれも、幕僚部の厚い壁に阻まれて、あえなく頓挫し失敗に帰していた。

ところが、そのちょうど一年後の元治元年六月にはいみじくも、その小笠原率兵上京事件で失敗の憂き目に遭った外国方有司たちが要職に就く、新たな幕府政権が誕生していた。老中に阿部正外（まさと）

が就き、山口直毅と京極高朗が目付に、続いて七月には松前藩主・松前崇広が老中格兼陸海軍総奉行（十一月に老中）に、さらに酒井忠毗が若年寄に、竹本隼人正（正明）が御側御用取次に就いたのである。このあとさらに、小栗忠順・井上清直・向山一履らが続々と要職に就く。まるで外国方有司政権と言っていいほどの中枢部のメンバーである。

上記の阿部・松前・井上の三人は、この前年の小笠原率兵上京事件の直前の文久三年五月には、当時ともに奉行職にあって、一同連署して閣老宛に、「神君（家康公）以来の征夷御職掌」の「御職務ご辞退」・「御廃」の建言書を提出した同志でもあった。

これらのことからして、この政権（便宜のため阿部政権と呼ぶ）は当初から、「征夷御職掌」の「御廃」を懸けて攘夷不可・開国不可避を朝廷に承諾させ、またそれをもって、幕府の朝廷からの独立性を高めようとする政権であったと言ってよい。

しかしその一方、江戸でこの政権が生まれる二ヵ月前には、京都に新たな政治権力が生まれていた。幕府の京都支所に相当し、朝廷と一体化を図る政治権力である。徳川慶喜が将軍後見職を退き、新たに設置された禁裏御守衛総督に就き、既存の京都守護職・松平容保と京都所司代・松平定敬と連合した武力を擁する政治権力で、今日では一般に「一会桑権力」などと呼ばれているものである。

この京都に生まれた新たに権力は、江戸本体の阿部政権が朝廷からの独立を目指していることからすると、言うならば対極側にある。同じ幕府政権下に、まったく異なる二つの政治権力がほぼ同時期に生まれたことになる。両者のあいだで競合・軋轢が生じるのは当然である。

阿部はもとは大老井伊直弼に見出された人物で、井伊の命で禁裏付に就き、当時の京都所司代酒井忠義とともに和宮降嫁の工作に従事もした。朝廷の内実についても、それなりに通じていた。その後、阿部は神奈川奉行や外国奉行に就いて外交畑を歩むが、神奈川奉行の際には島津久光一行による生麦事件の処理の采配も取っている。反「一橋派」であり、臆測になるが、もともと慶喜もまた薩摩も、あまり好みではなかったのではないか。

阿部は六月に老中に就くが、外国御用取扱も兼ねて横浜鎖港方針の撤回（八月二十三日、外国公使に通達）の指揮も取る。言うならば、この春、慶喜と将軍家茂が天皇の歓心を引くために言い出した横浜鎖港の尻ぬぐいをしたわけだ。その結果を関白二条斉敬に説明するために阿部は八月末に上京する。その滞京中の九月二十一日に、越前藩の中根雪江らが阿部を訪ねている。そのとき中根が差し出した意見書に対し、阿部は次のよう応じたという。越前藩の記録『紀事』から引く。

「阿部殿一覧されて、（国の）開鎖の可否は諸侯に議を待たず、幕府限りで断然決定してはいかがかと申されたので、中根さては『幕府の私』となるべし、しかし、その『私』を咎める者があらば、何人によらず忽ち威力をもって圧倒すべしとのお覚悟ならば、それはまた格別の事なりと申したところ、阿部殿は天下の大勢を察するに、幕府は到底永く維持するを得ざるべし。されば、決定すべき事を決定し、それが為に倒れるはかえって本懐なるべし。

もっとも、そのように決心して倒れんとする場合に至らば、またこれを助け起こさんとする者あるべし。拙者（自分）にこのほかに良案なしと申された故、中根はさほどまでにご決心なさているのであれば兎も角も、お計らいありて然るべしと答えたり。」[67]

阿部は開鎖問題については、幕府が専決すべき事柄で、諸侯の意見を聞く必要はないと応じたようだ。この元治元年九月段階ではすでに薩長ともにそれぞれに、「下関戦争」と「薩英戦争」を経験し、その後、外国との直接交渉を進め、長州はすでに講和条約を結び、薩摩もその途上にあった。幕府はこれまで、その彼らにあの手この手の妨害を受けながら苦難の外国交渉を進めてきた。今さら、その彼らを加えて、開鎖問題を話し合うなど、阿部にはおよそまっぴらといったところであっただろう。

しかし阿部は、「天下の大勢を察するに幕府は到底永く維持するを得ざるべし」の認識を示し、「決定すべき事を決定し、それが為に倒れるは却って本懐なるべし」と言ったともいう。自分が今幕閣としてすべきことに、覚悟をもって当たっているのであろう。「中根はさほどまでにご決心なさているのであれば」云々と応じたという。

将軍家茂は慶応元年（元治二年四月に慶応に改元）五月十六日に約三千の兵を率いて陸路江戸を出発する。この将軍の出立については、最初三月十八日には「発途」と発表があり、そのときは「将軍上坂」と布告された。それが、四月十九日には「将軍進発令」に変わり、さらに、西上の途次の五月二十六日には、駿府で「上洛令」に変わっている。[68]「発途」は「進発」を避けた用語であろう。「将軍進発令」は第二次長州征討に向けてのものである。これら呼称の変化は、将軍出立の複雑な事情を物語っている。将軍家茂としては三度目の上洛であり、これが最後となる。

「発途」前、江戸で出回った風聞を、薩摩藩江戸詰めの者が慶応元年四月五日付で国元に次のように伝えている。

「三月中旬ごろ肥後藩人の探索書中に、閣老諏訪侯とお側衆竹本隼人正謀主にて、京師より何様仰せ出があろうとも、上洛は見合わせ、かつ諸事取り行い方も関東の見込みの通りに取計らい、もし、朝議にてお拒みになるときは、将軍辞表お差し上げになるつもりの由に見えれども、当時（現時）の幕府の形勢は右様の筋にも聞かず。…。」[69]

「三月中旬」に「将軍上坂」が布告されたころ、江戸では「諸事取り行い方も関東の見込みの通りに」やられるつもりで、「もし、朝議にてお拒みになるときは、将軍辞表お差し上げになるつもり」の風評が立っていたようだ。ここでは「幕府の形勢は右様の筋にも聞かず」とあるが、実際には「上洛は見合わせ」とはならなかったものの、「将軍辞表お差し上げ」の方は、この半年後に現実のものとなる。

将軍家茂は閏五月二十二日に着京すると、直ちに参内して長州再征を奏請する。しかし、そのとき、すぐにそれへの勅許は下らず、逆に数カ条からなる勅語が下る。そのなかに次のようなものがある。

一、防長の所置、衆議を遂げ言上の事。

一、玄同以下、かつ一会桑等へも総て相談の事。[70]

要するに、長州再征その他全般について、「一会桑」ともよく相談をして決めるようにと命じているわけだ。ここに名の出る玄同というのは、前尾張藩主徳川茂徳のことで、「会桑」の松平容保・松平定敬の実兄に当たる。彼はこのとき、朝廷の命を受けて朝幕のあいだの連絡役を務めていた。朝幕のあいだと言っても、京都の一会桑政権と朝廷とはほぼ一体であるから、玄同は幕府本体側と京都の一会桑・朝廷側との連絡役ということになる。

この勅語の授受に幕府本体側が抵抗して悶着が起きる。その件について『黒川秀波筆記』は次のように記している。[71]

「勅諚の趣き、左右大臣が書留をお渡しになったところ、大樹公畏まれた上、御頂戴お持ち下り、直々閣老衆へ仰せ聞かれたところ、閣老衆申し上げられるのには、かようなもの御頂戴されてはあい済まず、早々ご返上と申しあげるなか、堂上方・各老方大議論、阿部豊州（正外）もっとも強硬。……。」

上のような数ヵ条の「書留」を朝廷側から将軍家茂に手渡され、家茂がそれを持ち帰ったところ、それを見た「閣老衆」が「かようなもの御頂戴されては」不都合が生じるとし、なかでも老中阿部がそれを強硬に申し立てて「大議論」になったと言う。

このときの阿部の「強硬」については、越前藩の記録『紀事』には、毛受鹿之助が近衛忠房内大臣から聞いた話として次のようにある。

「閣老阿部豊後守、果たして、朝廷よりの仰出とあれば何事もお請けは仕るべきであれども、さては万機ご委任とありしご主意に叶わず、いよいよ今日の仰出さえを奉ずべしとの御事ならば、ご委任の廉(かど)をお取消しなされ、然る上、今後天下の政務すべて、朝廷より仰出られ遊ばされたしと、殊の外むつかしきことを申し出、…。」[72]

阿部は「万機ご委任とありしご主意」なら、ああせよこうせよと言わずに、お任せ願いたい。そうならない場合は、「ご委任の廉(かど)をお取消しなされ」、「天下の政務すべて、朝廷より仰出され」たい、と「殊の外むつかしきことを申し出」たようだ。

要するに、昨年四月に将軍家茂が京都で朝廷から直接「幕府へ一切ご委任」の勅諚を授かったにもかかわらず、幕府の申し出に対して、今になって「衆議を遂げ言上の事」や「一会桑等へも総(すべ)て話し合う事」などとは、どういうことか。「ご委任」を返上するので、「天下の政務すべて、朝廷より仰出され」ればよい、と申し立てたわけだ。この徹夜の談判は、結局は、勅書としては受け取らず勅語を授かったという形で、とりあえず収拾をはかったようである。

江戸では幕府の留守を預かる老中の水野忠精が六月十九日に、神奈川奉行の山口直毅と目付の栗本鯤(こん)(鋤雲)の二人を、熱海で湯治中のフランス公使ロッシュのもとに送っている。二人は二十一日までそこに滞在して日仏提携の話し合いをする。その折に、二人はロッシュから四ヵ国公使が連合艦隊を引き連れて摂海廻航する話を聞き、それを水野に報告する。この外国艦隊の摂海廻航の話

は、以前から外国側から聞かされていた話ではある。『七年史』の文久二年十一月二十五日の条に、閣老の板倉と小笠原が、

「外国人等、軍艦を大坂港へ遣わして、上陸京師に上り、条約を朝廷に迫り来らんとするを探知し、…、大将軍に上書せられけり。」（「壬戊記」下、七一頁）

とある。

水野自身も以前から四ヵ国側にそういう考えがあることは聞いていた。前年の元治元年八月に四ヵ国連合艦隊による下関報復攻撃（「下関戦争」）があった直後、四ヵ国代表と交渉した際に、水野は彼らから直接その話を聞いている。

そのときの交渉について、石井孝氏の『増訂明治維新の国際的環境』（一九六六）を参考にして述べる（以下、石井氏が引用されている箇所は『』、自身が述べられている箇所は「」で示す）。

下関報復攻撃およびその後の長州藩や幕府との交渉を終始リードしたのは、英国公使オールコックであった。彼はその際、老中水野らとの本交渉の席で、

『外国関係についてのすべての害悪の根本は、ミカドと大君との間の一致の欠如にあるから、条約勅許はもはや猶予できない時期に到達した。私はこれが阿部豊後守（正外）の使命であると信じる。』

と述べ、それに対して水野らは、

『条約勅許については約束することはできないが、勅許を得るためにあらゆる努力を払っている。

阿部豊後守の使命もこれである。』（三三七－三三八頁）

と応じている。阿部はこのとき横浜鎖港不可の説明のために上京中で江戸を留守にしていた。また、オールコックはこのとき、

「京都で条約勅許の商議が進行している間に、外国代表がその艦隊を率いて兵庫湾に赴くならば、商議の進捗に大きな効果があるだろう、…。」

と提案してもいる。もっともそれに対しては、「老中は、かかる行為が脅迫に類するということで反対した」ようである。（三四〇頁）

この一年後、オールコックが言った通りのことが摂海で起きる。ただし、そのとき四ヵ国連合艦隊の摂海廻航をリードしたのは、オールコックではなく彼の後任の英国公使ハリー・パークスであった。

話を慶応元年六月下旬のところに戻す。水野はロッシュからあった四ヵ国連合艦隊の摂海廻航の話を、在坂の老中阿部に伝えるために小笠原長行を大坂に送ることにする。小笠原は率兵上京事件で免職になっていたが、ちょうどこのころ、京都の慶喜と会津藩からの要請もあって、幕府は彼を復帰させて上京させることを決めていた。[73]

小笠原を上方に送る際、水野は四ヵ国側の計画のことに加えて、

「仏国は殊の外、御国（日本）を大切に存じ、尽力して御為を計っていることの由。」[74]

と伝えさせている。

小笠原は八月十六日に江戸をたつが、その前日、彼のもとをロッシュと直接面談した山口・栗本の両人と水野忠徳の三人が訪ねている。水野・山口は小笠原とは、小笠原率兵上京の際の同志であった。三人は小笠原に次のように伝えてくれるよう頼んでいる。

「京師にて外国条約（安政五ヵ国通商条約）施行のお差し許し、これ（勅許）なくてはいよいよ大変を生じること。外国船が万一兵庫港へ来ても、お差し留めになる辞柄（口実）はなく、…。」[75]

三人は、連合艦隊が条約勅許獲得のために動こうとしているのについては、在坂幕僚部はむしろこれと協働すべきだと言っていることになる。在坂の阿部らは前述のように、以前から四ヵ国側の考え方や計画の大筋は承知していた。

小笠原はそういったことを在坂幕僚部に伝えるとともに、京都の一会桑側にも伝える。小笠原は上方で老中格に復帰して活動を再開するが、彼はもとから在坂幕僚部よりは慶喜ら一会桑寄りであった。

老中の水野はその後、ロッシュから九月七日に四ヵ国が最終的に摂海廻航の合意に至ったことを聞き、その二日後の九日に若年寄・酒井忠毗を伴って、イギリス公使パークスを訪ねる。そのときの様子をアーネスト・サトウが次のように記している。

「江戸の政府は、諸外国代表の決意のきわめて強硬なのに驚いた。水野和泉守は、…、ハリー卿を極力思いとどまらせようと、…酒井飛騨守（酒井忠毗）と同道してやって来た。…。

それにしても、水野とその部下の酒井が、自己の努力の成功を期待してやって来たとはどうしても思えなかった。実際この両人は、外国代表の兵庫到着後の最善の対策について若干の意見を述べただけで、大方は当方の主張に満足したのである。」[76]

サトウは、二人は「大方は当方の主張に満足」して帰って行ったと言う。水野と酒井は前述のように、前年の四ヵ国代表との直接交渉を通じて、四ヵ国側の出方をほぼ承知していた。

水野はこのあと直ちに山口直毅を大坂に送り、その山口が九月十三日に着坂する。その三日後の九月十六日には、パークスやロッシュら四ヵ国公使が搭乗する連合艦隊九隻が摂海に入って兵庫沖に投錨する。九隻もの艦隊が突如大坂湾に現れたのだから、当然、上方は大騒ぎになる。

四ヵ国公使は幕府に対して、兵庫先期開港、通商条約の勅許、関税率改訂の三ヵ条を要求する。七日間の回答期限を付けて、それができない場合は、自分たちが京都に上り「ミカド」と直談判すると通告する。兵庫先期開港というのは、文久二年に（外国人襲撃の攘夷事件が頻発したため）開港時期を慶応三年十二月まで延期したのを、この際、二年早めてこの年の十二月にするというものであった。

在坂幕僚部はこの四ヵ国の要求に対して、江戸から来た山口直毅の意見も取り入れ、兵庫先期開港もやむなしとして、九月二十五日に大坂城で開いた幕議で要求の受け入れを決定する。

しかし、翌二十六日に京都から急きょ下坂してきた慶喜が、兵庫先期開港については特に朝廷への勅許奏請が不可欠だとしてその決定に猛反対する。そのため、決定は一時ペンディングになり、翌二十七日早朝に立花種恭(たねゆき)が四ヵ国側から十日間猶予の回答を取り付けて戻って来たことで、在坂幕僚部の決定はいったん白紙に戻る。[77]

慶喜が下坂して加わったその九月二十六日の幕議の様子を、元会津藩士・北原雅長編の『七年史』（明治三十七年刊）は次のように記載している。

「（慶喜曰く）今、開港を許さば、主上ご逆鱗、測るべからず。従って諸侯の沸騰も必ず生ぜん。果たしてそうならば、長防の処置（長州再征）も今日をもって終局とし、大将軍もご辞職のほかなく、海内たちまち四分五裂して外国人そのすきに乗じ、内外の騒乱を生ずるに至らんとて、大将軍の御前に参られ、その不可なるを陳じて、豊後守（阿部正外）を質責せられけれども、豊後守屈せず。（在坂幕閣ら）左右一人としてその（阿部の）非を咎(とが)むる者なし。

大将軍は、積年の叡慮を貫徹すること能わずして、事のここに至りしを慨歎せられて御落涙(らくるい)あり。中納言（慶喜）もいかんともする能わず、出でて会津藩の公用人を召して曰く、我、機に遅れて到着し、挽回すべからずの時勢に遭遇せるは、甚だ遺憾なりとて、肥後守（松平容保）への手書を与えられ、…。」[78]

この最後のところに「会津藩の公用人を召して曰く」や「肥後守への手書を与えられ」とあるところから、編者の北原はそれらを史料にしてこの記述をしているのであろう。将軍家茂が目前の迫真の討議に落涙に及んだと言う。[79]

このあと、慶喜は帰京して九月二十九日（この月は小の月で晦日）の朝議で、阿部・松前両老中の所業を糾弾し、朝廷は二人の「官位剥奪、国許にて謹慎」の処分を決める。しかし、一方の大坂の幕僚部では、九月二十九日に将軍の辞任を決め、家茂が自筆で向山一履（隼人正）草稿の辞表と奏聞の「別紙」を書き上げていた。十月一日朝に玄同がそれらを持って大坂城をたつのと、両老中の処分の通達が大坂城に届くのが同日になった。

将軍家茂の辞表は次のようなものであった。

「臣家茂は幼弱不才の身をもってこれまで叨(みだり)に征夷の大任を蒙り、及ばずながら日夜勉励してまいりましたが、内外多事のときに当たり、上は宸襟を安め奉り、下は万民を鎮めること能わず、…、竟(つい)に職掌を汚すようなことで心痛のあまり胸痛強く、…。

臣家族の内にて慶喜儀は、年来闕下(けっか)に罷(まか)りあって事務にも通達仕り大任に堪え奉るべき者につき、臣家茂は退職、慶喜に相続仕るため政務をあい譲りますので、臣家茂の時の如く諸事ご委任なし下さるよう偏に希(こいねが)い奉ります。

もっとも、当今の時務の儀については別紙をもって奏聞仕りますので、慶喜へご沙汰されますよう願い奉ります。

丑十月朔日」[80]

「別紙」というのは、安政五ヵ国修好通商条約の勅許を奏請するもので、日米和親条約を結んで以来の経緯を述べて、その最後で次のように言う。

「皇国が如何様(いかよう)に英武の御国であっても、万一内乱と外冦が一時に起きて、西洋万国を敵に引き受けては、終には聖體のご安危にも拘り、万民塗炭の苦に陥るのは必然の儀、…。よって前文で申し上げた通り、速やかに勅許のご沙汰なし下されば宝祚の無窮、万民の大幸この上なく、千々万々懇願奉ります。…。

もっとも外夷が闕下に罷り出るようなことがあっては深く恐れ入る儀につき、精々尽力談判して、来たる七日まで兵庫港へ差し控えさせておりますので、なるだけ早々ご沙汰なし下さりたく、この段、奏聞奉ります。」[81]

これでは、「外夷が闕下に罷り出る」のが止められないので、「七日まで」に何とぞ条約の勅許をお願いしたいと言っているのに等しい。

このあと、十月二日に大坂城で将軍の「辞任東帰」が発表され、三日に家茂は大坂を陸路出立して四日暁に伏見に着く。当初の予定では、蒸気船で大坂港を出航して東帰する手はずであったが、会津藩の強い働き掛けで陸路に変る。[82] 海路立たれてしまうと、京都側からすれば引き留めようがない。詳しいことはわからないが、阿部・松前への官位剥奪、国許謹慎の処分がすでに大坂城に届いていたため、二人としてはどうしようもなかったのであろう。

将軍を伏見で待ち受けた慶喜・容保・定敬らは、暁に伏見に到着した家茂を説得し、同日暮れには家茂を二条城に入れる。家茂が伏見に着いた際、慶喜が「如何なるご不例（ご病気）にかましますらん」と尋ねたのに対して、家茂は「病気ならざれども、年寄りどもの斯く言えとの事なれば」

と答えという。[83] また、二条城に入ったときには、

「豊後・伊豆（阿部・松前）に甘々と誑かされた。扨てさて口惜しき事としきりに歎息これあり。」

と伝えられている。[84] その通りであったのかどうかはわからないが、家茂はこのとき満十九歳で、いずれにしても、上述のような重大な政治判断を自ら下すことは無理であった。

慶喜らは将軍を二条城に送ったあと急ぎ朝廷に戻り、同日に天皇「御透聞」臨席の朝議を開く。『朝彦親王日記』はその場で、「一会桑・小笠原ら」から次のような発言があったと記している。

「兵庫の夷船は退帆仕らず、あまつさえ兵端を開きそうな模様につき、恐れ入りますが是非とも恐れ入りますが、これまで幕が許し置いた所の三港お許し願いたく。左様になりますれば兵庫退帆仕るでしょう。

さもなくば、甚だ恐れ入りますが、実に天子をも外夷には、構わず撫で殺しにあいなり、その節、和（講和）になっては彼の属国とあいなって、誠に口惜しき次第。何分にも明朝までにご返答伺いたき旨申し出る。少々議論あり。一会桑・小笠原らなり。…。」[85]

「天子をも…撫で殺し」などと、その通りに言ったかどうかは定かでないが、いずれにしろ、「一会桑・小笠原ら」の申し立ては相当に強硬なものであったのだろう。

翌五日に慶喜らは、急きょ在京の諸藩代表を召致し、現時の情勢を説明して各藩の条約勅許奏請についての意見を聴取する。その結果、薩摩藩と岡山（備前）藩の二藩以外は、みな勅許奏請やむなしであったことを朝議で説明し、その夜ついに、安政五年締結以来「違勅」のままであった五ヵ

国修好通商条約への勅許を獲得する。もっとも、兵庫先期開港については差し止めとなる。
『徳川慶喜公伝』はこの朝議について、
「公（慶喜）はなお懇ろに開港の利害を説き、『今ご許容されないには、国難たちどころにおこるべし』とて、おどしつ、すかしつ、弁論を尽くされ、…。」[86]
と書いている。
また、この朝議に出席していた中御門経之は義弟の岩倉具視に、
「一会（慶喜と容保）の心底、実に禽獣の至りと嘆息のほかはありません。…。一会の肉食うべしと思う。…。何とぞ、一会の首級早く打ち取るべき手段致すべきなどと祈っています。薩（薩摩）が落胆しているのはもっともに思います。…。一会があい迫り、驚かす故に、よんどころなき次第になったと、あくまで言いふらしたいものと思っています。」[87]
と伝えている。

アーネスト・サトウは十月六日、老中の本荘宗秀が幕府の最終回答を四ヵ国代表のところへ伝えに来たことを次のように記している。
「我ら外国代表は何一つ放棄することなく、三つの条件中の二つ、しかも最も重要なものを獲得することができた」、「兵庫を（先期）開港する件は譲歩することになったが、実を言えば、それを実際にできると楽観して期待していた者はあまりいなかった。」[88]

四ヵ国側は「最も重要な」条約の勅許を獲得して、この翌日には、連合艦隊も摂海を立ち去っていく。

条約勅許は外国側も幕府側もともに、何としても獲得せねばならぬものであった。それが、四ヵ国連合艦隊の威嚇と幕府による将軍職辞表提出という強硬策の連動によって、締結から七年余りにして、ここにようやく果たせたのである。これで、外国側・幕府ともに長く悩まされてきた、「違勅」を根拠にした「奉勅攘夷」の過激な行動を、その根本において断ち切ることができた。

一方、この将軍辞表提出事件によって、阿部・松前両老中は朝廷から官位を剥奪され、お役御免となり、外国方有司たちも多くが罷免になる。幕府権力として残ったのは、幕府本体で在坂した幕僚部ではなく、むしろ、京都の一会桑権力の方であった。

阿部・松前らが採った「御職務ご辞退」の強硬策は、本来は、勅許獲得だけではなく、大政委任論を解消して徳川政権を自立させようとするものであった。阿部・松前らは身を挺してそれに当たったが、こちらの方は果たせなかった。このあと、阿部は陸奥白河に戻り、松前は蝦夷松前に戻って謹慎し、ともに復活することはなかった。

七、事件後の風聞

将軍辞表提出事件については、このあとさまざまな噂が立つ。日向高鍋藩世子(ひゅうがたかなべ)の秋月種樹(たねたつ)は、慶応元年十月（「日欠」）に松平春嶽に送った書簡で次のように言う。秋月は以前に短期間ながら幕府の若年寄格に就いたこともある。

「大坂一大変事でき、誠にもって恐れ入る次第。阿部・松前閣老の過挙と存じ候。その軽挙妄動大将軍のご威光も損じ、…。一体、松前などの説は、夷人へ頼み、天子を亡ぼし、諸侯を亡ぼし、天下郡県の世となし、大樹公をもって天下大統領となし、才智ある者が政を執るべきの論を建てているとの由。それ故、事を誤っていると存じ候。

しかし、これは松前のみならず、幕府諸吏（当今要路の者は皆この説なり。就中、二閣老、若年寄・酒井飛騨守、御勘定奉行・小栗忠順、御用取次・竹本正明はその魁なりという）皆その説にて、夷人と親密に事を取り計らっているとの由。」[89]

肥後藩士・森井惣四郎もまた十一月二十五日付で国元の藩庁に送った探索書で、秋月同様に次のように伝えている。

「全体、阿・松の両人の謀主は、関東旗下にて、西洋癖の群姦より出たことであります。右群姦の存意は、日本列島を仆して郡県となし、上は天子をなくし、西洋の国体同様に致す企てで、この度の長州ご進発も、やはり長州を仆し、次第に列藩を滅ぼす趣意、将又その勢いをもって京師をも圧倒する腹より出でたることにて、群姦中にてもっともその魁たるは、水野痴雲・小栗上野介・栗本瀬兵衛・池田播磨守・山口駿河守らなり。」[90]

この時期には、徳川政権内で郡県制や大統領制などがかなり広く言われていたことになる。廃帝論に及ぶ者もいたようである。

上の二つは、その者たちを「夷人と親密に事を取り計らっている」としてその名を挙げ、また「西洋癖の群姦」とも呼んでいる。その「群姦」はまさしく、本書で外国方有司と呼んでいる者たちである。

またこのころ、薩摩藩の諜報員とおぼしき人物が、慶応元年末に国元に「乙丑（慶応元年）十二月頃京摂事情」を送って、次のように報じている。

「一橋殿は才知兼備、深志遠大の器あり、…。一橋殿の胸底は、衰頽の幕府を亡し、自ら大権を掌握せんとする意あること久しい、幕吏はこれを察知したり、故に、かつ疾み、かつ恐れることははなはだしき情あり。（後略）」[91]

慶喜に「衰頽の幕府を亡し、自ら大権を掌握せんとする意あること久しい」といった噂が飛び交っていたようだ。将軍家茂が辞表で自身の代わりに慶喜を推したことや、そのときの慶喜の獅子奮迅の働きも関係していたのであろう。

この慶喜の大権掌握の件については、大久保一翁が大坂から慶応二年二月四日付で春嶽に送った書簡で、水野忠徳とその「一連」の考えだと伝えている。[92] 一翁は、水野が今大坂で活動中だが、「元々この一連は極意、玉の入替論」だと言う。「この一連」というのは、外国方有司たちのことで、「玉の入替論」というのは、家茂から慶喜への入替を言うものだ。水野がもともと「玉の入替論」を持論にしていたことは前にも触れた。外国方有司たちは、小笠原出兵上京事件と将軍辞表提出事件の両方で、徳川政権の朝廷からの自立と強化の策に失敗し、もはや将軍家茂では無理だと考えていたのだろう。

いずれにしても、この慶応元年の終わりごろには、「天下郡県の世となし、大樹公をもって天下大統領となし」や「西洋の国体同様に致す」といった、幕府に替わる日本の新たな政体に関する議論が、一部であれ興っていたことは間違いない。

そういった議論をいっそう刺激したのが、年が明けた慶応二年一月末から「ジャパン・タイムズ」紙上に掲載が始まり、後に邦訳されて広く出回ったアーネスト・サトウの「英国策論」である。それは、イギリスが方針とする自由主義貿易論をもって、日本の政体等についても論及したもので、とりわけ幕府に対して批判的で、当時話題に上ったであろうことは想像に難くない。

ここでは、徳島藩士・沼田寅三郎（サトウの日本語教師）によって邦訳されて出回った「英国策論」から、その一部のみを引く。

「今我れ、大君（Tycoon）は日本の大君（sole ruler）と言いし偽りを知れり。その故は、ほかにも彼と権勢の同じ者（諸侯）数多あるをもってなり。しからば、ただ今の（五ヵ国修好通商）条約に、新たに諸侯（CONFEDERATE DAIMIOS of Japan）を加えるか、あるいは条約改革をせん。…。

我々すでに大君と条約を結びたれば、今ここに改革に及ぶとも、あながち日本の君主たるように偽りし大君を廃する（deposing）と言えども、国家の顚覆（political revolution）には至らざるなり。その故は、近来大君の所業をもって見れば、天子（Mikado）の勅許を得ずして諸侯（Daimios）も承諾せず、条約を取り行うこと能わざるは明白なり。…。
　然れども、ただ天子とのみ条約を結ぶは、利あらんと思うこと不可なり。また天子（Emperor）一人その威権を専らに行ずる能わざれば、天子とのみの条約はまた無益なるに疑いなし。…。」[93]
「大君を廃すると言えども、国家の顛覆に至らざるなり」などと、廃幕論を述べており、幕府に対して相当に挑発的である。また、自由主義貿易の立場から、幕府による独占的な日本貿易に反対で、貿易拡大の観点から薩長等の大名・諸侯側に立っていることも明白である。それ故にまた、もっぱら幕府に肩入れをして幕府独占型の貿易のもとで、自国の貿易増大を謀っているフランス公使ロッシュとまっこうから対立するのも自明である。

注

1　『孝明天皇紀』四、三六二頁、参照。この二月十一日の一連の出来事については、原口清「文久二、三年の朝廷改革」に詳しい（『原口清著作集1』、一九五頁）。
2　同上書、三八七頁。
3　このことは『孝明天皇紀』四の三八九頁に、前参議・八条隆祐卿の話として記載されている。
4　文久二年七月二十五日付松平茂昭宛書簡（『松平春嶽未公刊書簡集』、一六六頁）。
5　『孝明天皇紀』四、四六五頁。

6　同上書、九三〇頁。
7　『徳川慶喜公伝　史料篇』一、一九七五年、（底本は、龍門社、一九一八年）、四六二‐四六三頁。
8　『改訂肥後藩国事史料』三、八七三頁。
9　『続再夢紀事』二、六‐七頁。
10　奈良勝司氏は『明治維新と世界認識体系―幕末の徳川政権 信義と征夷のあいだ―』（二〇一〇）で、阿部・松前らの三奉行意見書と同時期に「水野忠徳の推挙によって目付に就任した向山（一履）が執筆した」「文久三年五月一四日付大小目付連名建白書」も同内容であり、これら文書と慶応元年十月朔日付で提出された将軍家茂の辞表に添付された「別紙」建言書等を照合して、「慶応元年一〇月の辞表提出は突発的な思いつきの行動ではなく、文書の文面的にもそれを担った人脈的にも、計画性・継続性を有するものであった」とされている（二八七‐二九〇頁）。
11　ただし、この意見書に対して、「小笠原（長行）閣老より三奉行へ再議を命じられし書面」では、徳川家が征夷御職掌を返上した場合、朝廷が攘夷を望んでいる外様の「大藩」にその命を下されないか、その心配がある旨のことが書かれている。
12　『徳川慶喜公伝　史料篇』一、五四九‐五五〇頁。
13　『維新史』三、四三九頁。
14　『小笠原壱岐守長行』、一九四二年、二〇一頁。
15　諸書では、イギリス船二隻と日本船三隻で横浜を出港したように書かれたものが多いが、水野忠徳の誘いで実際にそのイギリス船に乗ってこの出兵に参画した福地源一郎は、その著『懐往事談』で、この件についてかなり詳細に記載（「小笠原図書頭上京一件」、一一七‐一二四頁）しており、本論ではその内容を採用した。確かに、イギリス船で兵を大坂に直接送り入れることはできなかったであろう。
16　『維新史』三、四四七頁。

17　福地源一郎は『懐往事談』の「小笠原図書頭上京一件」の節の冒頭で、「水野痴雲は一日余に向かって、しきりに一橋殿の賢明なる事を称し、今日に当たりて将軍家を輔弼して天下を治めんとする人はこの御方のほかにはあらざるべしと語られたり」と書いている。以前にも、水野は慶喜に盛んに意見を具申している。

18　この「親征勅語」という呼び方は、高橋秀直氏がされているもので（『幕末維新の政治と天皇』（二〇〇七）、一五八頁）、ここでもそれを使わせてもらっている。

19　『孝明天皇紀』四、三六四‐三六五頁。

20　「世子奉勅東下記」、『史籍雑纂』一（続日本史籍協会叢書）、一九五頁。

21　『徳川慶喜公伝』2、東洋文庫、平凡社（底本は、龍門社、一九一七年）、二〇五頁、参照。

22　『孝明天皇紀』四、五一八頁、「通熙卿手録」。

23　『徳川慶喜公伝』2は、この件について、天皇が家茂に「無謀の攘夷の如きは、決して朕の好むところにあらざれば、宜しくその意を体すべし」と語ったとしている（二〇六頁）。

24　原口清「文久三年八月十八日の政変に関する一考察」、明治維新史学会編『幕藩権力と明治維新』、吉川弘文館、一九九二年。引用は『原口清著作集1』、一八六頁。なお、筆者は、この『著作集1』等に収録されている原口氏の論考から多くの知見を得ている。

25　『孝明天皇紀』四、五九二‐五九三頁。

26　『維新史』三、「旧津藩近世事蹟」より、四〇六頁。

27　同上書、四〇六頁、「久居藩庁記録」。『孝明天皇紀』四、五八三頁にも同様の記載がある。

28　『孝明天皇紀』四、六七六頁、「島津家蔵」。

29　同上書、六七八頁、「久邇宮文書」。

30　同上書、六八七頁、「久邇宮家記」。

31　同上書、六八八頁、「久邇宮文書」。

32　ここにある「黒土」云々というのは、孝明天皇が五月十日の攘夷決定日に臣下に与えた勅書で「皇国一端黒土になっても開港交易は決して好ましからず」（『孝明天皇紀』四、六一二頁）と述べたものを指す。

33　『真木和泉守遺文』、二三三‐二三四頁。

34　『孝明天皇紀』四、七七九頁、「定功卿記」。

35　『贈従一位池田慶徳公御伝記』二、四五二‐四五三頁。

36　『鹿児島県史料玉里島津家史料』二、四二一‐四二二頁。

37　原口清、上掲書、一九一頁と二三三頁（初出は、一九九八年）。

38　『幕末政治論集』日本思想大系56、一九七六年、岩波書店、三〇三頁。

39　『孝明天皇紀』四、八四五‐八四六頁。

40　同上書、八四九頁、「定功卿手録」。

41　『真木和泉守遺文』、二〇〇頁。

42　佐々木克『幕末政治と薩摩藩』、二〇〇四年、一九三‐一九四頁。佐々木氏は、この兵員数について「一説には一万五〇〇〇とあるが、風説にもとづくものである」とされて、その注で、算出根拠を示されている。もっとも、その最後に「さらに検討する余地が残されており、今後の課題としたい」ともされている。

43　この兵員数については、『維新史』は「小銃隊十二隊・大砲隊二隊を随え、総員一万五千と号した」（三、六五三頁）とし、原口清氏は「久光は大兵（一万五千余人、一説では七千人）を率いて入京した」（『原口清著作集1』、二四七頁）とされている。原口氏はこの引用源を『中山忠能日記』一（二四五頁）とされているのだが、常識的に考えてもいささか多過ぎる。佐々木氏が言われるように中山が「風説」を書き留めているのではないか。また、この兵員数については、当初のものから八・一八政変情報到着前後で変わったのかどうか、また、実際にこれだけの大兵を帯同した訳など興味深いが、ここでそれらに言及することはできない。

44　『鹿児島県史料玉里島津家史料』二、七三二頁。

45　佐々木克、前掲書、二二五頁。
46　孝明天皇の久光への「時議二十一条」の質問状にある言葉。『鹿児島県史料玉里島津家史料』二、九二九頁。
47　これは『孝明天皇紀』第五に収録されている文書であるが、同書でもこれより前の第四の文久三年八月十八日の条に掲載されている「久邇宮親話聞書」（久邇宮というのは朝彦親王（中川宮）が創立した宮家）という文書で「討幕」が次のように出る。
「いかほど御親征討幕を論じるも、朝彦命脈のある限りはその説を斥け佐幕の儀を唱えんことを言上する。」（七九二頁）
しかし、この文書は、すでに原口清氏が「当時の実情とあまりにもくいちがいが大きすぎ、史料的にも価値はないというのが私の見解である」（原口清「文久三年八月十八日の政変に関する一考察」、引用は『原口清著作集1』、一九五頁）とされているように、信用できるものではない。
48　『孝明天皇紀』五、二六－二七頁、「議奏役所文書」。
49　町田明広『幕末文久期の国家戦略と薩摩藩』、岩田書店、二〇一〇年、三五三頁。また、町田氏は次章三節で取り上げるように、三条実美らは「廃幕を目指して」いたともされている。
50　三谷博氏は「文面は、実は薩摩藩の建議をそのまま用いたものであった。正月七日、久光は密かに中川宮と近衛に会い、文案を献じていたのである」（『明治維新とナショナリズム』、一九九七年、二六八頁）とされ、また、佐々木克氏はこの「宸翰草稿」問題についてさらに詳細に述べておられる（『幕末政治と薩摩藩』、二〇〇四年、二三六－二四三頁）。
51　『島津久光公実紀』二、一九七頁。
52　同上書、一九八頁。これと同文のものが、『鹿児島県史料　玉里島津家史料』三にも収録されている（一〇九－一一〇頁）。
53　『鹿児島県史料　玉里島津家史料』三、一七二頁。

54 『徳川慶喜公伝　史料篇』二は、「両度の宸翰草稿、高猪（高崎猪太郎）伊宮持参」として、その欄外で「両度の宸翰、高崎猪太郎の起草に関わる」と記している（三八頁）。

55 『孝明天皇紀』四、九三六頁。

56 慶喜と久光および春嶽の関係の蜜月ぶりは、『続再夢紀事』二に記載のある、文久四年正月八日に春嶽邸であった参預会議の模様を伝える記事（二二五頁）が、互いの考えの一致とともによく伝えている。

57 この件に関しては、原口清氏が「慶応三年前半紀の政治情勢」（『名城商学』三七巻三号、一九八七年、一一四－一五六頁）のなかで詳しく論じられている。

58 『岩倉具視関係文書』三、三二一－三二二頁。

59 同上書、三二一頁。

60 『改訂肥後藩国事史料』六、二三三頁。

61 この件については、拙著『龍馬と西郷――二つの個性と維新――』、風媒社、二〇二一年の第三章二節でやや詳しく述べている。

62 『西郷隆盛全集』二、五一頁。

63 宮地佐一郎『龍馬の手紙』、講談社、二〇〇三年、五五五－五五六頁。なお、宮地氏はこの手紙を「坂本乙女あてか（推定、慶応二年夏頃）」とされているが、宮川禎一氏は「慶応元年夏～秋頃に乙女に出したものと推定されます」とされている（『坂本龍馬からの手紙』教育評論社、二〇一四年、六二頁）。

64 井上勲「大政奉還運動の形成過程（一）」『史学雑誌』81－11、一九七二年、二四頁。

65 宮川禎一、上掲書、六三頁。

66 簡単に言うと、明治維新は討幕によって成ったという、明治期以降に形成された歴史の見方を言う。

67 『続再夢紀事』三、三一七－三一八頁。

68 その経緯等については、久住真也『長州戦争と徳川幕府』、岩田書店、二〇〇五年、第三章の三節～五節に詳しい。
69 同上書、二四四－二四五頁参照、そこから引用させてもらっている。
70 『孝明天皇紀』五、五六二頁。
71 青山忠正『明治維新の言語と史料』清文堂、二〇〇六年、七八頁、参照。なお、この書は「第三章、家茂の参内と勅語」で、このところのことを詳しく論じている。なお、将軍家茂の辞表提出事件については、奈良勝司『明治維新と世界認識体系』有志社、二〇一〇年の第Ⅱ部第七章「情報戦としての将軍進発問題」と第八章「征夷大将軍辞職論の展開」に詳しい。
72 『続再夢紀事』四、二〇一－二〇二頁。
73 『小笠原壱岐守長行』、一九四二年、三三六－三三七頁。
74 同上書、三三八頁。
75 同上書、三三九頁。
76 Sir Ernest Satow『A Diplomat in Japan』, ICG MuseInc. 2000,(originally 1921), 一四〇頁。アーネスト・サトウ著・坂田精一訳『一外交官の見た明治維新』上、一七七－一七八頁、参照。
77 佐藤隆一『幕末期の老中と情報』思文閣出版、二〇一四年、三三五頁、参照。なお、諸書では、慶喜が立花種恭を四ヵ国代表のもとに送ったとするものが見受けられるが、このとき現地で交渉の場にいたサトウの記載からすると、そうとは考えにくい。
78 『七年史』下、乙丑記、二八頁。
79 なお、このときの議論応酬と将軍の落涙を伝えるものに、やはり元会津藩士柴太一郎の後年の談話『史談会速記録　合本一九』、一九七三年、二八四頁がある。ただし、話の出どころは変わらないようである。
80 『孝明天皇紀』五、六五六－六五七頁。
81 同上書、六五八頁。

82 奈良勝司、前掲書、三〇二頁、参照。
83 『徳川慶喜公伝』3、東洋文庫、平凡社（底本は、龍門社、一九一七年）、一八八頁。
84 『改訂肥後藩国事史料』六、二五〇頁。
85 『朝彦親王日記』一、四三〇頁。
86 『徳川慶喜公伝』3、一九六七年、一九〇頁。
87 『岩倉具視関係文書』三、九三-九五頁。
88 Sir Ernest Satow、前掲書、一五〇頁。訳本、一九〇と一九一頁、参照。
89 『続再夢紀事』四、三五六-三五七頁。
90 『改訂肥後藩国事史料』六、三五二頁。
91 『鹿児島県史料　忠義公史料』三、八七一頁。なお、この報告書の末尾に「京師の旅舎灯下に記す」とあり、掲載の頭には「記者詳らかならず蓋し村山下総ならんか」とある。
92 『続再夢紀事』五、六三頁。
93 田中彰『開国　日本近代思想大系』1、岩波書店、一九九一年、邦文：二九一頁、英文：二九九-三〇〇頁。なお、全体的に、原文の英文と邦訳文のあいだで、違いのあるところが少なくない。

第四章　廃幕論と討幕論

慶応二年の後半期、七月に徳川将軍家茂が薨去し、八月には幕府による長州征討の失敗が明白になり、十二月末には孝明天皇が突如崩御する。幕府は、天皇の征討命令を受け、諸藩に出兵命令を出し、総力を挙げて戦いながら、長州藩一藩に勝てなかったのである。当然ながら、幕府の権威は地に墜ち、幕藩体制は揺らぎ、幕府存在の是非が問われるようになる。佐幕家の孝明天皇の死はそれらに追い打ちをかけるものになる。しかし、生前の孝明天皇から征夷大将軍の任命を受けていた徳川慶喜は、むしろ徳川政権の強化を図ろうと巻き返しに出たため、翌慶応三年には廃幕論に加えて慶喜排除論や討幕論も旺盛になる。

一、征長の失敗

第二次長州征討（長州再征）の戦争は、慶応二年六月七日、幕府軍の周防大島砲撃によって始まる。しかしこの戦争は、緒戦でこそ、幕府軍が圧倒的に勝る海軍力で有利に展開したものの、間もなく「四境（大島口・芸州口・石州口・小倉口）」のどの戦線でも、次第に長州軍が優勢になる。

そのようななかで、将軍家茂が七月二十日に大坂城で薨去する。将軍家茂は前年五月に江戸をたって、仲睦まじかったとされる和宮にも会うことなく、最期を大坂城で迎える。動乱の世に生を受けて、国政の表舞台に立たされ、幕末の荒波に翻弄されたわずか二十年と一ヵ月の生涯であった。将軍の死は長州征討の戦争中ということもあって伏せられる。しかし、朝廷はその日のうちにその報を受けている。中川宮の『朝彦親王日記』の七月二十日の条に、

「関白の封中の中に今朝辰剋頃大樹事切れの由、秘中々々と示すなり。」

とある。

また、同日記の同日の条に、

「薩の大久保一蔵参る。修理大夫・大隅守の口上…この長征に付き如何と存ずる旨、建白書持参。」

ともある。

たまたま日が重なったのであるが、この日に大久保利通が、薩摩藩主父子連署の七月九日付「朝廷への御建白書」を中川宮（このころは賀陽宮）のもとに持参したのである。この建白書はこのとき、中川宮のほか関白（二条斉敬）・山階宮・近衛（忠房）内府それぞれに幕府にも差し出されている。それからほんの一部であるが引く。

「…。幕府、冠履倒置（朝幕の上下転倒）の儀、少なからず、…。幕府駕馭の術を失い、…、千載の遺憾であります。（中略）
防州大島郡への暴発は海賊の所業に類する儀、実にもって歎息の至りであります。…。
前条、緩急、大小の問題を申し述べた件、まさしく治乱・興亡の機、ご明察あらせられ、非常格外の朝議をもって（長州に対して）寛大の詔を為し下され、…、天下の公議正評を尽し、政体変革、…、中興の功業を遂げさせられ、…。
皇国ご浮沈にもかかわる切迫の機に当たり、黙示するに忍びず、万死をもって血涙涕泣言上致します。」[1]

幕府非難の言辞は、雄藩とは言え、これが、一大名が幕府に対して発せられるものかと思えるほど辛辣だ。勅命が下った長州再征の開戦を「海賊の所業に類する儀」などとも言う。勅命もまた、卑しめられている。幕府への対決姿勢は明白であり、また、その幕府に寄り掛かる朝廷に対しても、敬意を欠くも意に介さずといったところである。

薩摩藩は、この慶応二年一月には京都で遣使・木戸孝允とのあいだで薩長盟約を結び、六月には英国公使パークスらを鹿児島に迎えて親善を深めてもいた。それらを踏まえて、相当の覚悟をした上での上疏に思える。

この薩摩藩の建白書は、七月二十九日に「御簾前（天皇の御前）」で評議に付される。『紀事』五巻はその評議を次のように伝えている。

「正親町三条殿…、不敬に捗る事もありますがご寛宥を願い奉るとして、幕府失躰の件々に及び、征長の非理なる事どもを激論せられ、関白殿始め満座無言であったが、御簾内より征長の事、解兵は相ならずと仰せ出られ、…。」(二七〇頁)

八月四日にもこの件で再度朝議が開かれ、『朝彦親王日記』によると、山階宮晃親王・近衛忠房・正親町三条が建言書採用に賛同し、自身と関白の二条斉敬が反対して却下に決したとある。また『徳川慶喜公伝』三はこのとき慶喜が、

「一当て仕らずでは、長人等追々京畿にも迫るべき有様なり。そうは言え、強いて山口まで攻め入るべしとのことにはあらず、芸石二州の地に侵入せる長人を自国へ退けたる後、朝廷へ寛大の御処置を願い、また諸大名をも会同して国事を議することに仕るべきなり。」(二七〇頁)

と述べたとしている。それに対して、孝明天皇の対応は、

「朕は解兵すべからずとの決心なれば、速やかに進発して功を奏すべしとの御事なりしかば、関白殿始め一同拝伏せられし由。このとき一橋殿へは御前にてお菓子を賜りしとの事なり。」(三三二頁)

であったという。天皇と慶喜はこのころ一体のごとくであった。しかし、幕長戦争の現実は、開戦二ヵ月足らずのこの時点で、すでに長州側優勢になっていた。

その原因はやはり、幕府征討軍の戦意の低さに比して、長州軍の毛利氏の社稷を懸けて戦う、その士気の高さにあった。また長州軍は思い切った兵制改革をして、戦闘能力を高めていたことも大

いに関係があった。長州藩は家臣団の軍事組織を、旧来の家格や俸禄にもとづく伝統的な編成から、均一に少数の指揮官の命に従う「隊」から成る組織のものへと改革していたのである。

幕閣たちは、家茂の死亡を伏せたまま会議を繰り返す。戦争の成り行きと徳川宗家と将軍職の継承が喫緊の課題である。七月二十七日、慶喜の宿所に板倉・春嶽・容保らが集まって開いた会議の様子を『紀事』から引く。

「一橋殿また将軍職は如何にして宜しからんと尋ねられれば、…。公（春嶽）、徳川家のご先例より申せばお受けの方、（しかし）天下の形勢より申せば容易くはお受けなき方なるべし。このとき一橋殿手を拍ち、兄は真に知己なればこそ、左様に思い給わりたれ。予は受けざる心なり。徳川家の幕府はもはや滅亡と思えども、家系は継がざるを得ざる故受けるに決し、将軍職は国事なれば受けざるなりと。（中略）

公、方今、天下四分五裂の勢い、…。今日御代替りに当たり…、薩のごときは速やかにお引入れなくては長州の上にまた一大長州を生ずべし。一橋殿万々ご同意なり。

さて、長州は如何すべきや公が先に尊慮を伺いたしと申されるに、一橋殿何分一当て大討込をする心得なり、兄は如何か。公、一当てあてられることはご同意なり。しかれども、諸侯集議ご同意申上げた後ならば、敵は一長州に止まるべけれども、ただ今のところにては然なるべからず。一橋殿これも万々ご同意なり。…。」（二六〇－二六二頁）

慶喜は春嶽の将軍職継承についての意見に手をたたいて同意し、「徳川家の幕府はもはや滅亡と思えども」、「家系は継がざるを得」ず、しかし「将軍職は国事なれば受けざるなり」と述べたという。

この「徳川家の幕府はもはや滅亡」の「幕府」はどういう幕府を指すのであろうか。おそらくは「将軍職」を請けている征夷府としての幕府のことであって、政権としての幕府のことではないだろう。その点では、先の文久二年の幕議での討議で、慶喜自身が「すでに幕府をなきものと見て」と言っていた「幕府」と同じであろう。徳川幕府は確かに、少なくとも安政五年に「違勅」の外国と通商条約を締結して以来、天皇の命じる攘夷も何ら果たせず、征夷府としての職責は果たせていない。

また、春嶽が今回の代替わりに当たって是非、薩摩藩などを入れた「諸侯集議（衆議）」の必要があると述べたのに対して、慶喜は「万々ご同意なり」と応じたようだが、それは真意ではあるまい。慶喜は長州に対して、明確に「一当て大討込をする心得」を示しているが、薩摩藩はそんなことにはもとより大反対だ。慶喜も春嶽も誰も、そんなことは重々わかっている。

この会議の退席がけ、春嶽は老中の板倉勝静に呼び止められて、

「（慶喜は）一癖ある御方なれば、人情・時勢の斟酌もなく何事をもお心任せに仰せ出らるる事ともならんか、さては誠に困却の至りなり。公にはこれまでも容易ならざるご尽力なるが、なおこの上にも、いよいよご尽力を冀（こいねが）いたし、ついては御用部屋にもお入りある様…。」

と頼まれるが、『紀事』によると、春嶽はきっぱり、

「差し当たりの要件がお定まりの上は、速やかに帰国すべきなり」（二六三頁）

と応えて、申し入れを拒否している。

春嶽は慶喜が自分の意見を聞くことはないとわかっていたのであろう。自分がやっておくべきことを済ませば、あとは直ちに帰国するつもりであったようだ。

この会議の翌七月二十八日、徳川宗家相続を決めた慶喜は、家茂の死を伏せたままの将軍の名代として自らの出陣を朝廷に奏請する。孝明天皇は直ちに翌二十九日に、それに勅許を授けて慶喜に節刀を与え、伊勢神宮・石清水八幡宮など七社七寺に戦争勝利の祈祷を命じる。

名代出陣が内決した直後の八月二日に、慶喜はフランス公使ロッシュに次のように書き送っている。

「…。不幸にして我が大君重痾に罹り、大施を進めるに能わず。依って某をして進征せしむ。…。数ヵ月の時日を費やすに至らば、いかなる難事を生ずるも量るべからず。これ某、深く苦慮する所なり。

前々月、小倉又は兵庫において、右ら（武器供与等の支援）のこと配慮せられし事、閣老より具に承り、某感激する所なり。この上は、大小銃砲ならびに運送蒸気船速やかに配意せられ、我が軍備をして十分の勝算を保ち、かつは足下の厚意を十全せん事を欲す。…。」[2]

自身が名代出陣することになったとして、ロッシュにいっそう武器供与等の援助を求めているの

である。ここに「閣老より具に承り」とあるのは、ロッシュが、六月二十五日に「小倉」で小笠原長行に会い、続いて七月二日には「兵庫」で板倉勝静に会ったときに、それぞれ武器供与等の約束をしたことを言っている。

　ロッシュはそれらの際、「閣老」二人に、長州再征の攻略法やそのための武器援助、それに戦勝後の長州藩処分のあり方に到るまで、いろいろとアドバイスしている。そのとき板倉はロッシュに、薩長を支援して何かと幕府の邪魔立てをする英国公使パークスについて、「パークスが日本に長く駐在することは、幕府のためにならぬから、『同人を本国へ差し戻す策を』尋ね」たりもしてもいる。[3]

　慶喜は「名代御出陣」が決まると、八月八日に旗本らを招集して出陣宣言をし、十日には参内して朝廷にその挨拶を済ます。

　ところが、翌十一日になって京都に、小倉口での幕府軍敗退の報が届く。小倉口の戦闘の指揮を取っていた司令長官の小笠原長行が、長州軍の攻勢に遭って七月二十九日に軍艦・富士山鑑で長崎に逃れ戦線を離脱したのである。小笠原はすでに将軍死去の密報を受けていたので、そのことも関係していたのかもしれない。

　もともと、小笠原の指揮については、ずいぶんと評判が悪かった。彼の指揮下にあった肥後藩などは、小笠原について「いったい御指揮筋も届かせられず、軍旅（軍勢）の事には深き御思慮もこれ無き御方」といった苦言や、「御国（肥後藩）一手にて、御討ち入りの都合に至りかねる」といった不服の申し立てをしたりもしていた。[4] また、鳥取藩主・池田慶徳と岡山藩主・池田茂政（二人はともに徳川斉昭の実子で、慶喜と兄弟）は、七月二十六日付で幕府に建白書を提出し、小笠原を「早々呼び召され、至当のご処置ありたき事」ならびに、松平容保の京都守護職罷免を申し立てている。[5] そのほかの諸藩でも、長州再征の無理押しに幕府への不満が溜まっていた。

司令長官の戦線離脱もあって、翌三十日には肥後・久留米・柳川等の諸藩兵も幕命を待たずに戦線を離れ、八月一日には小倉藩兵が小倉城を自焼して撤退する。この報を受けた十一日、慶喜も出陣断念に追い込まれる。容保はなお出陣を主張したが、戦場の形勢がそれを許さず、幕府は結局、休戦措置を取ることになる。

慶喜は将軍家茂の喪に服する前に、自ら将軍名代として前線に出て戦果を立てようとし、孝明天皇もまたそれを支持して七社七寺に戦争勝利の祈祷を命じたが、結局のところは、ともに戦争の敗北の上に恥の上塗りをすることになった。さすがに、この朝幕両トップの無様さには各方面から大ブーイングが起きる。

二、春嶽の廃幕建言

そんななか、春嶽はこの情勢に間髪を入れず、八月十三日に慶喜に七ヵ条から成る次の建言書を差し出す。[6]

「一、速やかに、大樹公の喪を発せられること。
一、橋公、（徳川宗家を）継続あい成ること。
一、橋公、継続ありても、幕府は今日より無きのこと故、江戸へご帰城またはそのまま滞坂・滞京、すべて叡慮を伺い、取り計られること。
一、徳川家従来の制度を改め、諸侯への命令等停められ、尾張・紀州両藩のごとく成らせられること。
……。
一、兵庫開港、外国交際、諸侯統轄、金銀貨幣そのほか、天下の大政一切朝廷へご返上あい成ること。
一、もし、天下の衆議により、将軍職をこれまでの如くにと願い、その職をお受けになられても、諸侯へ命令等の書を旧套に復されるまでにて、その他の制度はなおご改正の廉これ有るべき事」

春嶽は慶喜に対し、直ちに将軍家茂の薨去を発表して喪に服し、徳川宗家を継げと進言し、その上で、宗家を継いでも、「幕府は今日より無きのこと故」将軍職には就かず、この際、「天下の大政一切朝廷へご返上」して、宗家も尾張・紀州両家と同列の一大名になられよ、と建言する。政権返上をして廃幕にせよとする完全な廃幕論であり、文久二年の幕議で春嶽や大久保一翁が唱えていたものである。この建言を本書では春嶽の「廃幕建言」と呼ぶが、春嶽自身はこれを「国是」と呼んだようである。「国是」と頭に付した、上記の自筆の文書がのこっている。[7]

これにある「幕府は今日より無きのこと故」というのは、慶喜が先に「徳川家の幕府はもはや滅亡と思えども」と言っていたものに対応する言葉であろう。しかし、春嶽がここで言っている「幕府」と、慶喜が言っている「幕府」とは多分一致しない。春嶽のそれは幕府全体であって、日本政府であり徳川政権でもある幕府のことであるが、慶喜のそれは、征夷大将軍を受けている征夷府に限るものであり、日本政府や徳川政権を指すものではないだろう。

この春嶽による廃幕建言は、広く知られるようになる。少し遅れてではあるが、木戸孝允は慶応三年一月十五日付で坂本龍馬に送った書簡で次のように書いている。

「別紙は昨秋、越・春嶽公の建白と申すものです。さすが春嶽公、実に感銘しております。いちいち公平至正のご主意、幕へもひたすら、正へかえるべきことをお進めされている。…。弟（小生）、実に感服したにつき、老兄へ差し上げます。薩州と（土佐）ご合一に成られること最も急務。…。」[8]

木戸は、龍馬に春嶽の意を伝えて、薩土の「合一」を急いでくれるよう龍馬の尻をたたいているのである。もっとも龍馬自身は、春嶽が差し出した建言書そのものは知らなくとも、前章五節で述べたように、文久三年四月に大久保一翁に会ったときに彼から直接、政権返上・廃幕論を伝授され、早くから春嶽・勝海舟・横井小楠らとその考えを共有していた。

慶喜は上記の建言書を受けて、春嶽に同日十三日付で、

「朶雲（お手紙）拝誦致しました。…。追々の形勢、何様ご卓論通り取り計らうよりほか無いと決着致しております。それにつき、段々の順序次第もあること故、その辺厚くご談判申したきに付き、ご入来のところお願いします。…。」[9]

と、返書している。

慶喜はここで「ご卓論通り取り計らうよりほか無いと決着」していると応じているが、慶喜に「大政一切」の返上の気などはない。それ故に、「段々の順序次第もあること故」に「ご談判」したいと言うわけだ。春嶽もその辺のことは重々承知していたであろう。しかし、その後、どのような話し合いになったかはわからない。

慶喜は八月十八日に勝海舟に停戦の交渉に当たるよう命じる。勝は初め固辞していたが結局は、広島に出向き、厳島で長州藩代表の広沢真臣・井上馨らと交渉して、ともかく九月二日に停戦を成立させている。

停戦と言っても小倉口など「四境」で、幕府軍はことごとく敗退しており、幕府側の敗北は誰の目にも明らかであった。幕府と天皇が一体になって征討の兵を送りながら、たった一藩の兵に勝てなかったのである。朝幕ともに権威の失墜はいかんともし難い。

三、岩倉の廃幕論

春嶽が上記の廃幕建言書を提出したのとまったく同時期、岩倉具視が慶応二年八月に孝明天皇に「天下一新策密奏書」を上呈し、そのなかで廃幕－王政復古論を奏上している。それについて述べる前に、ここで少し、これまでの岩倉の論策を振り返っておく。

先に取り上げた万延元年六月の孝明天皇への和宮降嫁に関する奉答書で、岩倉は、

「関東へご委任の政柄を、隠然と朝廷にご収復のご方略に拠りなされれば、大政ご委任の名義はなお（幕府に）存在仕りながら、その実権は朝廷において掌握なされる御事あいなります。」

としていた。これは、外形上は大政委任のままで、「実権は朝廷において掌握なされる御事」というものである。しかし、それから五年後の慶応元年八月に草した「続叢裡鳴虫」（幽閉中の自分を草むらの虫にたとえている）では、その末尾で次のように言う。

「既に幕府を廃し、政柄朝廷に復帰せば、徳川氏は関八州の領主たること当然にして、徳川氏も恥ずべきことに非ず。」

ここでは明確に、「幕府を廃し、政柄朝廷に復帰」する、いわゆる「大政奉還論」を述べている。これは、れっきとした廃幕論でもある。そしてそれは、「徳川氏も恥ず」ものではないと言う。これは、大久保一翁が文久二年の夏秋の幕議で「旧領の駿・遠・参の三州を請い受けて一諸侯の列に

降られるべし。…。徳川家の美名は千載に伝わり…」と述べたのと、まったく同じ発想である。

そして、岩倉はこの「鳴虫」の九ヵ月後、長州再征の戦端が開かれる直前の慶応二年五月、「全国合同策密奏書」[11]を上呈する。

そのなかで岩倉は、孝明天皇が「外患ますます迫り、内憂ますます深く成る」ときに長州再征を命じたことを論難して、この国の政治改革について次のように献言する。

「自今、征夷の職（征夷大将軍）を罷め、将府執政の制を改め、朕親を万機に統べ、…。かつ、朕本邦の版図を閲するに、…、徳川宗家の関東の地を百万石に封じ、列侯の上班に置き、徳川三家は十万石か二十万石の地に封じ、残る六百数十万石をもって軍国の経費と親王公卿の邑とに当て、…、の旨を仰せ出られるようにされたい。」

「征夷の職を罷め、将府執政の制を改め」とあるのは明確な廃幕論であり、そうした上で、「朕親を万機に統べ」であるから、天皇による親政ないしは親裁の政治体制を唱えていることになる。そして、それを行うには「徳川宗家の関東の地を百万石に封じ列侯の上班に置き」、三家は減封にして、それらから得た「六百数十万石をもって軍国の経費と親王公卿の邑とに当て」と言う。ここにある「軍国」は、今日言う「軍事国家」というようなものではなく、単に国家や皇国に近いものである。

さて、岩倉は上の「全国合同策密奏書」を奏上した三ヵ月後、案の定、長州征討の失敗が明らかになって、慶応二年八月に重ねて「天下一新策密奏書」[12]を天皇に上呈したのである。

この書中に「内々伝聞仕りますのに、大樹他界の趣きとのことなので、この挙を断行するは今日をもって尤も好機会」とあることからして、これの提出時期は、前節で取り上げた春嶽の慶喜への廃幕建言書提出の時期（八月十三日）とまったく同時期になる。

また、このなかで、薩摩藩主父子が七月九日付で提出した「朝廷への御建白書」が朝議において却下された件について、岩倉は次のように言う。

「方今外患内憂…、伐長（征長）の事はその是非、公論すでに定まり居りところ、客月（七月）廿日島津修理太夫、伐長の非を論奏仕った（にもかかわらず）…、朝議は遂にご採用あらせられず誠に遺憾の至りに堪えず、…。」

そして、この件で「採用」反対に回った者を名指しして、

「天下の衆評を姦佞と唱え擯斥せんと欲する者は、朝廷においては伊宮（中川宮、朝彦親王）、幕府においては一橋中納言（慶喜）・会津中将（容保）です。伊宮は天下の大勢を洞見せらるる識量に乏しく…。」

と言う。ここに名の出る三人は孝明天皇が最も頼りにしている者たちである。これでは、天皇への諫言にはなるまい。また、これからして、薩摩藩の「御建白書」提出には、岩倉がもとから関与していたことが想像できる。

そして、この「密奏書」の最後で、岩倉は次のように言う。

「伏して願わくは、陛下、天運循環、皇室中興の時機到来したることを御洞知あらせられて、幕府へ自今をもって往年の私心を棄てて公理に基づき、王政復古の上、徳川氏は列藩とともに扶翼の任を帯らべきの旨をご懇諭あらせられたく、その勅書には、…。政柄を奉還するの要は、国威を恢張して外夷を圧倒するにあり、これを施行する本は天下を合同するにあり、天下を合同するは政令一に帰するにあり、政令一に帰するは朝廷をもって国政施行根軸の府と為すにあり、…、云々とのご趣意を書き載せられたい。…。」

ここに岩倉の考え方が明確に表明されている。「政柄（政権＝大政）奉還」→「王政復古」→「全国合同」→「国威恢張・外夷圧倒」である。明快な廃幕－王政復古論である。ここに討幕や倒幕といった考えはまったくない。もっぱら天皇の「懇諭」によって、「徳川氏は列藩とともに扶翼の任を帯」わせるというものである。れっきとした奪幕論である。天皇に征夷大将軍の任免権があるのであるから、天皇がそれを解職にすることが、問題を生じさせずに済む最も正当な道なのである。

この「天下一新策密奏書」からまもなく、岩倉は目下の策として長文の「時務策」を書き上げ、それを、井上・石見兄弟に九月二十七日付で「大久保・西郷両士」にも見せてほしいとして送っている。[13] そのなかで春嶽を称賛して、

「越老・春嶽は戊午以来、定見動かず、攘夷論が勢力を占める時代においても、一言のこれに阿従することなく、和親航海の定論を建て、また今回、一橋（徳川宗家を）相続するも将軍職の大任を辞するにつき、頗る同意賛成するは実に凡慮の及ぶべきところに非ず。」

と言う。岩倉は春嶽の慶喜への廃幕建言と、自分が孝明天皇に奏上した廃幕－王政復古論は、同じものであることを認めているわけである。

この「時務策」全体は、将軍家茂の薨去後、慶喜が将軍職継承を固辞しているのを、

「将軍を置き政柄を委ねるは今日までの事にして、最早、宣下を止められたきもの也。実に今や得難き好機会」

とするもので、この際、征夷大将軍の「宣下を止め」、「政柄を朝廷に収回して頼朝以前の時代に復す」べきとして、「王政復古の大策」を具体的に論じるものになっている。

そのなかで、岩倉は幕府のなくし方について、上・中・下の「三計（策）」を挙げて次のように言う。

「秦（中国の秦王朝）を亡ぼす者は秦にして、六国（秦に対峙する六大国）に非ずと云う論のごとく、幕府を亡くすものは幕府にして列藩に非ずとする策、これに出るをもって上計とする。大義を弁じ名分を正し、従容（焦らず）言辞のあいだに折衝し、もって積年の失職を責めその威権を削るは中計とする。もしそれ、直言を忌む（はばかる）ところなく、その失を責めその罪を鳴らし正否を干戈に決するは下計とする。」

つまり、幕府自身に自主的に廃幕にさせるのが上計であり、叱責等によって「その威権を削る」のが中計であり、干戈をもって処すのは下計だと言う。本書の言い方で言えば、上計は閉幕論であり、中計は奪幕論であり、下計は討幕論になる。これが岩倉の廃幕論の基本的な考え方である。

岩倉と春嶽はともに将軍空位期に、それぞれ朝廷と幕府のトップに、同趣旨の建言をしたことになる。しかしながら、両トップはともにそれらに耳を貸すことはなかった。孝明天皇は攘夷の思いを変えることなく、佐幕家のままで王政復古を好まず、また、慶喜も政権を返上するような考えを持たず、むしろ徳川政権の建て直しに躍起になる。

ところで、この岩倉の論策を、何人かの歴史家が廃幕‐王政復古論と捉えている。やや古いもので尾佐竹猛『明治維新』下（一九四九）が、岩倉具視の安政五年以来の論策を取り上げて、「岩倉は飽くまで平和手段で、徳川氏の政権奪還、王政復古を理想としている。皇権回復は、外国に対しては国威挽回であり、国内に対しては廃幕であるのである。」（八一六頁）とし、井上勲氏もその論考（一九六八）で同様に、岩倉の「叢裡鳴虫」から「時務策等々」に至る論策を評して、

「第一の基調は、幕府の『大政』行使権を否定したところに生まれる、廃幕論・王政復古論である。」[14]

とされている。また、比較的近年では、町田明広氏が『幕末文久期の国家戦略と薩摩藩』（二〇一〇）で、

「大政委任を否定し、廃幕を目指しており、政治集団としては議奏三条実美・国事参政・国事寄人・長州藩・尊王志士と規定する。なお、岩倉具視はこのグループに属しながらも、漸進的な天皇

親政を想起しており、過度的な天皇親裁を容認していた。」（一四頁）とされている。いずれも、岩倉の論を廃幕論と見るものである。

このうち尾佐竹猛と町田明広氏の二書は、歴史書として廃幕論を取り上げている数少ない事例であるが、それらで定義されている「廃幕」は次のようなものである。

前者は「七篇 廃幕より討幕へ」という表題のもとで廃幕を論じ、そこで「廃幕」について、「始めには、武力に拠らざる倒幕を企てられたる時期もあったのであるから、順序としてこれを叙述しなくてはならぬが、私は寧ろ廃幕という語を用いるのが適当と信ずるのである。」（下巻、八〇二－八〇三頁）

として、「廃幕」を用いている。すなわち、上記表題にあるように、「討幕」に至る前段階の「武力に拠らざる倒幕」を「廃幕」としていることになる。

また、後者の町田氏によるものも、ほぼ同様で、

「なお、倒幕（討幕）という歴史用語について、現在では慶応期以降の政治運動で、武力を伴う幕府打倒を企図したもので、徳川将軍家を抹殺する可能性を包摂した概念との印象が否めない。しかし、文久期の概念としては、幕府は否定するものの、武力を用いるのは最終段階とされており、手段はどうであれ将軍家を諸侯に貶（おとし）め、政権を朝廷に収めることを目的とした。よって、本書では文久期の倒幕的思考を慶応期以降の『倒幕』と区別するために、『廃幕』と呼称する。」（一二－一三頁）

とされている。

ともに、「廃幕」は、武力を伴うものではなく、時局的にも文久期の比較的穏健な倒幕運動の一部として捉えられている。

しかし、このような「廃幕」の規定は適切とは思えない。第一に、上記二書も認めている岩倉の廃幕論は何も文久期に限られるものではないからだ。現に、筆者が上で取り上げた岩倉の廃幕論は慶応期のものであり、また事実、廃幕論は文久期などに限られるわけではなく、実際に廃幕になる慶応三年十二月九日まで途切れることなく続く。

第二に、廃幕論は岩倉のように幕府外の者が唱えるものに限らないからだ。上の慶応二年八月の春嶽の廃幕建言は、幕府内の者によるものであり、その内容も岩倉のものと何ら変わらない。また、春嶽の廃幕論は前述のように、すでに文久二年の幕府の幕議で議論の俎上に上ったものであり、また実際このあと、慶応三年十月には将軍慶喜が廃幕(「政権返上」)の奏請をして廃幕にもなる。

幕末期の廃幕論は、文久期といった時代局面や、それを言う者が幕府外の者か幕府内の者かなどとは関係がない。廃幕論は、幕末期を通じ、また幕府内外を問わずに唱えられている。二書が上のように「廃幕」を規定するのは、幕末史をもっぱら変革側から見ているからではないか。廃幕は幕府自身にとっても、幕末期を通じて政治上の重要な選択肢の一つであった。

四、将軍空位期

幕府は将軍家茂の喪を八月二十日に発表し、併せて、徳川慶喜の徳川宗家相続も発表する。しかし、慶喜は征夷大将軍の就任は固辞する。この固辞は慶喜個人の思惑（おもわく）によるものであったが、それによって将軍職の空白期が生じる。期間にすれば、八月二十日以後慶喜が征夷大将軍に就くまでの三ヵ月半（家茂薨去からすると四ヵ月半）のあいだで、この間を歴史上「将軍空位期」と呼んでいる。この間は一方で、慶喜の思惑とは別に将軍の存在そのものの是非を問う議論を呼ぶ期間にもなる。

八月二十一日には、朝廷から正式に長州征討の休戦が発表される。長州征討ができないまま徳川宗家当主になった慶喜としては、この征討に終始反対して来た薩摩藩を始め、諸藩との関係の修復をせねばならず、八月十七日に腹心の部下・梅沢孫太郎を薩摩・肥後・肥前・土佐等への歴訪の旅に送り出す。自分の徳川宗家相続を諸侯に個別に伝えて、彼等の上京を求めるためだ。

薩摩藩京都留守居の内田仲之助（政風）は、この将軍空位期を好機と見て、八月二十二日付でさっそく国元の藩庁宛に、島津久光の早期上京を求めて、

「断然（将軍職辞退を）ご許容にあいなり、有名の諸侯伯五六藩にご委任、王制に復されたく、……。」[15]

と書き送っている。この機会に、征夷大将軍職をなくし、徳川氏だけでなく雄藩諸侯に大政を

「委任」した、「王制」の政治体制に復されるようにされたいと言上しているわけだ。

　内田はまたこの書簡で、慶喜のことを「大奸智」・「虎狼」のごとき人物とも評し、もし彼が将軍に就くようなことになれば、そのような人物を「千里の野に放つ」ことになるとも言う。

　九月七日には朝廷から二十四藩に対して、次のような諸侯上洛令が発せられる。

「徳川中納言の言上の趣きもあり、諸藩衆議これあり聞食られるので、速やかに上京致し決議の趣きは中納言をもって奏聞あるべく旨、仰せ出られた。」[16]

　朝命によって有力諸侯の召集をしているのだが、ずいぶんと中納言すなわち慶喜を気遣った文面になっている。この上洛令に応じて上京した諸侯は、二十四藩中わずか七人であった。朝廷・幕府ともに権威が失墜している証でもある。

　在京の大久保利通は、諸侯召集令が出た翌九月八日に国元の西郷に次のように書いている。

「橋（慶喜）譎詐百端の心術、至平をもって賢侯の公論を容れる儀も覚束なく、…。幸いにして将軍職ご辞退固く申し上げているこの議は、諸藩来会までは動くまじく申すにつき、誠に失ってはならぬ機会です。この際に当たり、共和の大策を施し、征夷府の権を破り、皇威興張の大綱をあい立てるようご尽力なさるよう伏して冀い奉ります。」[17]

　大久保もやはり、慶喜は「将軍職ご辞退固く申し上げている」ので、この機会に「共和の大策を施し、征夷府の権を破り、皇威興張の大綱をあい立てる」ようにしたいと述べて、上の内田と同じく、久光の上京を求めている。

大久保がここで言う「共和の大策」は、元治元年九月に西郷が、勝海舟との会見の際に彼から「名賢の諸侯四、五人もご会盟」になり、として聞いた「共和政治」のことであろう。また、大久保がここで言っている「橋譎詐百端の心術」の「譎詐」は、偽り欺くという意味で、彼らのあいだでは、このころでは慶喜を評する常套語になっていた。

春嶽は朝廷から諸侯召集令が発せられているなか、逆に十月一日に離京して帰国の途に就く。先に、七月二十七日の慶喜の宿所であった会議の退席がけに、老中・板倉勝静に伝えた通りの行動である。このように春嶽が帰国するなか、久光も上京を控える。久光に代わって十月二十六日に小松と西郷が上京してくる。伊達宗城や山内容堂らも久光同様にこのときは上京を控える。結果としてこの諸侯たちは、慶喜が梅沢孫太郎を送ってした上京要請にも応じなかったことになる。

喪に服していた慶喜に対して九月二十六日に突如、朝廷から「徳川慶喜に今日、別勅除服出仕」[18]との命が発せられる。これに応じて慶喜は十月十六日に、将軍家同様の礼式に則って除服参内し、天皇から征夷大将軍の内旨を受ける。天皇は、岩倉が新規に征夷大将軍の任用をせず、「王政復古の上、徳川氏は列藩とともに扶翼の任を帯うべきの旨をご懇諭あらせられたく」と奏上していたのとは逆に、その任用を急いだのである。天皇は、慶喜が七月末に宗家相続した際に禁裏御守衛総督を退任しており、その上、将軍もいない状態が続くのが不安であったのだろう。

大久保は朝廷から慶喜にこの命が出たのを知って、十月六日に近衛（忠房）内大臣に、

「朝廷のご失態を醸成している義は根元幕府の大罪にて、その幕府を補佐して大罪に陥らせているのは一会桑であることは普く知られている所、…。朝に進討を論じ夕に解兵を説く（慶喜が名代出陣宣言をしながら取り消したこと）、実に朝廷を愚弄軽蔑している次第、その譎詐百端の心術恐るべきところ、…。」[19]

と書き送っている。

大久保は一会桑を君側の奸と見て、なかでも慶喜の罪科重大と見ている。大久保はまた、慶喜が十月十六日に除服参内して天皇から征夷大将軍の内旨を受けた同日、中御門経之に書簡を送って、それでは、

「いずれより、かれこれ申し上げてもご採用あらせられず、断然もって叡慮この十六日に、徳中（徳川中納言）に参内仰せ出られ、…。何とも力に及び兼ねる次第、…。」[20]

と書いている。

大久保がここで「かれこれ申し上げてもご採用あらせられず」と書いているのは、孝明天皇のことである。大久保は、近衛内大臣には「朝廷のご失態を醸成している義は根元幕府の大罪にて」と書いているが、実のところ、その「ご失態」の「根元」がどこにあるか重々承知して、そのことを中御門には言っているのである。

これで、将軍空位のうちにその職を廃し、列侯による「共和政治」へという道は閉ざされる。このあと、慶喜は十二月五日に孝明天皇から正式に征夷大将軍の宣下を受けてそれに就く。ところが、

その宣下をした当の孝明天皇が、この二十日後の慶応二年十二月二十五日に突然崩御（享年三十五年六カ月）する。昨今では、大半の歴史学者がのこった史料をもとに疱瘡（天然痘）による病死としている。

五、慶喜の野心

八月二十日に将軍家茂の喪と徳川慶喜の徳川宗家相続が発表され、翌二十一日には朝廷から正式に長州征討の休戦も発表される。慶喜はフランス公使ロッシュに、先の八月二日付に続いて、八月二十七日付で次のように書いている。

「先君薨去…。今や旧習を一掃し、禍を転じて福となすの好機、この時にあると洞察して、大喪の事を発せり。帝よりは上下の哀情了察、暫時止戦の命令下れり。

この間に乗じ、先ず至急に大綱変革、政体挽回、足下にも兼々注意せられる強幹培根の大策を施行し、躬自ら率先して、部内の兵器を一新するに決定せり。ついては、…。ますます足下の尽力を乞う。…。」[21]

「暫時止戦」の「この間に乗じ」と言うのであるから、長州征討を諦めている様子ではない。「強幹培根の大策を施行し、躬自ら率先して」とも言う。幕軍の強化に意欲を燃やしている。

長州の木戸孝允は、この少しあとになるが翌慶応三年一月中旬に、京・大坂の薩摩藩邸に潜伏中の品川弥二郎宛に、「橋府」による「三征の風説」を伝える書簡を送っている。[22]「橋府」というのは、将軍慶喜の幕府を指す。京都の幕府といった意味合いもあるのかもしれない。「三征」というのは三度目の征長を指す。上の慶喜のロッシュ宛書簡からすると、木戸の「橋府」による「三征」の警戒は間違っていない。

徳川宗家当主になった慶喜のもとで勘定奉行に返り咲いた小栗忠順は、まだ慶喜に将軍の宣下がおりる前だが、慶応二年十一月八日英国公使パークスを訪ね、その際、パークスに次のように告げている。

「日本は分裂するにはあまりに小さすぎ、一政府のもとに統一されるときにのみ繁栄することができる。かかる政府を引き受けることを慶喜は欲している。しかし、そうするまえに、付与されるべき権力の程度が、はたしてこの目的のために充分であるかどうかを確かめることを、慶喜は求めている。」[23]

小栗はここで、パークスがかねてから推奨している朝・幕・大名の合議体制や、薩摩藩が主張している列藩（侯）会議や「共和政治」などを牽制して、慶喜が望んでいるのは、中央集権の全国統一政権だと告げているのである。

実際、このあと将軍になった慶喜は、小栗がパークスに告げた方針のもとで、仏国公使ロッシュの助けを借りて権力の強化と集中化を図っていく。

もっとも、慶喜と小栗らがまったく同じ考えであったわけではない。小栗ら「外交方有司」は元来、天皇や朝廷の政治上の存在意義をあまり認めていない。そもそも大政委任論なども認めていない。一方、慶喜はそうではない。慶喜は天皇・朝廷の政治的重要性を重々承知しており、その使い方を心得ている。その点ではむしろ、朝廷尊奉を標榜する薩長に近い。

孝明天皇の慶応二年暮れの突然の崩御で、政局はいっきに流動化する。政局は攘夷の桎梏（しっこく）と佐幕主義から解き放たれる。このとき、国政の喫緊の課題は、兵庫開港問題と長州処分問題の処理であった。前者は条約による開港期限（慶応三年十二月七日。このためには、半年前にそれを告知せねばならず、五月中の勅許が必要であった）が迫っているためであり、後者は征長失敗後の長州処分（宥免）の裁定が急がれたからだ。

とりわけ薩摩藩側は、長州処分の解除を急がねばならなかった。慶応二年一月の薩長盟約で、長州藩の「朝敵」解除の尽力を誓約しながら、これまでに何の成果も上げられていなかったからだ。また、兵庫開港問題は薩摩ら列藩側にとっては、開港自体はそれでよいとして、それが従来通りに幕府による奏請で勅許されるか、列藩が加わった大名（諸国）連合の奏請によって勅許されるかが問題であった。従来通り幕府の奏請によって勅許されてしまえば、またしても、横浜港同様に貿易の実質を幕府に独占されてしまうからだ。海外貿易はこのころでは、どの藩にとっても不可欠のものになっており、とりわけ西国の雄藩にとっては、兵庫での自由貿易は大いに期待のふくらむものであった。

慶喜は徳川宗家当主になってすぐに、上述のように仏国公使ロッシュの力を借りて軍事改革や幕政改革を進めていたが、西洋通の慶喜は将軍に就いてからは、外交全般についても自ら率先して采配を取る。幕府は、慶喜に征夷大将軍の宣下が下る以前の慶応二年十二月二日に、すでに新将軍による外国公使の謁見について外国側と折衝に入っている。

しかしその後、孝明天皇の突然の死があったために喪に服し、表立っての行動は控えていた。しかし年も明けて二月十九日には、幕府は兵庫開港の勅許を奏請するとして、尾・紀・越・薩・土ら有力九藩に、それについての意見を問う諮問を発し、回答を三月二十日までに寄越すよう命じる。ところが将軍慶喜は、その回答の期限を無視して、三月五日に突如、兵庫開港の勅許を請う上表を朝廷に提出し、さらに同月八日には外国四国公使に対して上坂を求める措置も取る。これらの措置に対し、当然ながら諸藩が反発する。とりわけ、薩摩藩でその諮問への対応に当たっていた大久保利通が激しく反発する。

しかし、幕府からの上坂の求めに応じて、英国公使パークスがさっそく三月十四日に上坂して幕閣との折衝に入る。以下、大坂での外国公使と慶喜の謁見について、石井孝『改訂明治維新の国際環境』(一九六六)の第五章・六節「将軍慶喜の各国代表謁見をめぐる内外の情勢」を参考にして述べる。以下の「」の引用部はそこから引いたものである。

パークスに続いて、蘭・仏・米の各公使も上坂し、慶喜が大坂城でその彼らと三月二十八日から四月一日にかけて謁見する。その際に慶喜は彼らに「(兵庫開港の)条約を全然履行すべし」との言質を与える。また、その宴会の席では、フランス料理を振舞い、慶喜自身が公使らの席を回って乾杯の音頭をとるなど、ずいぶんと、もてなしに努めたようだ。それらが功を奏したのであろう、公使たちのあいだでは新将軍慶喜への評価が一気に跳ね上がる。

パークスは、本国の外相に宛てた通信で慶喜について、「大君の外国人に対する友好的な意趣だけではなく、高度の能力と人を惹き付ける行動や外貌についても好印象を得た」と報告し、また、ロッシュに送った書簡では、「大君の城（大坂城）の素晴らしさも、慶喜が持つ個人的資質について彼が見せた素晴らしさには、到底及ばなかった」、「今回の接待は異国的特色を持ちながらも、すべてで完璧であった」と褒め上げている。

このパークスのロッシュへの賛辞は、今回の謁見の影の主役がロッシュであったことによるものだが、それだけではない。やはり、これまでの将軍（大君）や政治指導者には見られなかった慶喜の特段の才覚への賛辞が込められている。慶喜は実際、相当の西洋通で、公使たちの心をつかむ術も心得ていた。慶喜は当時の言葉で言えば「西洋癖（西洋趣味）」であり、もともと何かにつけ新しがり屋でもあった。慶応元年にはすでに洋服を着ていたらしく、中川宮の『朝彦親王日記』の慶応元年八月二十二日の条に、

「一橋に洋服如何の儀を申し入れる。右毎々、洋服を止められているのを承知致しながら、右様の次第、全くの不忠、かつ（父）斉昭卿の遺志を守らずの段、不孝、実に天下の大罪人と申し入れる。…。」[24]

とある。

政治上は親密であった中川宮も、慶喜の洋服着用には辟易していたようである。慶喜はカメラ好きでもよく知られている。慶喜自らが春嶽や久光ら「四侯」たちの写真を撮り、また彼自身、ナポレオン三世から贈られた軍服を着装した姿の写真を撮らせてもいる。

慶喜は外国人と付き合うのも、公家衆たち朝廷人と付き合うのも得意であった。その点では、この時期、慶喜は日本の政治指導者として、身分の上でも資質の上でも、彼の右に出る者はいなかったであろう。おそらく、慶喜自身が誰よりもそう思っていたに違いない。

このころの慶喜取巻きと彼自身の思いを示唆するような記事が、越前藩の『紀事』六巻の慶応三年六月二十一日の条に記されている。

「板倉伊賀守殿より中根雪江を召され、即ち参邸したところ、板倉殿先だって大蔵太輔（春嶽）殿ご登営の際かと覚え、種々お話しあった内に、政令が朝廷幕府の二途より出るは宜しきに適わず。上様（慶喜）へ摂政を仰せ出される事とあっては如何と、仰せ聞いた事があったが、これはいかにも御尤ものお考えにて…。

ついては、何とかご周旋を願いたく、…。もっとも、このことは上様よりのご内意にてはなく、拙者及び永井玄蕃の両人にて相談したのみと申された。…。」（三五六－三五八頁）

要するに、将軍慶喜が摂政に就くよう春嶽に周旋してもらえないかという話である。

この話を聞いた中根は帰って、板倉の要請を春嶽に伝え、重臣たちとも相談したが、結局は「公

（春嶽）…、断然お断りになる事に決せられた」とある。

板倉の話では「このことは上様よりのご内意にてはなく」とあるが、少なくとも慶喜の意向を汲んでのことであろう。確かに、このとき満十四歳であった天皇の摂政に（二条斉敬に替わって）慶喜が就くというのは、彼にとってまさしくあつらえ向きの話だ。この件は実現はしなかったが、慶喜が最も望んでいたものではなかったか。事実、この話はこれで立ち消えになったのではなく、後述のように、慶喜による政権返上後に再び持ち上がっている。

慶喜は今や徳川政権のトップに立っている。いかに斜陽の政権といえども、二百有余年続いてきた徳川政権である。慶喜が自らその先頭に立って、新たな道を切り拓こうとしても何の不思議もない。むしろ当然のことであろう。慶喜自身このとき、まだ満二十九歳であった。

六、岩倉の「倒幕論」

将軍慶喜はいよいよ雄藩諸侯を京都に召集して、懸案となっている長州処分と兵庫開港の両問題の決着を図ろうと動く。それに対して薩摩藩は、両問題の決着を幕府主導ではなく、列侯（藩）会議主導で図るべく、小松・西郷・大久保が懸命に動く。京都に雄藩の四侯を集めて「四侯会議」を立ち上げ、それをもって慶喜に対抗しようとしたのである。

西郷はそのために、一月二十二日に京都をたって二月一日に帰藩し、久光に四侯会議立ち上げを説いて了承を取り付ける。そのあと久光の書状を持って高知と宇和島にそれぞれ山内容堂と伊達宗城を訪ね、両侯から上京の約束を得る。在京中の春嶽については、小松がその交渉に当たる。

西郷は久光に随行して三月二十五日、七百余の兵を率いて鹿児島を出発し四月十三日に京都に着く。この入京前の四月十日には、小松・大久保が京都から大坂に下ってきて、久光に会った上、西郷を加えて、在坂中のイギリス公使パークスに会っている。

岩倉具視はこの時期ともなると薩摩藩とほぼ完全に一体になって動いていたが、その岩倉がこのころ同志の公卿たちに「航海策」と「済時策」の両論を送って、開国論の入説に努めている。「航海策」は外国との「和親」を唱えるもので、「済時策」はその「和親」のために、この際「兵庫開港の談判」を朝廷が中心になって進めなければならぬ、と唱えるものであった。

慶応三年四月二十六日に岩倉は、中山忠能と正親町三条実愛の両卿にその両策論を送り、その「添え書」で、

「別紙二帖（「航海策」・「済時策」）大意は定めてご不審の廉、鮮やかならんと存じますが、方今の形勢を熟察仕れば、とても尋常の手段ではこの危急の匡救（正しく救うこと）は出来申さず。計策に出ずしては叶わないと存じます。…。」

と述べている。「別紙二帖」を送るが、「定めてご不審の廉、鮮やかならん」、しかし、今や、そのところを何とか理解してもらって、「計策に出ずしては叶わない」と言う。そしてそのもとに、

次のように言う。

「前年（慶応二年）以来、友山（自分）の愚論は倒幕断行にありますが、軽挙妄動にては万々成功を期し難く存じますので、先ずは彼（幕府）に入り、彼を謀る策を取り、…、機会を見て、一挙し瞬間に成功を奏するように致したい。（中略）

特に今の将軍慶喜、動止を視るに果断・勇決、志望また小ならざる様…、…、一の強敵と存じます。…。政令一途に出でずして、何れの国が立ちましょうや、所詮、目今のごとく朝廷・幕府並立致して居るようでは、真実の攘夷も真実の和親も出来申さず、断然、幕府を廃し、徳川氏は諸藩の列に加えられ、大政統一、確乎不抜の制度を立てられたい。

この挙、もとより勅詔のみでは施行出来申さず、極点は兵力を要すものと存じます故に、その方略、一も違算なきに至ってはいけないので、一言半句もそのことを説き出すこと能わず。…。目今のところは遠大の方略を運ぶことに着眼し、過激快意の軽挙に出ざることに注意肝要。（後略）」[25]

「前年以来」「愚論は倒幕断行に」あると言う。この「前年」というのは、昨年慶応二年の五月のころに「全国合同策」を、また八月には「天下一新策」を、それぞれ天皇に密奏したにもかかわらず、それらが完全に無視されたことを言っている。以来、「尋常の手段では…出来申さず。計策に出ずしては叶わない」として、自分は「倒幕断行」の考えだと言うのである。

しかし、岩倉がここで言う倒幕論は、「軽挙妄動にては万々成功を期し難く」、「一言半句もそのことを説き出すこと能わず」、「過激快意の軽挙に出ざることに注意肝要」などと繰り返すように、大いに慎重を要するものだ。岩倉はかねてより、前述のように幕府を自発的に廃幕にさせるのが上策（「上計」）で、干戈をもってする討幕や倒幕は下策（「下計」）としている。

岩倉はまた、ここで「今の将軍慶喜、動止を視るに果断・勇決、志望また小ならざる様」として「一の強敵」と言う。それ故に、将軍慶喜率いる幕府のもとで、「目今のごとく朝廷・幕府並立致して居るようでは、真実の攘夷も真実の和親も出来申さず」なのである。慶喜は難敵であり、その慶喜を排除せねばならぬことについても、岩倉と薩摩藩は完全に一致している。

ところで、ここまで、岩倉の「愚論は倒幕断行」の言辞のもとに論及してきたが、同時期に同内容のことを書いた「四月」付「中山忠能・大原重徳等宛書簡」では、そのところが、

「先年来、臣（岩倉）定論の一事は、断然討幕行われるの良策これ有らば、…、軽挙暴動にてはもとより万々成るべからずものですが、…。」[26]

とある。ここでは先の「倒幕」は「討幕」になっている。これは『岩倉関係文書』二巻に収録されているもので、先の『岩倉公実記』に掲載されている中山忠能・正親町三条宛書状は、どういうわけか、『岩倉関係文書』には収録されていない。

もしかすると、岩倉は「討幕」と「倒幕」を特段に使い分けてはいなかったのかもしれない。「討幕」については、岩倉は以前からわりあいよく使っており、慶応元年閏五月の中御門経之宛書簡で「討幕」を使い、先に取り上げた慶応二年九月の「時務策」でも、「攘夷説・和親論・王政復

古論・討幕説・佐幕説種々の建議あらん」[27]として、世に「討幕説」があるとしている。このことからすると、上にある「倒幕」も原本では「討幕」であった可能性も捨てきれない。

しかし、この中山忠能・正親町三条宛書状には、「幕府を廃し、徳川氏は諸藩の列に」ともあり、岩倉が言う「倒幕断行」には、一般に言われる討幕や倒幕とは異なる面がある。本書の定義で言えば奪幕論である。岩倉はここで自らの強硬姿勢を示して、敢えて「愚論は倒幕断行」と言っているようでもある。いずれにしても、「倒幕」が当時の史料に出る稀有な事例として取り上げた。

注

1　『鹿児島県史料　忠義公史料』四、二一五―二一七頁。
2　『徳川慶喜公伝　史料篇』二、一九七五年、（底本は、龍門社、一九一八年）、三九八頁。
3　石井孝『改訂明治維新の国際環境』吉川弘文館、一九六六年、六六九頁、そのほか、ロッシュと小笠原や板倉との会見についても、同書を参考に述べている。
4　家近良樹『徳川慶喜』吉川弘文館、二〇一四年、一二九頁、参照。
5　『小笠原壱岐守長行』、一九四二年、五〇一頁。
6　『続再夢紀事』五、三三四―三三五頁参照。
7　維新史料編纂事務局編『維新史料聚芳』乾、一九三六年（昭和十一年）初刊、東京大学出版会、一九九八年復刊、七三頁。

8 『木戸孝允文書』二、二六九‐二七〇頁。
9 『徳川慶喜公伝　史料篇』二、四一九‐四二〇頁。
10 『岩倉具視関係文書』一、一八三頁。
11 同上書、二三一‐二四〇頁。
12 同上書、二四九‐二五五頁。
13 『岩倉公実記』上、一〇八七‐一一〇六頁。
14 井上勲「将軍空位時代の政治史─明治維新政治研究─」、『史学雑誌』七七編一一号、一九六八年、二七頁。
15 『鹿児島県史料　玉里島津家史料』五、一九頁。
16 『孝明天皇紀』五、八五三頁、「久邇宮文書」。
17 『大久保利通文書』一、四一〇頁。
18 『孝明天皇紀』五、八七二頁。
19 『大久保利通文書』一、四三二頁。
20 同上書、四三五頁。
21 『徳川慶喜公伝　史料篇』二、四五〇‐四五一頁。
22 『木戸孝允文書』二、二六六‐二六七頁。
23 石井孝、前掲書、六八二頁。
24 『朝彦親王日記』一、三七三頁。
25 『岩倉公実記』中、三四‐三六頁。
26 『岩倉具視関係文書』二、四一三頁。
27 『岩倉公実記』上、一一一五頁。

第五章　挙兵策と建白策

慶応三年五月、薩摩藩は四侯会議を立ち上げて慶喜に対抗するが、結局は、将軍であり中納言でもあって、朝議の操作に長けた慶喜に敗北する。ここに至って、薩摩藩指導部は尋常のやり方では慶喜に太刀打ちできないと判断し、いよいよ挙兵路線へと舵を切る。「長と共に挙事」を決め、土佐藩と薩土盟約も結ぶ。しかし、その薩土盟約は間もなく解約になり、土佐藩は独自に建白路線を進むことになる。薩摩藩は芸州藩を加えて薩長芸三藩で出兵協定を結んで挙兵路線を進むが、その三藩の出兵協定も途中で挫折し、最終的には、薩長両藩のみに「賊臣慶喜を殄戮」せよと命じる密勅が下ることになる。

一、四侯会議の失敗

岩倉が同志の公卿に開国論を説いて兵庫開港問題への取り組みについて説得していたころ、西郷と大久保は四侯会議に臨む久光に進言を重ねていた。西郷が五月初頭のころ、久光に送った書簡が四通ものこっている。その一つで西郷は「大樹公は譎詐権謀のお方故」として、次のように言う。

「天下の公論を以って申し上げている儀にて、全く幕府のご威光を殺ぐなどと申す訳にては更々なく、…、虚心にしてお聞取り願いたい段を御申し断りの上、いずれ天下の政柄は天朝に帰し奉り、幕府は一大諸侯に下り、諸侯とともに朝廷を補佐し、天下の公議をもって処置を立て、外国との定約においても、朝廷の御処置とされて、万国普通の定約をもってお扱いになれば、たちまちにして実が上がり、…。」[1]

「天下の政柄（政権）は天朝に帰し」、「幕府は一大諸侯に下り、諸侯とともに朝廷を補佐し」というのは、政権返上・廃幕の上、徳川氏を一大名に戻すもので、本書で言う奪幕論そのものである。なお、ここにある「幕府は一大諸侯に下り」の「幕府」は、正確には「徳川氏」とすべきところである。幕府が一大諸侯に下るということはない。これは幕府と徳川氏を混同したもので、この当時、また歴史上でも、ときおり見られるものである。

大久保もまた久光に、

「（将軍慶喜は）兵庫開港の大事件に就いて矯め（いつわり）、勅命ある義、重罪免れ得ず、征夷将軍職を奪い、削封の上、諸侯の列に加え召されたく、実に不容易の義とは存じますが、今般の機会においては公議をもってご裁断なされるほかはない儀と存じます。」[2]

と進言する。

冒頭で「兵庫開港の大事件に就いて矯め」云々と言っているのは、将軍慶喜がした兵庫開港についての諸侯への諮問で、諸侯側が欺かれたことを言っている。大久保は自身が薩摩藩としてのその対応に当たり、慶喜に翻弄されたため余計に厳しく、「征夷将軍職を奪い、削封の上、諸侯の列に加え」と言う。しかし、大久保も徳川氏を倒してしまうような討幕（倒幕）論を言っているわけではなく、やはり「諸侯の列に加え」る奪幕論である。

ここで大久保が言う「削封」は、岩倉が前年五月のころに「全国合同策密奏書」で、「徳川宗家の関東の地を百万石に封じ列侯の上班に置き」云々と言っていたものと同じであり、またこのあと、薩摩藩が十二月のクーデター時に徳川慶喜に対して申し立てる「辞官納地」の「納地」と同じでもある。

しかし、このような策をとる薩摩藩が討幕論と見られても不思議はない。薩摩藩・越前藩・土佐藩などの各藩邸で四侯会議が持ち回りで開かれていたころ、春嶽の側近・中根雪江は五月十二日に前関白の近衛忠熙に呼ばれて彼から次のように聞かされている。

「中御門・大原（重徳）の党が朝廷に立つことになれば必定、討幕論を発するかと拙老は甚だ心痛せり。」[3]

これは、このころ薩摩藩が中御門と大原の二人を議奏に推す朝廷工作をしていたからで、近衛はそれを警戒して中根に、春嶽にそのようなことにならないように頼んでほしいと言っているのである。近衛は中御門や大原を討幕論者と見ているわけだ。

近衛や中川宮らの朝廷中枢は当然ながら、討幕論などには大反対である。彼らは朝廷が長く徳川幕府に依存していることを承知している。実際、彼らはその最たる受益者でもある。中御門や大原がほんとうに討幕論者であるかどうかは大いに疑わしい。しかし、特に近衛ら高位の公卿たちは討幕論を警戒し、それに神経をとがらせているのである。

近衛家と島津家は濃い姻戚関係にあり、いろいろと連携してやってきているが、もし薩摩藩がほんとうに討幕論であるなら、近衛家としては、とても一緒にやって行くわけにはいかない。近衛家は摂関家筆頭の名門であり、長年に渡って幕府と特別の関係にあって、特段に優遇されてもいる。

西郷らが懸命に動いて開催に漕ぎ着けた四侯会議も、結局のところは、何の力も発揮できずに、最後は慶喜の思い通りの決定に持ち込まれる。慶応三年五月二十四日、兵庫開港については幕府からの奏請によって勅許が下り、長州処分については、「寛大の処置」という曖昧な言い回しの勅許が下る。四侯側、特に薩摩藩が強く求めた、長州藩主父子の官位復旧など具体的な措置については何も触れられていない。

しかし、このときの慶喜の朝議での強引な手口には、各方面から非難の声が上がる。宗城はその日の日記に「大樹公、今日の挙動、実に朝廷を軽蔑すること甚だしく言語に絶する」と記し、また、春嶽は「(慶喜の)一大戯場」と形容している。[4]

公卿の中御門経之にいたっては、義弟の岩倉具視に翌二十五日に、

「昨日の件、委細は賢息や賢孫からお聞きの通り、実に言語に絶する次第。何とも悲歎このことです。…。内奸の誅戮は断然、朝敵の名をもって討幕のほかはないものと存じます。実に申す条もない次第。柔術（柔いやり方）の道は絶えたに付き、急度討幕の策と存じます。貴君はいかが思召しや。…。」[5]

と書き送っている。

中御門が「討幕」の声を挙げている。「朝敵の名をもって討幕のほかはない」というのだから、正真正銘の討幕である。上で見たように、近衛忠熙が中御門を討幕論者と見るのも故なしとしない。中御門は、岩倉が先に取り上げたように「愚論は倒幕断行にあります」などと書き送って来ているところから、「柔術の道は絶えたに付き、急度討幕の策と存じます。貴君はいかが思召しや」と問い返しているのである。

原口清氏もこの件について次のように言われる。

「五月二十五日付岩倉具視宛中御門経之宛書簡は、明確に討幕論を打ちだしている。そして、この宮廷内の討幕派公家は、ほぼ時期を同じくして武力倒幕にふみ切った薩摩藩指導者たちと提携をふかめていくことになるのである。」[6]

しかし、当時の近衛忠熙が中御門や大原を討幕論者と見たり、後世の歴史家が中御門は「明確に討幕論を打ちだし」たとしたりする見方は、正しいものであろうか。

大原重徳はかつて別勅使に立って東行したとき、岩倉に「政事御取り返し」、朝廷で「政事」をするといったことは「これはできぬ事」と書いていた。大原は元来大政委任論者なのである。また、中御門は上で、確かに「内奸の誅戮は断然、朝敵の名をもって討幕のほかはない」と書いているが、この「内奸」というのは、必ずしも幕府を指すものではなく、慶喜ら朝廷を牛耳っている者を指す。

この件について、中川宮が『朝彦親王日記』の慶応三年五月二十七日の条で次のようなことを書いている。

「二十四日、正三（正親町三条実愛）話すには、諸卿、長防（処分）は寛大、兵庫開港は止めさせる件、もし大樹が採用しない場合は、将軍職を召し止められ、他人に命じなされるべき評議の由。この義、予ははなはだ不承知。」

中川宮が正親町三条から聞いた話を書いているのだが、「諸卿」のあいだで、もし慶喜が「兵庫開港は止めさせ」ない場合は、「将軍職を召し止められ、他人に命じなされるべき」という「評議」があったと言う。つまりは、将軍入れ替えの「評議」があったというわけだ。この「評議」に中御門が入っていたかどうかはわからないが、中御門たち一派「諸卿」の「評議」であったことは間違いない。

このことから推察すると、中御門が言っている「討幕」は、必ずしも徳川幕府を討伐したり、幕府そのものをなくしてしまったりするものではない。朝廷や勅命をないがしろにする現将軍を討つというもので、言うならば首の据替（すえかえ）である。これは正確には討幕ではない。「討幕」という用語を、いくぶんか威勢よく、あるいは刺激的に使っていることになろう。

先に、孝明天皇そして近衛や中川宮の討幕論への警戒や心配を取り上げたが、このような高位の宮廷人に限らず、中御門・大原ら中位の公家衆にあっても、ほぼ全員が、基本的に幕府がなくなっては困る人たちである。地位も経済も身の安全も危うくなってしまうからだ。彼らが反幕的な行動を取り「討幕」を口にすることはあっても、原口氏が言われるような「討幕派公家」が実際に存在したとは思えない。あったとしても、現将軍の首の「据替派」とでも呼べるものであろう。ただし孝明天皇の死後、薩摩藩が「長と共に挙事」を決めたこともあって、反幕的な言動について「討幕」を言うのが一種の流行語になっていた観はある。

薩摩藩の西郷らは五月二十一日に、土佐藩の板垣退助・谷干城（たてき）・毛利恭助と中岡慎太郎の訪問を受ける。これは中岡が斡旋したもので、中岡が西郷に、

「今日午後、乾（いぬい）（板垣）退助同道でご議論にまかり出たく、大久保先生、吉井先生方にもご都合つけばご同会、願いたき内情でございます。…。」[7]

と伝えた書簡がのこっている。

板垣の回顧談になるが、西郷訪問のいきさつと会談の内容は次のようなものであった。

「しからば、僕（板垣）は西郷に面会して、我が藩論が正に帰せずとせば、僕は国に還りて同志を糾合し討幕の義挙に一臂（いっぴ）を添える事と致したい、…。石川（中岡の変名）は手をたたいて、これは妙計だと喜び、君の志がそのごとく勇壮であるなら、僕（石川）は京にいて弾薬火器の供給をすると云った。その結果、…。私は一夕、谷・毛利（恭助）とともに西郷に小松帯刀の根寓（ねぐら）で会った。

……。
石川は私の話に継いで、僕は薩摩藩屋敷に人質となって、万が一、乾が言に反すれば、僕もまた屠腹（とふく）して死ぬと云った。西郷は私どもの話を聞き、これは近ごろにない愉快なお話に接した。一議に及ばず。拙者（西郷）は賛成すると快諾した。」[8]

板垣が「我が藩論が正に帰せずとせば」、自分は「同志を糾合し討幕の義挙」に出ると言い、中岡それに呼応し、西郷も「愉快なお話」、「拙者は賛成すると快諾した」と言う。討幕論で話は盛り上がったようだ。

この話は、明治になっての回顧談であり、その通りの話があったかどうかは定かでないが、この前後の板垣・谷・毛利や中岡の言動からして、話の内容は大筋そのようであったと見てよい。事実、この会談のあと、板垣らは帰国して、その三ヵ月後の八月二十日には、後述するように、藩内で「このごろ猥（みだり）に討幕などと唱える者これあるやにあい聞こえる。もってのほかのこと」とする訓告が発せられている。

しかし、中岡慎太郎はこの会談の少なくとも七ヵ月前までは、このような考えではまったくなかった。そのことは、中岡自身が京都で慶応二年十月二十六日に仲間たちに書いた「窃（ひそか）に知己に示す論」を読めばわかる。中岡はそれで次のように言う。

「世人あるいは徳川を助けんと云う。あるいは徳川を助けずと云う。議論紛々未だ決せず。某（それがし）

（自分）曰く、王室を尊ぶは則ち、徳川を助ける也。徳川を助けるは則ち、王を尊ぶ也。故に某は助徳川論也。

今日、助徳川の策は他になく、政権を朝廷に返上し、自ら退いて道を治め、臣子の分を尽くすにあり。強いて自ら威を張らんとせば、則ち必滅疑いなし。諸侯もし信あらば、今日暴威を助けて自滅に至らしめんよりは早く忠告し、一大諸侯となり永久の基を立てしむべし。……。」[9]

「某は助徳川論也」と言う。「某」は中岡自身である。前段の「王室を尊ぶは則ち」云々は、水戸学の教えに沿うものであり、また、吉田松陰の「天朝より宣下ありたる大将軍なれば、天朝の忠臣と見るなり」と同じである。

中岡はここで、徳川氏を「自滅に至らしめんよりは早く忠告し、一大諸侯」にして、「臣子の分を尽く」させるのが一番だと言う。これはまた、岩倉の廃幕‐王政復古論と同じであり、本書で言う奪幕論でもある。この時点では、中岡は「助徳川論」であって討幕論などではない。もっとも、徳川氏が「強いて自ら威を張らんとせば、則ち必滅疑いなし」である。

中岡は一般に、長州藩に加わっての勇猛な活動や、上の西郷らとの会談の回顧談などから、急進的な討幕論者と見られているが、実際には、上の論が示すように、少なくとも、慶応二年十月の時点では「助徳川論」であり典型的な奪幕論者であった。中岡も慶喜の将軍就任や四侯会議の失敗などを通じて、その考えを変えた一人であった。

二、「長と共に挙事」

薩摩藩は四侯会議での失敗を受けて五月二十九日に、[10]家老小松帯刀を議長にして京都藩邸で重役会議を開く。出席者の一人新納立夫（嘉藤二）がこの会議について、次のような記録をのこしている。

「九ッ時（十二時）御座の間にて、帯刀殿より、この節の事、これより先の策相談、長と共に挙事の議、[11]粗定まる。なお伊地知正治の心得を聞きて、尊聴（久光）に達しご決着のつもりなり。……。」[12]

「長と共に挙事」することがほぼ決まったと言う。長州藩は、長州再征で幕府軍を負かして追い払ったものの、なお第三次征討（「三征」）を警戒して臨戦態勢にある。その「長」と「共に挙事」であるから、挙兵路線を裁定したことになる。

上の五月二十一日の板垣らとの会談の回顧談の内容を重ね合わせると、確かに討幕路線を思わせる。多くの歴史家が、この京都藩邸での重役会議の決議をもって、薩摩藩が討幕（倒幕）路線を鮮明にしたとするのも理解できる。長州藩はもとより薩摩藩指導部も、徳川幕府や現将軍の慶喜をことのほか憎んでいる。

事実、当時においても、周りの者たちの多くが、薩摩は討幕路線を採ったと見ている。重役会議の四日後の六月三日、島津久光が近衛邸に参殿したときにその話が出る。このとき、近衛邸には伊達宗城も来ており、そこで内大臣・近衛忠房と三人で話し合ったようだ。宗城はそのあと近衛邸で、久光が先に帰ったか場に居なかったときであろう、忠房から密かに尋ねられたことをこの日の「日記」に次のように記している。

「薩に討幕の意はこれ無き哉のご懸念の密話があり、決してその儀はご心配は為されまじく、離間説と存じている旨お答えした。」

宗城は、近衛忠房から薩摩藩に討幕の意があるのではないかと尋ねられたのに対して、その心配はないと答えたと言う。上の「離間説」というのは多分、近衛家と島津家との離間をいうものであろう。

春嶽側近の中根雪江も、たまたま同日になるが、六月三日に慶喜の側近・原市之進に書簡を送って、

「天下かまびすしく討幕の声を鳴らす勢いとなれば、恐れながら幕府のご権柄（政権）もその限りまでにも、…。」[13]

と忠告している。「討幕の声」の高まりが心配されたようだ。

重役会議での「長と共に挙事」の決定は、薩摩藩邸に潜伏していた山県有朋と品川弥二郎に、二人が帰国する前日の六月十六日に、久光から直接に伝えられる。二人はその内容を同日付で国元に

次のように伝えている。

「西郷・大久保・伊地知列座にて小松曰く、今日主人（島津久光）よりもお話した通り、幕府の譎詐奸謀は尋常の尽力にてはとても挽回の機これあるまじく、ついては長薩連合同心戮力して大義を天下に鳴らしたく、…。ついては不日（まもなく）、吉之助を差し出し、御国一定不抜の御廟議もうかがいたいとのこと、…。」[14]

山県はまた、帰国後藩庁に、

「第一、時日を刻し暫時に浪速城（大坂城）を落とし、山崎・八幡・天保山の砲台を奪う儀、最も緊要かと存じます。第二、…、奸賊一橋（慶喜）を殺戮し、朝廷の鴻基あい立てたきことかと存じます。…。」[15]

などの五ヵ条を建議している。

薩摩側も、黒田清隆が国元へ上の山県の建議と同内容のことを伝え、さらに大久保利通が「六月」付で、鹿児島の政庁に次のような出兵準備の指示書を送っている。

「ついに幕府が朝廷を掌握し、邪をもって正を討ち、逆をもって順を伐の場合に至っては、案中の勢い故、今いっそう非常のご尽力をなされ遊ばれたい。この上は兵力を備え、声援を張ってご決策の色を顕され、朝廷にお尽くしせずしてはなかなか動き兼ねますので、長州へもお使いを差し立てられる予定です。（中略）

右、一大隊兵士出帆期限の件は長州の模様によって緩急あるので、西郷吉之助自ら差し越し、同人より何分お国元に報知があるはずですのでお持ち合わせ下さい。」16

以前、西郷・大久保らは「畢竟ただ今は一・会・桑の朝廷」と言っていたのが、ここでは「幕府が朝廷を掌握」になっている。「一・会・桑」の「一」が将軍になっているのだからそうなるのであろう。

このような指示書を受けた国元では討幕論の噂が立つ。市来四郎は自身が収集編纂した『石室秘稿』の慶応三年七月一日の条に、

「京師では討幕論がしきりに起こっている由、いかが相成るべきか、有志のあいだで歎息あり。」17

と書いている。京都では「討幕論がしきりに起こっている由」と心配している。なお、ここで市来が言う「有志」というのは、大久保・西郷らからすると「俗論派」である。「有志」というのは当時、単に志（こころざし）を持つ者を指すのではなく、自分たちと同じそれを持つ者を指す。

三、薩土盟約

薩摩藩の「長と共に挙事」の決議は、特段に秘密事項ではなかったようである。このあと、芸州藩にも土佐藩にもすぐに伝わっている。

芸州藩は、長州藩と隣接して歴史的にもつながりが深く、長州藩に対して同情的である一方、幕府からは長州藩への連絡役や仲介役に使われてもいた。「四侯」らが京都に集まっていたころ、芸

州藩にも朝廷からの召集令が届く。芸州藩は世子・浅野茂勲（長勲）を上京させることにするが、それに先立って、五月に藩として、次のような今後の活動要綱（藩論）を定めている。

「幕府の如き、已に衰頽の極運に陥ると雖も、依然、皇国の政府にして、これを無視すべきにあらず。かの某藩および某浪士等の如く、幕府の失敗を追窮して、これが討滅を事として、政権を褫奪（奪い取る）せんと謀るが如きはもとより狂暴にして、事変はますます激生の虞あるべし。

故にこのときに当たりては、陰険なる手段を斥け、宜しく整々堂々として、名分を正し、条理に拠り、徳川氏に勧諍忠告して、政権を朝廷に還納せしめ、その身は退て藩籍に就き、諸侯と共に朝政を献替して、皇基を鞏固にし、万国と対峙せしむるの方策のほか、その当を得たるものあらじと為すべし。」[18]

「徳川氏に勧諍忠告して、政権を朝廷に還納せしめ」として、明確に「政権」「還納」の「勧諍忠告」唱えている。この考えは明らかに、このあと土佐藩がする幕府への建白に先行するものである。そして続いて「徳川氏」は「その身は退き藩籍に就き、諸侯と共に朝政を献替して」であるから、これは本書で言う奪幕論である。

その点では、岩倉の廃幕論や薩摩藩指導部の対幕方針と変わるところがない。長期的には、廃幕―王政復古―全国合同―万国対峙に至る道を構想するものである。ただし、「狂暴」なことや「陰険なる手段」は明確に否定しているので、やはり土佐藩と同じで、平和的に建白方式で進めようとするものである。文中にある「かの某藩」というのは多分、薩摩藩のことで、「某浪士等」というのはその薩摩藩や長州藩とつながっている浪士たちを言うのであろう。

六月初旬に世子の浅野茂勲が上京し、続いて六月八日には家老の辻将曹（維岳）が着京して直ちに活動を開始する。『藝藩志』によると、慶応三年六月（日闕）の条に、「若公（世子・浅野茂勲）は辻将曹をして還政建白の事を薩藩に内議せしむ。」（第十二巻、六一頁）。とある。その結果、久光は「大に歓喜し」、「共に京都に滞在して尽力すべきことを約せられた」ともある。この折衝中に辻は当然「長と共に挙事」のことも知ったであろう。芸州藩の活動要綱（藩論）からして、薩摩藩の「挙事」に加わるわけにはいくまい。しかし、「還政建白の事」では一致できる。「共に…尽力すべきことを約せられた」というのは、そういうことであろう。

このころ諸藩の協力・提携というのは、大方はそのようなものであった。藩それぞれに立場や事情があり、方針や考え方もそれぞれに違った。また、どの藩も、藩全体が一つにまとまっていたわけでもない。藩内に種々の勢力を抱え、また在京部と国元でもしばしば意見が分かれた。そういったなかで、諸藩が互いに協力・提携すると言っても、ともかく一致するところで協力しあって前に進むほかはなかった。そのため、協力・提携を約束しても、中途で挫折・破談することもよくあった。

土佐藩は、参政の後藤象二郎が六月十三日に長崎から坂本龍馬らとともに上京して来る。長崎で六月九日に乗船した藩船・夕顔の船中では、土佐藩の今後取るべき方針（「船中八策」などで知られる）について十分に討議もした。後藤は着京すると、すぐに精力的に活動を始める。以下、寺村左膳の日記（『寺村左膳道成日記』、以下、「日記」）と手記（「寺村左膳手記」、以下、「手記」）を通して、後藤と土佐藩の活動を見ていく。寺村は「老公」容堂の側用役であるが、容堂帰国後も京都に留まっていた。

「日記」の六月十七日の条に、「後藤氏上京後、…、議論最大、間然とするところなし。後藤参政の議論の略に曰く」として、次のように記している。

「今日より更始一新のご英断をもって、既存の是非曲直を問わず、大政は宜しく朝廷に帰し、王政復古、もって海外万国と並立の大業を立つべし。これ今日の急務たり。かりそめにも議論ここに決せば、この大条理をもって、各藩の主を説き、同心協力、幕府に建言して速やかに政権を解かしめん。…。

速やかに国に帰り、もって老公にこの大義を献じ、命を受け然る後、尽くす所あらん。諸君如何か。…。議、即決す。」[19]

「後藤参政の議論」を聞き、福岡藤次（孝弟）・真辺栄三郎・寺村ら一同、その「議」で「即決」したと言う。

また、続く六月十八日の条には、

「薩藩・田中幸助は後藤とことのほか懇意の由にて、日々出会するというこの人、後藤氏の大議論に同意なり。当時在京していた西郷吉之助等の論議は余りに暴論で、とても行えるものではない。

それよりも後藤氏の目的のごとく運ぶべしとの見込み。西郷吉之助の論は、かれこれ議論するも益なし、早々兵端を開き、幕府を討たんとする見込みなり、ということ。」

とある。

田中幸助（後の中井弘）は、西郷は「幕府を討たんとする見込み」と言い、明確に討幕論と伝えている。この田中は、薩摩藩士であったが脱藩して高知に行き、後藤象二郎の世話になって渡欧もした人物で、帰国後、薩摩藩京都藩邸に出入りしていた。この田中を通じて、薩摩藩のことが土佐藩によく伝わっていた。おそらく薩摩藩の方も、そのようにさせていたのであろう。

後藤は「各藩の主を説」くべく、さっそく六月二十日に薩摩藩邸を訪ねて小松に会っている。「日記」のその日の条に、「後藤氏、小松帯刀宅に行く。…。（小松）後藤の論に同意せりと云う。なお、明後日再会の約を為せりと云う」とある。

この件については、同日六月二十日の伊達宗城の「日記」に、

「象次郎参る。過日の目的、小松・西郷へ話したところ、間然なく同意に相成った由。」

とある。ここに「過日の目的」とあることからして、後藤はこれ以前、六月十三日に上京してすぐに宗城に会って、自分たちの考えを伝えていたことになる。

そしてこの「同意」については、少し後になるが、西郷が自分が長州に行けなくなったことを伝える書簡で、山県・品川に「象次郎、長崎より参来。…。弊藩へも談判これあり儀にて、実に渡りに船を得た心地」[20]と書いていることからしても間違いない。

ところがこの一方、寺村の「手記」の方の六月二十日の条には、後藤が草した「薩に説く略に曰く」とする意見書が記されていて、その一節に次のようにある。

「このごろ竊（ひそか）に聞ける事あり、貴藩は長に約して兵を挙げて幕を討つと、その意すでに察す。幕の失態許すべからず、尊王の道行われずと。いささかその理を得るといえども、未だその時を得ず。今の時に当たっては、真の叡慮より出ないものは私闘の責を遁（のが）れられない。…。一度、兵を京地に動かすときは、皇国瓦解・倒乱、外夷の術中に入らん。…。」[21]

「幕を討つ」とあるのは、薩摩藩の挙兵決議を討幕論と捉えてのものである。その上で、「真の叡慮より出ないものは私闘」になると牽制し、また、国内干戈に至るのは「外夷の術中に入らん」と戒めている。

しかし、この意見書は多分、実際には差し出されなかったであろう。上の寺村の六月二十日の日記に、「明後日再会の約を為せりと云う」とあったように、二十二日に薩土両藩の指導者たちが一堂に会して薩土提携について話し合っている。

寺村はその六月二十二日の「日記」に、薩摩藩の小松・西郷・大久保、土佐藩の後藤・福岡・真辺・寺村、「ほかに浪士の巨魁なる我が藩の者、坂本龍馬・中岡慎太郎、二人を呼ぶ」として、

「後藤氏は先日の大条理をもって、懇ろに説き終わり、…、薩の三人格別の異論なし。ほかに呼び起置いたる浪士の巨魁も承服せり。」

と記している。

後藤が「既存の是非曲直を問わず」と言う土佐藩の穏健路線と、すでに「長と共に挙事」を決めている薩摩藩の強硬路線が連帯することは難しいはずだ。しかし、「大政は宜しく朝廷に帰し、王政復古」の点では一致している。薩摩藩もそれを建白をもって進めることに反対ではない。ただ、それを兵力を伴わずにやっても、実現不可能だと考えているだけである。しかし、ここでもやはり両者ともに、ともかく一致するところで事を前に進めようというわけだ。

寺村の六月二十六日の日記に次のようにある。

「真辺（栄三郎）が宿に参り示談あり。先日の書付いろいろ加筆の上、今日西郷吉之助方へ持参のためである。今夜、後藤、芸州の家老辻将曹に面会のはず、大義をもって説諭すると云う。」

ここに「先日の書付」とあるのは、二十二日に薩土合同会議で相談した薩土盟約の明文化のことだ。またこの日、後藤が芸州藩の家老・辻に「面会のはず」ともある。

この面会については、伊達宗城が自身の「日記」の翌二十七日の条に、芸州藩の世子・浅野長勲と家老・辻が來邸として、次のように書いている。

「芸の坤山兄（長勲）来臨。辻将曹も参る。…芸父子・家老など談じるところは、粗、象次郎議するところと同意にて、将曹も昨日後藤と会集、談合して密話に及び、辻頗る奮発なり。」

芸州藩は、薩摩藩とは違って、先の藩の活動要綱（藩論）からしても、土佐藩の建白策にはほぼ完全同意であったに違いない。辻も後藤も、宗城の日記にあるように、さぞかし「頗る奮発」の気分であっただろう。

七月初頭に薩土両藩は正式に薩土盟約を交わしている。盟約書は七ヵ条から成る。[22]西郷が山口に送った「盟約書」から、その一部を下に引く。

「皇国の務、…、その要、王政復古。国に二王なし、家に二王なし。政権一君に帰す、これその大条理。…。制度一新、政権朝に帰し、諸侯会議、人民共和、…万国に臨みて恥ずかしからず、…。

一、天下の大政を議定する全権は朝廷にあり。我が皇国の制度・法則一切の万機、京師の議事堂より出る要す。

…。

一、将軍職を以って天下の万機を掌握するの理なし。自今宜しくその職を辞して、諸侯の列に帰順し、政権を朝廷に帰すべきは勿論なり。

一、…。」[23]

「王政復古」、「制度一新」を唱え、「将軍職を…辞して、諸侯の列に帰順、政権を朝廷に帰すべきは勿論なり」と言う。明確に王政復古のための廃幕論であり奪幕論である。

これによって、薩土両藩は完全に合意したのである。しかし、両者の思惑と進め方はもとから違う。土佐藩がこれを平和裏に、また徳川氏をできるだけ刺激しないように実行しようとするのに対して、薩摩藩はもとより徳川氏の力の削減と慶喜の排除を目的に実行しようとしている。したがって、薩摩藩にとっては兵力は不可欠である。

薩土両者は互いの思惑の違いもよくわかっていた。しかしここでも、事を前に進めるのには、ともかく一致するところで前に進むほかはない。一藩や二藩で幕府に太刀打ちできるとは、誰も思っていない。

後藤らは、薩土盟約締結のあと七月三日に、これの報告と藩論確定のために帰国の途に就く。その前々日、後藤は伊達宗城を訪ねている。宗城の「日記」の七月一日の条に次のようにある。

「後藤参。明後日出立の由。…。薩の西郷は目下戦いの意気あり。象（象二郎）より重々留め置いたが、この方（宗城）よりも（話が）出れば重々戒めてくれるようにと申すので、承知したと申しておいた。…。」

後藤は宗城に、西郷は戦意が強いので、機会があれば彼に注意してほしいと頼んでいる。

寺村左膳もまた、六月二十九日（晦日）に帰国の暇乞いに中川宮を訪ねて、薩土盟約のことを話したようだ。『朝彦親王日記』のその日の条に次のようにある。

「寺村左膳、暇を乞いに参る。…。サ印（薩摩）、段々、土（土佐）藩の説得に及び、この頃のところにては討幕論は少々薄らいだ由。」

寺村がどう話したかはわからないが、薩摩藩は討幕論であると話したのだろう。中川宮は「土藩の説得」で薩摩藩の「討幕論は少々薄らいだ由」と記している。

薩土両藩は薩土盟約を結んだものの、それに期待するものがもとから違っていたことは、これらからも明らかだ。

なお、この中川宮の日記の四日後の七月四日の条には、この日、徳川慶勝（前尾張藩主）の付家老の成瀬隼人正（正肥。このころ勝慶が京都に送った使者で薩摩藩とも接していた）がやって来て、

「時勢、誠に難しく、討幕論これ有り、藩は実に困っています。なお、幕を助け下さるよう分けて申入れて行った。」

とある。

これらからして、この時期、薩摩藩の「討幕論」が広く伝わり、多くの者がそれに神経をとがらせていたことは間違いない。もっともこれらは本書で言う討幕論を警戒する反討幕論であり、薩摩藩が実際に討幕論を唱えているのかどうかは定かでない。心配と警戒による風説が出回っていたとも考えられる。薩摩藩は確かに、「長と共に挙事」を決めてすでに挙兵路線を進んでいる。しかし、それが討幕を目指すものであるのかどうかはなお明確ではない。

四、「討幕は仕らず」

慶応三年八月十四日に薩摩藩指導部と長州藩遣使とが薩摩藩京都藩邸で薩長会談（以下、八・一四薩長会談）を開く。この会談は、薩土盟約締結のため、西郷が約束していた長州行きができなくなったとして、村田新八にその盟約書を持たせて山口に送ったのに対し、長州藩が参政の御堀（みほり）耕助

と直目付の柏村数馬を京都に送って開かれたものである。会談は、その遣使二人と薩摩藩の小松・西郷・大久保の三人のあいだで行われた。

この会談については、長州の柏村が「我」と「彼」という質疑応答の対話形式で記録にのこしている。帰藩後の復命に備え、会談内容をできるだけ正確に記録にのこそうとしたもので、一次史料としても第一級のものである。[24]「彼」は薩摩藩側であり、その責任者は家老の小松であるが、議題の中心が軍事上のことであったこと、それに、西郷が長州に行けなくなった経緯からして、答弁の中心は西郷であったと見てよい。以下、この記録から両者の対話を引いて解説を加える。

最初、両者双方にこれまでの成り行きを口上し、特に薩摩藩が久光の四侯会議等での尽力を述べて、そのあと質疑応答に入る。

長州側は最初、自分たちは「君側に罷り居り、兼ねてから機密にも関係しているので」、是非「腹蔵の」ないところを聞かせてほしいと述べる。それに対して、薩摩側は「もはや人事・口頭にては、とても貫徹仕らずに付き、この上は兵力を以て」するほかはないと応じている。

この薩摩側の弁に対して、長州側が今後の「御策略」を尋ねたのに対して、薩摩側は「三都（京都・大坂・甲府）一時に事を挙げる」とする挙兵計画を開陳する。京都では薩摩の在京兵一千を「御所のご守衛」と「（守護職）会津邸」ならびに「堀川辺幕兵屯所」の襲撃に割り振り、大坂では国元から「差し登ら」せた兵三千で大坂城を襲撃、甲府では江戸等にいる藩士や浪士を集合させて、約一千を「甲府城に立て籠」らせ、徳川兵の西上を阻止するというものである。

かなり荒っぽい挙兵計画である。このところの最後には、

「もとより、勝敗利純（利鈍、運・不運）は予期不可であれども、弊国斃れるときは、またあとを継ぐ藩もあると、それを見詰めて一挙動する心算です。」

とある。

続いて、長州側が「新帝（睦仁）お火除け（動座）」について尋ねたのに対して、薩摩側は「先に男山と治定」と応えているが、詳細は「今日は申し上げ難く」としている。また、長州側の「前件お手配にて十分（皇居の）ご守衛あい調いおつもりか」の質問には、次のように言う。

「前にお話申し上げた件、もとより（兵員）少人数につき不意に起こさずしては仕損じますので、急挙を専一にしてあらかじめ策を立てているわけです。それ故、弊藩もごく密議にて、君侯以下両三輩のほかは預かり聞いている者はなく、同志の堂上方へも当日に至ってご内通する含みで、遂げられるかどうかは万々覚束ないものの、打ち破るだけのことは且々もできなくはないと考えています。」

これらの弁明から、薩摩藩の「一挙動」の挙兵計画というのは、「三都一時に事を挙げる」と言っても、目的は奇襲によって禁裏封鎖のクーデターで天皇を確保し、政変によって新政権を立て、王政復古を目指すものであることがわかる。

今日なお、かなりの歴史家がこの挙兵計画を、薩摩藩が「三都一時に事を挙げる」と言っているためか、対徳川全面戦争や討幕・武力倒幕計画と捉えているが、[25] それは間違いである。

用語上で言えば、薩摩藩はここに出る「一挙動」や「一挙」（下で述べる薩長芸三藩出兵協定に出る）と、ここには出ないが別のところに出る「大挙」（大久保利通の日記や小松・広沢ら六名連署の「密勅請書」などに出る）とを使い分けている。前者は突如に決行するクーデターのようなものを指し、「大挙」は国元からの藩主出陣の出兵や全面戦争に取り掛かるものを指す。確かに、全面戦争をするのに「一挙動」や「一挙」という言い方はしないであろう。

「もとより少人数につき不意に起こさずしては仕損じ」ると言っているのや、「弊藩もごく密議にて、君侯以下両三輩のほかは預かり聞いている者はなく」などと言っていることからも、この「一挙動」が全面戦争などを想定したものでないことがわかる。幕府との全面戦争を始めるのに、「不意」をつかないと「仕損じ」たり、ごく少人数の「密議」で始めると言ったようなことはまずない。

また、兵員にしても、在京兵「千人」や、新たに「国元」から「兵員三千人を差し登らせ」たり、また、江戸等に「千人ぐらい」いる兵では、もとより幕府と全面的に戦えるはずがない。また、次に取り上げるように、「弊藩において討幕は仕らず」と明言してもいる。

大坂城襲撃や甲府での徳川軍の阻止は、いずれも禁裏封鎖クーデターを成功させるためのものである。「遂げられるかどうかは万々覚束ないものの、打ち破るだけのことは且々もできなくはない」と言っているのも、狙いが禁裏制圧クーデターにあることを示唆している。もっとも、その際に、あるいはそのあと、幕府との全面対決にならない保証はどこにもない。

続いて薩摩藩側は、

「弊藩において討幕は仕らず、事を挙げた已後、趣きにより討将軍の倫旨（綸旨の誤字につき、以下、綸旨とする）は差し出されるか、これは御同志の堂上方より粗ご内意を探索致している儀もあります。」

と言う。

やや持って回った言い方になっているが、直截に言うと、我が藩は討幕をするつもりはない、事を挙げた後、「討将軍の綸旨」が下るはずで、それについては「同志の堂上方」が天皇の「ご内意を探索」中だということになろう。ここで、「事を挙げた已後」というのは挙兵したあとという意味であり、その後に「討将軍の綸旨」が下ると言っている。「討将軍」というのは将軍慶喜を討つという意味であり、「同志の堂上方」というのは、岩倉具視と三卿（中山・正親町三条・中御門）や大原重徳らのことである。

なお、綸旨というのは、蔵人所が天皇の命を受けて発給した文書を指し、宣旨や勅諚と同じである。また、「討将軍」というのは、以前文久二年に山内容堂が江戸城で発した「攘将軍」に似ている。どちらも、将軍を排除するものであり、必ずしも、幕府機構や徳川氏を打倒してしまおうとするものではない。

討幕はせずに「討将軍」という言い方はいささか曖昧に聞こえるが、ここで言っている相手は「共に挙事」をする長州藩代表の遣使である。いい加減なことを言えるはずがない。むしろ、やろうとしていることを、正確に伝えようとしていると見るべきであろう。

「討幕は仕らず」という言い方には、この時期大内戦になるようなことはやらない、あるいは、討幕は無理である、あるいはまた逆に、今や敢えてそんなことをやる必要はないといったことが含意されているように思える。実際、討幕の戦争となると、簡単に済むはずがない。全国的でかつ長期戦になって国力を消耗するばかりである。外国の干渉や侵略を呼び込むことにもなりやすい。

また、幕府は長州征討に失敗して、内部から政権返上・廃幕論が出ている折でもある。そんなときに、今わざわざ敢えて討幕の戦争をする必要はないといった思いもあったであろう。ともかく今は、廃幕にした上で、徳川氏を一大名に降格させ、挙国一致の新体制を築き、自分たちがその主導権を取るというのが、薩摩藩の考え方である。

「討将軍」なら、「事を挙げた已後」、天皇を掌握してその綸旨を請け、そのもとに京都で慶喜をいっきに排除できる。言うならば時間的にも場所的にもピンポイントで決着が付けられる。また、討幕の勅諚は難しくとも、「討将軍」のそれなら請けられるという算段もあったかもしれない。

いずれにしても、薩摩藩としては、「討幕」ではなく「討将軍」に狙いを定め、慶喜を排除して徳川氏の力を削減した上で、次期政権のイニシアティブを取ろうとしている。事実、このあと十月に実際に降下されたのは、討幕ではなく「賊臣慶喜を殄戮」せよと命じる勅書であった。

もっとも、「討将軍」と討幕とがどのように違ってくるかは相手次第でもある。徳川氏からすれば、「討将軍」も討幕もさほど変わらないかもしれない。その場合は全面戦争にもなり得る。いずれにしても、薩摩側としても確たる見込みや算段があったわけではない。自ら「勝敗利純（利鈍）は予期不可」や「万々覚束ないものの、打ち破るだけのことは且々」などと言うものであった。

続いて薩摩藩側は、

「今日まで延期の儀は、先だって土藩後藤庄二郎来訪、気付があり、至極もっともの儀につき、見込みの筋、逐一詰問に及んだところ、もとより、その策を持ち出しても幕府に採用無きは必然につき、右を塩に幕と手切りの策にこれあり。……。（象二郎）帰国の上、国論一定にして十日立てば直に出京、万端申し合わせるべく約しにつき、庄二郎の出浮を待っている次第。返答次第で、万一土藩が同力できない場合は、即時機を定め、薩藩一手にて事を挙げる心得です。」

と言う。

ここにある「その策」というのは土佐藩の建白策のことで、それを「しても幕府に採用無きは必然につき、右を塩に幕と手切りの策にこれあり」と言う。土佐藩は建白策を採ることにはなるが、そうはしても「幕府に採用無きは必然につき」、それを機に土佐藩も幕府に対峙することになる、そのため、今は後藤の上京を待っていると言う。また、そのために西郷の長州行きもできなくなったというわけだ。

しかし、この件については、どこでどのような行き違いがあったのかわからないが、帰国直前に後藤が伊達宗城に、また、寺村が中川宮に話している内容からしても、もとから彼らに兵を動かす気があったとは思えない。後藤がいくらか二枚舌を使っていたのかもしれないが、いずれにしても、

「右を塩に幕と手切りの策」というのは、多分に薩摩側特に西郷の思い込みであった。ただし、当時多くの者が、大政返還の建白などをしても、幕府がすんなりそれを受け容れるはずがないと思っていたのは事実である。

このあとも質疑応答が続くが、それが済んで、長州側は最後に、「(これまでの)件々承知しました。拙者ども異存もなく、…」と応じている。御堀・柏村はこのあと八月十七日離京して二十四日山口に帰着する。二十六日には藩主父子に復命し、そのあと「御前会議」も開かれるが、それらの場で八・一四薩長会談の報告について特に異議が出た形跡はない。長州藩も薩摩側の方針を了承したことになる。

やや推測の多い論述になったが、いずれにしても、薩摩藩が「弊藩において討幕は仕らず、事を挙げた已後、趣きにより討将軍の綸旨は差し出され」るであろうと述べて、それを長州藩も了承したのは間違いない。薩摩藩はここで討幕はしないと明言している。代って「討将軍」なる言葉が出る。ここに薩摩藩の戦略のポイントがあるようである。世間で薩摩藩の討幕論が行き交っているのとはいささか違う。

五、薩土の競合

土佐藩は、英国人水夫殺害事件の嫌疑を掛けられたため、それへの対応に追われ、後藤らが京都から持ち帰った薩土盟約についての裁定が遅れていた。それでも八月二十日には、「御国論（藩論）」として今後の活動方針を定め、正式に建白書の提出を決め、出兵については見合わせることを決めている。併せてこの日、藩庁は藩主山内豊範（とよのり）名で次の訓告を発している。

「このごろ猥（みだり）に討幕などと唱える者これあるやにあい聞こえる。もってのほかのことである。…。」[26]

先の板垣退助らの一派や「土佐勤王党」の者たちが、討幕の気勢を挙げていたのであろう。しかし、幕藩体制のもとで存在している大名家にとって、藩内で討幕論などが高まるといったことを見逃しておくわけにはいかない。藩政府が上のような訓令を出するのは当然である。事情は鹿児島でも同じで、九月二十八日には次々節で取り上げるように、薩摩藩庁が土佐藩と同様の訓告を発している。

もっとも、土佐や薩摩の藩政府がこのような訓告を出すからと言って、諸藩で討幕論者がどの程度多くいたかは定かでない。佐佐木高行は回顧談であるが、土佐藩について、

「当時の佐幕・勤王の色分けをしたならば、士格では佐幕家が九分、勤王家は一分ぐらいの割で

ある。」[27]

と語っている。その数字が正確かどうかは別にしても、実際には大半が「佐幕家」であって、討幕論を唱える者などは一部であっただろう。藩士たちは一般に、幕藩体制のもとで身分が保証されており、言うならばその体制の受益者である。多くの者が討幕論に傾くといったことは、よほどのことでもない限りは考えにくい。もっとも、一部の者たちであっても、熱心に唱え、情勢もそれに加担すれば、藩を動かす力にはなる。

後藤象二郎と寺村左膳らは九月初めに再上京して来る。大坂に着いてそこで西郷に会うが、西郷はやはり最初に出兵のことを尋ねたようである。寺村の「手記」の九月三日の条に、

「左膳・象次郎両人、西郷吉之助の旅宿へ行き面会。その節の応答の大略次の通り。
第一、吾が藩の出兵のことを問うたのに付き、国元には用意しているが、未だ発していない。一左右次第で上京のつもりだと答えた。」

とある。

なおこの日、西郷に会ったあと、後藤・寺村はやはり大坂で、芸州藩の辻にも会っている。この日の寺村の日記に、「帰りに芸州家老辻将曹へ行く、対面、互いに同心協力の約を結ぶ」とある。

このあと、後藤らは入京し、九月七日には京都で後藤が小松宅を訪ね、小松・西郷・大久保と会談をしている。寺村の「手記」に次のようにある。

「吉之助が言うのには、兼ねて大条理の建白のことはご同意して、貴兄のご上京をお待ちしていましたが、段々と全体の模様も変になり、ただ今となっては、しょせん建白等でうまく運ぶ見付け（見込み）もなく、弊藩にては兵力をもって尽力致す心得になり、ご返約の段は不都合な筋もあるでしょうがご同意いただけるかと。

これに対して象次郎は、弊藩にては両君公に決して挙兵のご趣意はなく、建白書をもってどこまでも貫徹するよう申付けられ、愚存も挙兵はご同意致しがたくと種々弁論し、遂に議論合わず、なおまた双方熟考することを申し述べてあい別れた。」

西郷が「弊藩にては兵力をもって尽力致す心得」として、薩土盟約の「返約」を申し入れ、それに対して後藤は「弊藩にては両君公に決して挙兵のご趣意はなく、建白書をもってどこまでも貫徹する」と述べたとある。

このとき、薩摩側が薩土盟約の解約を申し入れたのは、後藤が上京時に率兵してこなかったからだけではない。土佐藩が幕府に建白しようとしている内容が、明らかに先の薩土盟約の趣旨に反していたからだ。

土佐藩が提出しようとしている建白書は、まず「松平（山内）容堂」名の本文があり、その最後に「一二家来共を以て言上仕り候」とあって、それに寺村左膳・後藤象次郎・福岡藤次・神山左多衛の四名連署の「別紙」が付くものである。[28]

容堂名の本文は「謹みて建白仕り候」として、

「皇国数百年の国体を一変し、至誠をもって万国に接し、王政復古の業を建てる一大機会を与えていただきたい。なお別紙をとくと細覧下されたく、…。」

とある。

四名連署の「別紙」の前文でも

「伏して思うに、皇国與復の基業を建てんと欲せば、国体を一定し、政度を一新し、万世に恥じない王政復古をもって本旨とすべし。…。」

とある。

この建白書は歴史上、一般に「大政奉還建白書」と呼ばれているが、この容堂の本文ならびに「別紙」の内容からして「王政復古建白書」と呼ぶべきであろう。大政奉還と王政復古とは同じではない。その点から、本書では土佐藩のこの建白書を「王政復古建白書」と呼ぶ。それは一般に言われる「大政奉還建白書」と同じものである。

「別紙」は上記前文のもとに八ヵ条を掲げている。

その第一条で、

「天下の大政を議定する全権は朝廷にあり。我が皇国の制度・法制一切、万機必ず京師の議政所より出さるべし。」

と謳うなど、全体として薩土盟約の趣旨を受け継ぐ条項が並ぶ。ところが、この王政復古建白書と先の薩土盟約が明確に相違するところが二点ある。

第一点は、先の薩土盟約にあった、

「将軍職をもって、天下の万機を掌握する理はない。自今（今より）よろしくその職を辞して、諸侯の列に帰順し、…。」

とする、将軍職剥奪条項が建白書では欠落している点である。もっとも、土佐藩は王政復古を申し立てているのであるから、将軍職辞退は当然のことにはなる。しかし、薩摩藩からすれば、薩土盟約で将軍職剥奪の理由と「諸侯の列に帰順」を明確に規定している点は重要な点で、その欠落は看過できるものではない。

もう一点は、今回の建白書の最後の第八条に、

「一、…、既往の是非曲直を問わず、一新更始、今後のことを見るを要す。…。」

と、ある点だ。

将軍職剥奪条項とも関連するが、薩摩藩はもとから、徳川幕府の「既往の是非曲直を」追及し、その過去を弾劾して将軍職を辞退させ、さらに新政府での徳川慶喜の地位に制限を加えることを目指している。にもかかわらず、土佐藩が建白書でこのような条項を新たに加えたについては、容認できるはずがない。

薩摩藩と土佐藩は九月七日に薩土盟約を正式に解約する。[29] しかし両藩は、これで訣別したわけではない。それぞれの道を行くことを了承し合って、薩摩藩は挙兵路線、土佐藩は建白路線を進むことになる。しかしまた、これをもって当然、両藩は競合することにもなる。

この土佐藩の建白書を、廃幕論であるとしている歴史書は以前からある。やや古いものでは、『京都守護職始末』二（二九一一）が、「公然たる廃幕論」（二四六頁）として、土佐藩の建白を論じている。また近年では、井上勲氏が『王政復古』（一九九一）で土佐藩の「大政奉還論」は「平和的手段によって、廃幕を実現させようとする政論である」（一五二頁）とされている。

九月下旬になると、幕府から土佐藩に対して建白書提出の働き掛けがある。幕府も、薩摩藩による挙兵路線と土佐藩による建白路線が競合しているのを十分承知しており、のんびり構えているわけにはいかなくなったのである。寺村の「手記」に次のようにある。

「九月二十日、永井玄蕃頭（げんばのかみ）（尚志）殿より象次郎をお呼び立てがあり、まかり出たところ、先だっての須崎（八月上旬の土佐・須崎港）での英国船（パークス搭乗）応接の一条等、委細お尋ねがあったあとに、このたびの土州の建言の筋もあると聞こえるが、なるだけ早々に差し出すよう仰せられたように聞く。」

「九月二十三日、板倉殿より明二十四日五ッ時（朝八時）に罷り出るようご沙汰があったところ、御建白書はいちおう薩州へ見せずしては手の足（た）らないことになるにつき、この日、藤次（福岡藤次、孝弟）が西郷吉之助方へ持参して、なおまたご高論も承りたき段、申し述べたところ、吉之助は御建白の可否は一言も申さず。ただこの御建白をお差出しになれば、幕府より先へ手を出す勢いになり、そうなると、弊藩の軍略に相違をきたすので、お差し出しに引き続き、この方より事を発しなければならぬことになる。

しかし、大久保一蔵もまだ長州より帰っておらず（この日に帰京）、かれこれ未だ行き届かない筋もあるので、来月五日ごろまでには発すべき（挙兵）と予定しているが、尊藩にていよいよ御建言書差し出すご決定あれば致し方もなく、止むを得ず事を発するに付き、いよいよお差し出しの前日にはご沙汰下されたくと言うので、藤次もことのほか当惑して帰ってきた。」[30]

慶喜の側近永井それに家老の板倉勝静（かつきよ）から、続けて建白書提出のプッシュがあったことになる。しかし、西郷の強硬な姿勢のために板倉の九月二十四日の呼び出しには応じられなかった。そのためであろう、今度は後藤が九月の二十七日と二十八日に大久保と小松をそれぞれ別個に訪ね、その二人を説得して両人から建白書提出の了承を取り付けている。

後藤はこのとき、二十九日に小松に礼状を送り、

「昨夜は長座、お邪魔しました。特にご高話拝承、近年の愉快、別してありがたく存じております。」[31]

と書いている。これからすると、小松は仕方なく了承したというのではなかったようだ。かなり長時間話し合ってもおり、小松はむしろ好感をもって建白書提出に同意したことになる。十月二日には、その小松から土佐藩へ正式に建白書提出に同意する旨の通知があり、土佐藩はただちに翌十月三日に、老中板倉に王政復古建白書を提出している。なお、この三日後の十月六日には、芸州藩も藩主「松平安藝守」名で「政権返還の建白書」を提出している。[32]

永井と板倉が土佐藩に建白書提出を促していたころ、九月二十一日に慶喜は宿所を「若州屋敷」から二条城へ移している。この日、将軍慶喜は大納言から内大臣に昇格しており、そのことも関係していたのかもしれないが、王政復古建白書の受理することになって、身辺警護を強化する必要があったからであろう。幕府が政権を返上するとなると、当然ながら、幕府内部の守旧派や過激派の動きを警戒せねばならなくなる。慶喜も政権返上の態勢に入ったわけだ。

このころには、挙兵路線と建白路線の方も、互いに先を急いで鎬(しのぎ)を削っていた。挙兵路線からすると、建白が功を奏して幕府に先に政権を返上されてしまうと挙兵の根拠を失ってしまうし、他方の建白路線からすると、薩長勢力に先に挙兵されてしまうと建白など吹き飛んでしまうからだ。

もっとも、薩摩藩はこのとき、ただ一方的に挙兵路線だけを進めていたわけではない。先の小松の後藤への対応からもわかるように、小松・西郷・大久保の三人のなかでも、家老の小松は特に建白路線の動向に目を配ってその路線にも乗っていた。この薩摩藩の両路線並行については、次章一節で取り上げる大久保の日記の記述からも読み取れる。[33] 薩摩藩としては、挙兵路線一辺倒では、先の八・一四薩長会談の内容からも推察できるように、危険があまりにも大き過ぎたからであろう。

六、三藩協定と請願書

薩摩藩は八・一四薩長会談で、長州藩遣使に「討幕は仕らず」、「討将軍」をするとして、「御同志の堂上方より粗ご内意を探索致している」と伝えていたが、その時点でその件はかなり進行していたと思われる。薩摩藩の国事の進め方は、第一章五節で触れたように勅諚主義である。文久二年の久光の率兵東上時に採られたもので、要するに、朝廷から勅諚を授かって、そのもとに一気呵成に事を進めるやり方である。その際、しばしば武威や武力を伴うのも薩摩藩の特徴で、その点では、武威付き勅諚主義と言ってもよい。

この「討将軍」についても、まずは「討将軍」の勅諚を授かろうとしている。その勅諚を授かるには、「同志の堂上方」から朝廷に勅諚降下の奏請をしてもらわねばならない。そして、そのためにはまず、薩摩藩側から「堂上方」に、その奏請をしてもらうための請願書を提出しなければならない。つまりは、請願書→奏請書→勅諚降下の順になる。

その薩摩藩側から「堂上方」に提出する請願書が、九月中旬にすでに出来上がっており、我々は今日、それを下で見るように、史料上で確認することができる。歴史書では古くから、一般に「討幕の宣旨降下を請う書」などと呼ばれて、十月八日に小松・西郷・大久保三名連署で中山・正親町三条・中御門三卿宛に提出されたとされているものである。

この請願書が作成された経緯とその内容について、これまであまり述べられて来なかったようなので、以下やや詳しく述べる。

薩摩藩は土佐藩と薩土盟約を解消する一方、芸州藩との連携を強化して、薩長芸三藩で挙兵路線を推し進めようとする。その三藩による出兵計画について、青山忠正氏が『明治維新と国家形成』（二〇〇〇）で次のように書かれている。

「九月八日、在京『三藩』指導部の間で、次のような出兵に関する『要目』案が決定された。ここでは、それを大久保一蔵自筆原本（京都大学附属図書館蔵・旧尊攘堂資料）から掲載しておく。

要目

一、三藩軍兵、大坂着船の一左右（いちそう）次第、朝廷向き断然のご尽力、兼て願い置き奉り候こと。

一、不容易御大事の時節につき、朝廷のため国家抛（なげう）って必死尽力仕るべきこと。

一、三藩決議確定の上は、如何の異論を聞食（きこ）しめられようとも、ご懸念（原本では「ご疑惑」）下されまじきこと。

（三項目は筆者が読み下し文にしている）

三藩

九月八日　連名」（二七〇－二七一頁）

なお、青山氏は上記前段の文章に注記を加えて、

「『大久保利通文書』二（一九二七）は、この文書を『薩長芸三藩盟約書要目』として収録するが、典拠を『尊攘堂蔵』（現京都大学附属図書館蔵）原本としながら、月日をあえて抹消し、表題で『慶応三年十月八日』と注記している。…。」（二八四‐二八五頁）

とされている。『大久保利通文書』の編者がどうして、こんなことをしたのかについては後に触れる。

青山氏は「出兵に関する『要目』案が決定された」とされているが、筆者が調べた限りでは、九月八日に実際に「在京『三藩』指導部の間で」決定されたと言えそうな形跡は見当たらない。上記の原本でも、署名欄に「連名」とあって、実際の署名はない。おそらく、これは決議文書そのものではなく草稿であろう。

実際、九月八日に決議を見たというのは、薩土盟約の解約日（九月九日）との関係からしても、いささか早過ぎる。青山氏も後の著書（二〇一二）では、「九月八日」入りの文書の原本を写真版で紹介して、それに「三藩『要目』九月八日付、大久保自筆の草案」とする表題を付けておられる。[34]おそらくそれが正しく、九月八日と日付の入ったものは、大久保が三藩で決議するために準備した草案であっただろう。

この「要目」は、この内容からして明らかに、薩長芸三藩が「同志の堂上方」に差し出す誓約書であり、これはいつの時点かに三藩で決議され「堂上方」に差し出されたはずだ。実際、後に見るように、大久保の十月八日の日記に、この「要目」がそのような記述のもとで掲載されている。しかし、大久保らが挙兵路線を急いでいたことからして、これが実際に三藩で決議されていたなら、十月八日などの時点よりももっと早い時期に「堂上方」に示されていたはずだ。

正親町三条実愛が九月八日付で岩倉具視宛に送った書簡で、「今朝大久保入来」として書いているなかに、まったくの推測ではあるが、「要目」に関することを言っているのではないかと思われる記載がある。[35]　大久保はこのとき正親町三条に、島津久光が「所労」のために、「今日帰国願書差し出す由。かつ名代として同姓備後(びんご)（久光の息子、島津珍彦）上京、隅州（久光）の趣意貫徹のところはきっと尽力これ有るべく由とのこと」（正親町三条の岩倉宛書簡にある記述）を伝えに来たのであるが、その岩倉宛の追い書きに、

「追って委細は拝時、申し解く也。極内啓上。」

と記している。

ここにある「委細は拝時、申し解く」というのは、久光帰国願書提出に関することではあるまい。そのこと自体なら、何も特段に「極内啓上」するようなことではない。実際、「帰国願書」は朝廷にほぼ同時期に提出されている。正親町はこのとき大久保から、前日の土佐藩との盟約の解約のほか、それに代わる三藩の「要目」に関することを聞いたのではないか。いずれも「同志の堂上方」には知っておいてもらわなければならないことだ。そして、この書簡を受けた岩倉が九月十四日付で中山忠能宛に次のように書いている。[36]

まず冒頭の追々書きで、

「…。極密言上したき廉々(かどかど)も少なからず也。中御門も窃(ひそか)に出会（会われて）、同卿も種々言上致されている事とは存じますが、今度の決議事件は実々秘事、不容易大変動の次第につき、至尊の御為、申し入れておかなくてはならぬことです。およそ当月（九月）廿四五六七日には万々決議と存じる件、そのころ拝上願うつもりです。万が一お差支えありますれば、正卿（正親町三条）にも出会、お取計らいこれ無き哉、願い上げ置きます。今日、愚孫をして呈する書、ご一覧、速やかに御火中給わるよう。」

ここで「今度の決議事件」と書いているのは、薩長芸三藩による出兵協定の締結のことを言うものである。すでに「中御門も窃に出会」されて、（中山も）聞かれていることだろうとも言う。その決議が「当月（九月）廿四五六七日には」あると言うのである。

おそらく、先の「要目」はこの決議のことを知らせて、「同志の堂上方」に「断然のご尽力、兼て願い置き」ますと願い出るものであったはずだ。「要目」はそのように使うものであったのだろう。この間のことがわかる史料が欠け、[37]推測が多くなるが、そのように考えるのが最も自然であろう。この一連のやり取りで、「堂上方」の中山・正親町三条・中御門の三卿の名もそろって出る。

ちょうどこの日、九月十四日に大久保が大山綱良(つなよし)とともに京都をたち、品川（弥二郎）・伊藤（博文）を同道して山口へ向かう。上で岩倉が「万々決議」がはっきりすれば、「そのころ拝上願うつもりです」と伝えているのは、その山口での決議のことである。

また、「今日、愚孫をして呈する書、ご一覧、速やかに御火中給わるよう」とある「書」が、これも推測ではあるが、おそらく、請願書（大久保らが三卿に差し出すことになる勅諚降下の請願書）の草稿であると思われる。多分、岩倉と出発前の大久保とで作成したものであろう。と言うのは、その請願書が、下で見るように、山口での三藩出兵協定成立後、大山が帰藩途中立ち寄った大宰府で九月二十一日に五卿に開示されているからだ。それは内容からして、旅行中の大久保と大山らだけで作成できるものではとてもない。岩倉の手が不可欠である。

この岩倉の中山宛書簡の本文の終わりには、

「…。今一段と（山口での）決策承知し、その上で願い出仕るべく、その砌は速やかにご処置のこと兼ねて冀って置きます。…。」

とある。

ここにある「ご処置」というのは、「同志の堂上方」による朝廷への奏請書提出のことであろう。そしてそれはまた、「要目」にある「朝廷向き断然のご尽力」のことであろう。

これらからして、この中山宛岩倉書簡は、岩倉が勅諚の奏請とその降下の中心になる中山に、現在の成り行きを伝えて、今後してもらうことになる処置について、前もって確認を取っているものと見てまず間違いない。

九月十四日に京都をたった大久保・大山は九月十九日に、山口で薩長両藩出兵の「条約書」を取り交す。大久保はその日に帰京の途に就き、その途次の「宮市の駅」で芸州藩の植田乙次郎に会い、その日「夜半まで委事を談じ」ている（『大久保利通日記』参照）。

その植田が翌二十日に山口で木戸・広沢と合議して、長芸の「条約書」を取り交す。『藝藩志』に「九月十六日植田乙次郎を山口に差遣して、三藩同盟義挙を議せしむ」とある。[38] ここに、薩長芸三藩出兵協定が成立したことになる。[39] もっとも芸州藩はこの直後にも、植田が復命した協定締結に抗議する者が出て、植田が出兵延期を求めて再度長州に来るなど動揺を見せている。

岩倉が九月十四付中山忠能宛書簡で、「実々秘事、不容易大変動の次第」としたのが、この協定締結のことである。

協定書は十一項目から成る。[40] そのなかの数項を引いておく。

第一項　薩摩兵が軍艦二艘を率いて、長州三田尻に集結する。日時は九月二十五、六日に。

第五項　三田尻を出航した長藩兵は、御手洗（みたらい）で待つ芸藩兵と合流する。

第七項　三藩兵の大坂着港を見届けた上で、翌日の夜京都で「決策」を決行する。

第八項　大坂城攻撃は、京都の「一挙」がすんだ時刻を計り、少し遅れて攻め入る。

第十一項　「決策」の「一挙」は、九月中を期限として決行する。

この第八項にある「一挙」は、禁裏を封鎖して政変を実行するクーデターのことで、八・一四薩長会談で薩摩藩が言っていた「一挙」である。長州藩はこの「一挙」のことを「一挙奪玉」と呼んでいる。

また、三藩の「要目」で「三藩軍兵、大坂着船の一左右（一報）次第、朝廷向き断然の（「同志の堂上方の」）ご尽力、兼て願い置き奉り候こと」としていたが、その「一左右次第」というのが、第七項にある「三藩兵の大坂着港を見届けた上で」、「一左右」される予定のものである。また「願い置き」というのは、薩摩藩が八・一四薩長会談で、「事を挙げた已後」、「同志の堂上方」から「討将軍の綸旨」の降下を奏請してもらうとしていたもののことだ。

九月十九日に山口で薩長両藩出兵の協定を結んだあと、大久保は京都への帰途に就くが、大山は本国に協定締結を報告し、その実行のために鹿児島に向かう。その途次、大山は九月二十一日に大宰府を訪ね、そこで、三藩協定締結を伝え、併せて五卿に「綸旨」降下のための請願書と長文の添付趣意書を開示している。

その請願書と趣意書が『七卿西竄（せいざん）始末』（一九七四）の慶応三年九月二十一日の条に掲載されている。[41] それらは、岩倉と大久保とで、大久保が九月十四日に京都をたつ前に京都で作成したものであろう。なかでも趣意書は特に長文で内容も濃く、今回の西下の旅中に作成できるようなものではない。

この請願書と趣意書の五卿への開示については、三宅紹宣（つぐのぶ）氏が近著『幕末維新の政治過程』（二〇二一）で次のように書かれている。

「九月十九日、大山綱良は京都に向かう大久保（利通）と別れて、鹿児島に向かった。途中二十一日、大宰府に立ち寄り、京都の様子および島津久光の口上を五卿に伝えた。また、来春には五卿が帰洛となる予定と語り、これから鹿児島に帰って出兵の準備をし、藩主島津忠義が上京するはずであると語った。

さらに、討幕の宣旨の降下を願う書面案をもたらした。この書面は、十月に小松・西郷・大久保の連名で出されたものが有名であるが、九月段階で、すでに五卿に伝えられていたことは、これまでの研究では触れられてきていない。」[42]

確かにここに、「大山の齎せる書に曰く」として『七卿西竄始末』に掲載されている請願書と趣意書は、『岩倉公実記』（一九〇六）、『大久保利通文書』（一九二七）、『西郷隆盛全集』（一九七七）などで、等しく「十月八日」として掲載されているものとほぼ同文である。趣意書は長文でいくぶんの文言・文字の違いと加除があるが、内容・趣旨はまったく変わらない。違うところは、大山が見せた請願書には差出人・宛名・日付いずれもが欠けているのに対し、『岩倉公実記』等では、差出人に小松・西郷・大久保の三名、宛名に中山忠能・正親町三条実愛・中御門経之の三名の名があり、日付が「慶応三年丁卯十月」となっているところである。

なお、三宅氏は同書で「討幕の宣旨の降下を願う書面案をもたらした」とされているが、これは「相当の宣旨の降下を」とすべきところであろう。「大山の齎せる書」には、「討幕」などの語はなく、下で見るように、あるのは「相当の宣旨」である。三宅氏もやはり、これが斯界で一般に言われている「討幕の宣旨」であり、また、それは「十月に小松・西郷・大久保の連名で出された」と理解されているようだ。

「大山の齎せる」請願書は次のように言うものだ。

「皇国内外の御危急謂うべからずの情體。別紙趣意書を以って申し上げる通り、…。伏して冀くは相当の宣旨降下あいなるよう處、ご執奏ご尽力成し下されたくお願い奉る。」[43]

その「別紙趣意書」は長文で、幕府のこれまでの失政や失態を書き連ね、その末尾で次のように言う。

「憂国の諸藩…、終に斃れんと欲して不正（止まず？）、今般の一挙となる。人事すでに至れり尽くせり、…。（この上は）大義の所在を明らかにし、王賓恢復の赤心を貫徹し、干戈を以ってその罪を討ち、奸兇を掃攘して国家長久の基を開き、…。

万死を以て藩屏（皇室守護）の任を尽くし、累代の厚恩に報い奉りたく、今ここに両三の藩、制すべからずの忠義暗合、…。敢えて呑噬・奪攘の意端に出でずの至情、陳述の情如斯云々〈陳述する者なり〉。」[44]

ここにある「今般の一挙となる」というのは三藩出兵協定による「一挙」を指し、また、「両三の藩」は薩長芸の三藩を指す。つまり、この請願書は、薩長芸三藩が上の出兵協定による「一挙」を実行し、「人事すでに至れり尽くせり」になった後に、提出される手はずになっていたものである。

なお、最後にある「敢えて呑噬・奪攘の意端に出でずの至情」というのは、「今般の一挙」は三藩が天下を取ろうと（あるいは倒幕しようと）するようなものでないことを、付言しているように読める。

大山は鹿児島に戻って、三藩出兵協定第一項にある「薩摩兵が軍艦二艘を率いて、長州三田尻に集結する。日時は九月二十五、六日に」の履行のために努めるが、思う通りには行かない。国元に諮って決めたものでもない協定を、国元で即実行と言っても容易に行かないのは、むしろ当然であろう。それに、日程も相当にきつい。

このとき、鹿児島では九月二十八日付で次のような訓告が発せられている。

「豈はからんか、我等の趣意を、もったいなくも、京師において無名の干戈をもって討幕の挙動を催す儀と心得違いをし、議論区々末々に至っているようである。甚だもって意外千万の至り。今度またまた出兵を達するのは、長州末家の者、浪華までお召し呼ばれ仰せ出されるにつき、どのような変動が生じるか計りがたいので、禁闕御警衛のため右のように及ぶ次第である。…。」[45]

藩内ではこのたびの出兵を「討幕」のためなどと「心得違い」している者がいるが、「禁闕御警衛のため」だと言う。確かに、禁裏警護のためであるのに違いはないが、それは単なる警護のためなどではない。三藩協定にもとづく出兵であり、長州藩の呼び方では「一挙玉奪」のためのものだ。

先に京都から帰着していた久光も、三藩出兵協定が締結の運びになることは承知していたので、国元をなだめすかして何とか出兵に漕ぎ着けるが、協定の期限からは大きく遅れる。薩摩の軍船が約一千二百の兵を乗せて鹿児島を出航し、三田尻と御手洗（芸州藩地）に到着したのは、十月六日から九日にかけてである。出兵協定の取り決めからは、すでに十日ほど遅れている。

長州藩は仕方なく十月三日に、

「三藩合従の説、既に天下に流布し幕も防禦の手段、…、意表に出て一挙奪玉の時機は既に後れたかにあい見え、…。」[46]

とする「失機改図」を発令している。

三藩出兵協定はその出端で、協定を主導した薩摩藩の失態で頓挫する。もっとも、六日から九日にかけて薩摩軍船が三田尻等に到着した兵をそこに留め、六日夜には堀直太郎と三島弥兵衛が状況報知のため上方に向かう。

このころ京都では、上述のように、九月二十日に永井尚志から土佐藩に最初の建白書提出のプッシュがあり、十月三日には土佐藩が幕府に王政復古建白書を提出する。また、この三日後の十月六日には、芸州藩も「政権返還の建白書」を提出する。情勢は錯綜し緊迫する。

七、「秘物」の降下

「相当の宣旨」の降下を願う請願書が、薩摩藩側から「同志の堂上方」に実際に提出されたかどうかはわからない。少なくとも、「今般の一挙となる。人事すでに至れり尽くせり」とある「一挙」はできておらず、そう書いた趣意書付きの請願書を提出する機会はなかった。

ところが、十月十四日に薩摩と長州の両藩主父子に宛てに、三卿が連署した勅書が降下される。趣意書に「両三の藩、制すべからずの忠義暗合」とあった、薩長芸の三藩にではなく薩長のみの二藩にである。大久保利通がその日の日記に次のように書いている。

「(十月)十四日　辰刻(朝八時ごろ)、正三(正親町三条実愛)卿へ参殿。秘物拝戴。なおまた北岡(岩倉)公へ参殿…。」

ここにある「秘物拝戴」の「秘物」が、両藩主父子に降下された勅書のことである。後世の歴史書や史料集は、小松・西郷・大久保三名連署の請願書を十月八日に提出したとするが、大久保らがそれを提出したことを裏付ける史料はない。しかし、両藩主父子宛の勅書が降下されたのは間違いない。長州の広沢・薩摩の大久保ら両藩の六名が名を連ねた、勅書への「御請書」がのこっている。[47]

先のものから「今般の一挙となる」といったところが削除され、新たに請願書が作成されて提出されたのだろうか。おそらくはそのようなことはなく、請願書の提出なしに、勅書が降下されたのではないか。請願書を提出する者とそれを受ける者、さらには勅書を降下する者は一体であり、互いにこれまでの経緯もよくわかっている。最後には、請願書なしに勅書が降下されたとしても不思議はない。それ故にまた、それは「秘物」なのである。また、それだけ、最後は切羽詰まっていたということにもなる。

その勅書は、中山忠能・正親町三条実愛・中御門経之三名連署で、薩摩藩主父子に次のように命じるものである（原文は漢文体）。

「詔す。源慶喜、累世の威を籍り、闔族の強を恃み、妄に忠良を賊害し、数王命を棄絶し、遂に先帝の詔を矯めて懼れず、万民を溝壑（谷間）に擠れて顧みず、罪悪の至る所、神州将に傾覆せんとす。…。万已むを得べからざる也。汝、宜しく朕が心を体して、賊臣慶喜を殄戮し、以て速やかに回天の偉勲を奏し、而して、生霊を山嶽の安きに措くべし。これ朕の願い、敢えて懈ることなかれ。

慶応三年十月十三日

奉

」[48]

慶喜を名指しして「賊臣慶喜を殄戮」せよと命じるものになっている。この内容は、これよりちょうど二ヵ月前の八・一四薩長会談で、薩摩藩が長州側に「弊藩において討幕は仕らず、事を挙げた已後、趣きにより討将軍の綸旨は差し出される」と告げた、「討将軍の綸旨」に合致する。これを受けた大久保はそれを「秘物」と呼んだのである。

このとき同時に、長州藩主父子宛の同文の勅書が降下され、併せて薩長両藩主父子宛に、京都守護職の松平容保と京都所司代の松平定敬の両人を名指しして、その二人を討てとする次の「御沙汰書」も降下される。

「右二人、久しく輦下（天子のひざもと）に滞在して幕賊の暴を助け、その罪軽からず。これにより速やかに誅戮（ちゅうりく）を加うべく旨仰せ下された。」[49]

これまた、「久しく輦下に滞在」する容保・定敬の二人を「誅戮」せよと命じる激烈なものである。

これら降下された二つの勅書を併せて読むと、それらは「輦下に滞在」する将軍を含む「一会桑」の三人の君側の奸を殲滅せよと命じるものと見ることができる。薩長両藩父子に降下された「秘物」は、京都の輦下に巣くう君側の奸の排除を命じるものである。必ずしも討幕を命じるものとは言い難い。

なお、これらに先立って、十三日には長州藩父子に対して朝敵赦免・官位復旧の勅書が下っている。これを出しておかないと、朝敵の者に上の勅命など下せないからだ。無論、これも朝議などにかけて決まったものではない。正式にそれが決まるのは、十二月九日のクーデターが起きる直前の朝議においてであった。

これらいずれの勅書も、正当な手続きを経て降下されたものではない。このとき天皇は幼年のために二条斉敬（なりゆき）が摂政に就いており、その二条が発するものでなければ正当な勅書にはならない。しかし、二条がこれらに関知した形跡はどこにもない。二条はもともと親幕派公卿で慶喜とは縁戚関係にもあり、その彼が「賊臣慶喜を殄戮」を命じる勅書を発するようなことはまずない。また無論、天皇が承認したような印もどこにもない。むしろ「奉」の字があって、奉者三名の署名がある。

先の「慶喜を殄戮」せよと命じるものには、頭に「詔す」とあって、それは詔書や詔勅を思わせるが、書形はとてもそのようなものにはなっていない。もとより怪しげなものである。こういったことにいくらかでも通じた者であれば、一見してそのことはわかったはずだ。しかし、授かった側からすれば、密勅でもあり、朝廷から自分たちに密命が下ったと解釈すればそれでよいことであって、その真偽はさしたる問題ではない。大久保はこのような勅書を「秘物」と呼んだのである。

大久保らはもとより、このような「秘物」を授かるために、懸命に働いたわけではない。趣意書にも「憂国の諸藩」とあるように、勅書は諸藩に降下されるか、少なくとも薩長芸の三藩に降下されるものであった。ところが、三藩出兵協定の実行に失敗して「今般の一挙となる。人事すでに至れり尽くせり」とはならず、仕方なく、薩長二藩への密勅になったのである。それらからして、この「秘物」は、三卿・岩倉と大久保が謀って急きょ無理矢理にひねり出したものであったと言ってよい。

したがってまた、このような勅書を工作した三卿・岩倉と大久保らは、紛うことなき君側の奸である。彼らは一蓮托生の身ともなったわけだ。大久保が授かった勅書を「秘物」と呼んだのは、これが密勅であったからだけではない。それが自分たちが工作した偽勅であったからだ。「秘物」という呼び方には、大久保のその疚（やま）しさと悔しさが込められている。しかし、この「秘物」が、後世に「討幕の密勅」と呼ばれて、歴史上にのこることになる。

注

1 『西郷隆盛全集』二、二〇三‐二〇六頁。そこでの解説に「原本は西郷の筆跡で、巻き表には久光の自筆で『丁卯五月西郷・大久保の大趣意書』と記されている」とある。

2 『大久保利通文書』一、四七一頁。

3 『続再夢紀事』六、二二五頁。

4 同上書、三〇三頁。ただし、この慶喜の奮闘については、原口清氏は「両日の朝議は、慶喜の独壇場などといえるものではけっしてなく、ただ彼の不退転の決意と弁舌とによって、辛うじてその主張を貫徹したものとみることができよう」(「慶応三年前半期の政治情勢」(一九八七))とされている。

5 『岩倉具視関係文書』三、三五七頁。

6 原口清「慶応三年前半期の政治情勢」『名城商学』第三七巻第三号、一九八七年。引用は『王政復古への道』原口清著作集2、二四四‐二四五頁。

7 『西郷隆盛全集』五、三三九頁。

8 『山内家史料　幕末維新』六、一九八四年、二二二‐二二三頁。平尾道雄著の「無形(板垣)伯舊夢談」から引用して掲載されている。

9 『中岡慎太郎全集』一、二〇二頁。

10 この重臣会議は多くの歴史書が五月二十五日としている。しかし、『維新史』(一九四一)は五月二十九日としている(第四巻、六六二頁)。また実際、小松帯刀が大久保利通宛六月一日付書簡で、「今日は昨日(この月は二十九日が晦日)の評議の義、伊地知存慮も承って、あい伺う心得です」(『大久保利通関係文書』三、二三二頁)と書いていることからしても二十九日であったと考えられる。また、高橋裕文氏は「新納の日記原文(写本)では五月二十九日」になっているとされている(「武力倒幕方針をめぐる薩摩藩内反対派の動向」(家近良樹編『もうひとつの明治維新―幕末史の再検討』)の注7)。「評議(重役会議)」は五月二十九日にあったとみてまず間違いない。

なお、『大久保利通日記』では、この時期、ほぼ毎日が綴られているが、二十五日と二十七日の記載が欠け、二十九日は記載はあるものの、他の事柄が書かれていて、重役会議については日記ではいっさい書かれていない。重要な会議であったことからすれば、やや不自然である。もっとも、彼の日記にはこういうことが時折ある。

11 このところの「挙事の」が、「事を挙ぐる」になっているものもある（芳即正『島津久光と明治維新』（二〇〇二）、一八一頁、など）。「挙事」も「事を挙ぐる」もまったく同じであるので、ここでは「挙事」の方を採用する。

12 『大久保利通文書』一、四七九頁。

13 『続再夢紀事』六、三四二頁。また同書、六月一日の条には、原市之進が「薩はかつて討幕論を主張し…」と述べたともある（三三四頁）。

14 『西郷隆盛全集』二、二二五頁。

15 同上書、三三六頁。『維新史』四、六七四頁。

16 『大久保利通文書』一、四七六－四七七頁。

17 『鹿児島県史料　忠義公史料』四、四二六頁。

18 橋本素助・川合鱗三編『藝藩志』第十二巻、文献出版、一九七七年、四〇頁。ただし、この活動要綱は当時決められた文章そのものではなく、『藝藩志』の編者の記述で、編者の理解によるものである。この『藝藩志』は当時の史料そのものの掲載が比較的少なく、このような記述になっているものが多いので、それなりに注意が必要である。なお、この時期の芸州藩の動きについては、明治維新学界編『講座 明治維新』第2巻（二〇一一）所収、青山忠正「慶応三年一二月九日の政変」を参考にしている。

19 横田達雄編「寺村左膳道成日記」三、県立青山文庫後援会、一八－一九頁。

20 七月七日付山県狂介・品川弥二郎宛書簡。『西郷隆盛全集』二、二二七－二二八頁。

21 「寺村左膳手記」、『維新日乗纂輯』三、四七六－四七七頁。

22 この件については、青山忠正『明治維新の言語と史料』清文堂、二〇〇六年の第四章「土佐山内家重臣・寺村左膳」に詳しい（一〇一–一〇七頁）。

23 『鹿児島県史料 玉里島津家史料』五、二二六–二二七頁。

24 『山口県史 史料編 幕末維新4』、二〇一〇年、二一四–二二五頁。

25 家近良樹氏は「三都一時事を挙げ候策略」について「辛じて推測し得るのは」、「この挙兵計画は明らかに、…、対徳川全面戦争（武力倒幕）計画であったこと」（『西郷隆盛と幕末維新の政局』、ミネルヴァ書房、二〇一一年、一九五頁）とされ、また、三宅紹宣氏は「柏村日記」を逐次解説して、「薩摩藩は討幕を志向していることが確認できる」（『幕末維新の政治過程』、吉川弘文館、二〇二一年、二六七–二七〇頁）とされている。

26 『山内家史料 幕末維新』六、五〇七頁。

27 『佐佐木高行老侯昔日談』、三五五頁。

28 国立国会図書館デジタルコレクション「三条家文書」等参照。

29 「寺村左膳道成日記」三、三五頁、参照。

30 「寺村左膳手記」、前掲書、四八四–四八五頁。

31 高村直助『小松帯刀』、吉川弘文館、二〇一二年、一九一–一九二頁、参照。なお、この書では、薩藩指導者の小松の難しい立場とその苦労がよく書かれている。

32 橋本素助・川合鱗三編前掲書に、このことが、家老・辻将曹がこれを持参して老中板倉勝静に提出したとして記載されている。しかし同書でも、それが正式に受理されたかどうかの記載はない（第十二巻、一六八–一七六頁参照）。

33 この薩摩藩の建白路線と挙兵路線の並行については、拙著『龍馬と西郷—二つの個性と維新—』（風媒社、二〇二一年）第七章三節「建白路線と挙兵路線」で詳しく述べている。

34 青山忠正『日本近世の歴史6 明治維新』吉川弘文館、二〇一二年、一六二頁。

35 『岩倉具視関係文書』三、三六三－三六四頁。
36 『中山忠能履歴資料』八、四四八－四五〇頁。
37 たとえば、肝心の大久保利通の日記の慶応三年八月十六日から九月十四日の一ヵ月が欠け、また、『中山忠能日記』の同年九月分もすっぽり欠けている。
38 橋本素助・川合鱗三編前掲書、一一三頁と一一六頁。
39 この三藩出兵協定締結の経過については、『大久保利通日記』に比較的詳しく綴られ、また『大久保利通文書』一に収録されている大久保書簡およびその解説（四八八－四九五頁）でもよくわかる。
40 三藩出兵協定については、佐々木克『幕末政治と薩摩藩』、二〇〇四年、三九〇－三九一頁に詳しく、以下の条項についてもそれから引用させてもらっている。
41 日本史籍協会編・別編22『七卿西竄始末』六、一九七四年、二四三－二四七頁。
42 三宅紹宣、前掲書、二七九－二八〇頁。なお、三宅氏はこの文書を『東久世通禧日記』上巻、霞会館（一九九二年、五〇一－五〇四頁）から引いておられるが、筆者は『七卿西竄始末』のものを用いている。文章に変わりはない。
43 前掲書、『七卿西竄始末』六、二四七頁。
44 同上書、二四七頁。
45 『鹿児島県史料　忠義公史料』四、四五八－四五九頁。
46 『防長回天史』9（第五篇下）、四四四頁。
47 維新史料編纂事務局編『維新史料聚芳』乾、（一九三六年（昭和十一年）初刊、東京大学出版会、一九九八年復刊、六二頁）に、「薩長両藩討幕の御請書」として現物が写真版で収録されている。
48 同上書、四頁。ここでは「討幕の詔」として、薩摩藩主父子宛のもの（慶応三年十月十三日付）と長州藩主父子宛のもの（同十四日付）が写真版で掲載されている。

49 『鹿児島県史料　玉里島津家史料』五、二三三頁。

第六章　廃幕後の討幕

慶応三年十月十四日、薩長両藩主父子に「秘物」が降下された同日、将軍慶喜は朝廷に政権返上の奏請書を提出する。慶喜はこのあと将軍職も辞退して、十二月九日には「王政復古の大号令」が発せられ、幕府は廃絶になる。しかし、新たに発足した王政復古新政府は、慶喜への辞官納地の要求をめぐって、薩摩藩側と親徳川諸侯派とが対立する場となる。そんななか、慶喜が京都に向けて兵を動かし、慶応四年一月三日に鳥羽伏見の戦いが始まる。この開戦によって、新政府軍が官軍、旧徳川軍は賊軍となって、以後一年以上にわたって「戊辰戦争」が続く。廃幕後の戦争ではあったが、この戦争が討幕のための戦争とされ、明治になってからはその討幕がいっそうよく言われるようになる。

一、慶喜の政権返上

慶喜が「秘物」の降下を知る由もないので、これの降下と政権返上の奏請が同日になったのは偶然である。しかし、「秘物」の降下がこの日になったのは偶然ではない。大久保や岩倉らは、慶喜がこの日に政権返上の奏請をするのを、少なくとも数日前から知っていた。大久保らはそれを知った上で、この十四日に、言うならばギリギリで「秘物」の授受を行ったのである。慶喜に政権返上され、それが勅許されてしまうと、大久保らは「秘物」を授かる機会を失ってしまう。彼等としては、何としても慶喜が政権返上する前に、それの授受を完了しておかねばならなかった。一方の慶喜の方も、薩摩側に先に挙兵されてしまってから政権返上するわけにはいかないので、薩長による挙兵路線の進行具合を計りながら政権返上の奏請を急いだのである。

政権返上の奏請書は次のものであった。

「臣慶喜、謹んで皇国時運の沿革考えますのに、昔、王綱紐を解き（帝王の政治がゆるみ）、相家（藤原氏）権を執り、保平（保元・平治）の乱、政権が武門に移ってより、祖宗（徳川家康）に至りさらに寵眷（ご寵愛）を蒙り、二百余年子孫相承、臣その職を奉ずると雖も政刑の当を失うこと少なからず、今日の形勢に至ったのも、畢竟、（自分の）薄徳の致す所、慚懼に堪えません。

況や当今、外国の交際、日に盛んになり、いよいよ朝権一途に出で申さずしては、綱紀立ち難い。

従来の旧習を改め、政権を帰し奉り、広く天下の公議を尽くし、聖断を仰ぎ、同心協力、共に皇国を保護仕り得れば、必ず海外万国と並び立つでしょう。

臣慶喜、国家に尽くす所、これに過ぎずと存じます。さりながら、なお見込みの儀もあるでしょうから、申し聞くべき旨、諸侯に達し置きました。これにより、この段、謹んで奏聞仕ります。以上。」[1]

最初に、「皇国時運の沿革」を述べて、帝王（天皇）の政治がゆるんで保平の乱となり「政権が武門に移」り、「祖宗に至りさらに寵眷を蒙り、二百余年子孫相承、臣その職を奉ずると雖も…、薄徳の致す所、慚懼に堪えません」とし、その上で、「従来の旧習を改め、政権を帰し奉」ると言うのであるから、これは、明らかに政権返上の奏上であり、徳川幕府廃幕の言上である。今後については、「朝権一途に出で」、「広く天下の公議を尽くし、聖断を仰」ぐ、であるから公議政体を採り、天皇奉戴の政治体制を目指すと言っていることになる。ただし、「朝権一途に出で」と言っても、朝廷は従前通りということではない。慶喜もまた、現行朝廷の抜本的改革は必須と考えており、それらの点で、慶喜のこの政権返上の趣旨は、このあと十二月九日に煥発された王政復古宣言の趣旨と異なるものではない。

もっとも、異なるところがないわけではない。上記のものは十月十四日に朝廷に提出された奏請文であるが、これに先立って、その前日十三日に大坂城で在京諸藩重臣たちに開示されたそれの原案に相当するものがのこっている。[2]その二つを照合すると、上で「臣慶喜」と「臣」とある都合三ヵ所は、原案ではいずれも「我」であったことがわかる。つまり、実際に奏上する段階で、「我」が「臣慶喜」と「臣」に修正されたのである。

天皇に奏請するのに、「我」では君臣の義にそぐわず、好ましくないとして、修正されたのであろう。文久二年十二月五日に将軍家茂が差し出した奉答書では、「臣家茂」となっていた。

しかし、もとの原案の方に、慶喜自身の気持ちが率直に表れている。慶喜はこの政権返上の上表を、それほどへりくだって、また、仕方なく差し出しているのではない。むしろ、局面打開の積極策として政権返上・廃幕に踏み切っているのである。そのことは、後段に「臣慶喜、国家に尽くす所、これに過ぎずと存じます。…、見込みの儀あれば申し聞くべき旨、諸侯に達し置きました」とあるところからもうかがえる。諸侯・諸藩の統制権はなお自身にあると考えているわけだ。事実、この段階ではまだ将軍職辞退はしていない。継続して、政権担当意欲十分である。以前の春嶽の廃幕建言では、「諸侯への命令等停（と）められ」であった。

十三日、二条城で政権返上の説明があり、そのあと意見のある者は残れとの指示がある。それに応じて、薩摩の小松、土佐の後藤・福岡、芸州の辻らが残り、幕閣との質疑応答をしている。この者たちはそれによって、慶喜の考えをいっそうよく理解できたはずだ。

小松は十三日退城後直ちに大久保を訪ねるが、留守であったため、次のような置手紙をしている。

「ただ今、帰りがけ罷（まか）り出ましたが、お留守に付き引き取ります。登営（登城）の都合は、先ず殊の外の運びになりました。王政復古の義十分に相立ち、実に意外の事です。明日いよいよ奏聞になる事に決まりました。早々にお話ししたいこともありますが、今宵はよほどくたびれましたので、今宵は御免して、明朝罷り出ますので、左様に御承知下さるよう。」[3]

小松は「殊の外の運びになり」、「王政復古の義十分に相立ち、実に意外の事です」と伝えている。

後藤もまた同日、退城後、登城直前に激励の書簡を受けていた坂本龍馬に、

「大樹公、政権を朝廷に帰す号令を示せり。このことを明日奏聞、明後日参内内勅を得て、直接、政事堂を仮に設け、上院下院を創業することに運べり。実に千載の一遇、天下万姓、大慶これに過ぎるものなし。」[4]

と書き送っている。

小松と後藤はともに、予想以上の建白路線の成果に感動している。

慶喜が政権返上を奏上した十月十四日の同日、小松・後藤・福岡・辻の四人は同道で摂政二条斉敬をその邸に訪ね、朝廷は直ちに慶喜の大政奉還を聴許すべきと申し入れている。その際、小松は聴許が遅れるようなことになると、摂政の身に「如何様の変事できも計り知れず」などの脅迫まがいのことを言ったとされる。[5] 政権返上の奏請は翌十五日に正式に勅許される。

十四日、小松は摂政二条と折衝したあと、登城して慶喜に会って話し合ってもいる。上記の四人による摂政二条への説得も、慶喜が承知ないしは依頼したものであったのだろう。小松はこのあとまた、大久保に二条城で慶喜から聞き取ったことを伝えている。大久保の日記の十月十四日の条に

次のようにある。

「一、十四日、小大夫（小松）登城。内府公（慶喜）拝謁。なおまた、委曲言上して、左の五ヵ条を決す。

イ、政権返上の議、早々、朝廷は聞き召されること。

ロ、長防のご処置を初政でご沙汰のこと。

ハ、賢侯お召し。

ニ、征夷将軍返上のこと。

ホ、五卿一条。

右のほか、諸藩来会の上、万事ご決定なされられるよう。」

イは政権返上の聴許があること、ロは新政府の最初の朝議で長州藩の懲罰を免じること、ハは直ちに「賢侯」を召集すること、ニは征夷将軍の返上をすること、ホは三条実美ら五卿を帰京・復権させること、これらが決まったというのである。

ニにあるように、小松は慶喜の口から直接に「征夷将軍返上」を聞き取ったことになる。

これら慶喜に面会して確認できた「五ヵ条」は、小松にとってほとんど文句の付けようのないものであっただろう。先の政権返上とこの征夷大将軍返上によって、幕府による諸藩統率権ならびに軍事統帥権の消滅が約束されたことになる。これで藩主が上京する際も、何も「秘物」の勅命によらなくても、率兵が「賢侯お召し」のもとで十分に可能になる。幕府の廃止についても完全に約束されたことになる。

翌十五日に小松は正親三条実愛に、「大樹（慶喜）虚心のこと」[6]と伝えている。この「虚心」は、慶喜は政権返上しても再委任を狙っているという噂を否定して、慶喜にそういう考えはないというものだ。

中山ら三卿はこのあと十月二十四日に、薩長両藩に対して、藩主父子宛に降下した勅書の執行見合わせを命じる。慶喜の政権返上が真意であるなら、「賊臣慶喜を殄戮」せよと命じる勅書を、そのままにしておくわけにはいかないからだ。

大久保が小松から聞いて日記に書き留めた上記の事項は、十月十四日の条にあるものだが、その日の同じ条に、先に引いた、大久保自身が進める挙兵路線に関する次の記載がある。

「一、辰刻（朝八時ごろ）、正三卿（正親町三条実愛）へ参殿。秘物拝戴。なおまた北岡（岩倉）公へ参殿。」

このころの大久保の日記には、このように、自身が進めている挙兵路線に関する記事と、小松が進めている建白路線の記事が、ほぼ毎日、並列して記されている。薩摩藩指導部はこの時期、その両路線を並行して進めていることを物語っている。薩摩藩は先述のように、このころ決して挙兵路線一辺倒であったわけではないのである。

その点からすれば、芸州藩が三藩出兵協定を結びながら、それを途中で離脱したり他方で「政権返還の建白書」を提出したりしていたのについて、薩摩藩がそれほど文句を言える立場にはなかったことになる。小松が土佐藩の後藤や芸州藩の辻と盛んに連絡とりながら、行動をともにしていたのも頷ける。政権返上段階では、慶喜と小松は互いに協力的であった。

このあと、小松・西郷・大久保の三人は「秘物」を携え、十月十七日に京都をたって、同じくそれを携えた広沢・品川らとともに大坂から芸州船・万年丸で帰国する。二十六日に鹿児島に帰着して直ちに「秘物」を藩主父子に奉呈し、翌二十七日には重臣会議で藩論を決議して藩主島津茂久の率兵上京を決める。ところがこのとき、小松は足の疾病が悪化して再上京は無理となり岩下方平が代わることになる。

大久保は十一月十日に鹿児島をたち、小松の代役として途中高知に立ち寄り大方の説明をした上で、京都には十五日に着く。西郷は岩下らとともに藩主島津茂久に随従して十一月十三日におよそ一千の兵を率いて鹿児島を出発し、十七日に三田尻に着き、茂久は長州藩主世子毛利広封と会見し、西郷らはここで十一月十八日に長州側と再度、六カ条から成る薩長芸三藩出兵協定（九月に結んだものからすると第二次となる）を結ぶ（長芸の二藩はこれ以前に世子同士（毛利広封と浅野長勲）が会見するなどして決議済みであった）。そのなかから三カ条を引く。

「一、三藩とも浪速根拠の事。…。

一、薩侯（茂久）二十三日御入京。二十六日三田尻出浮の兵出帆、二十八日西ノ宮着、薩藩より京都の模様報知の上、進入の筈。

一、〇（天皇の動座）の義は、山崎路より西ノ宮へ脱け、詰り芸術までの事。」[7]

天皇の動座については、八・一四薩長会談、九月二十日前後の薩長芸三藩出兵協定、そして今回の第二次協定と常に問題になっているが、「一挙」から「大挙」になるに連れて、その仕方が段々と具体的になっている。朝敵にされて長く苦しんできた長州藩にとっては、天皇の確保は絶対的要件であったからだ。

薩摩藩主茂久一行は十一月二十三日に入京する。

慶喜は十月二十四日には征夷大将軍職の辞退も奏請する。しかし、さすがに朝廷はこれを聴許していない。国を守り朝廷を守護する責任者がいない状態をつくるわけにはいかないからだ。諸侯を召集して新体制が定まるまでは、引き続きその職にとどまるよう命じる。そのため、十二月九日の「王政復古の大号令」によって正式に廃幕になって新体制になるまでは、征夷大将軍の権限はなお慶喜のもとにあった。

この慶喜による将軍職辞任の奏請についても、幕臣等からの強い反発があった一方で、多くの者から将軍慶喜の大英断と称賛の声が上がる。

越前藩の記録『丁卯日記』によると、尾張藩老公・徳川慶勝は慶喜の上の奏聞前日の十月二十三日に二条城で慶喜からその話を聞き、「これまで疑い滞っていたことはすべて氷解の次第」（二四三頁）と賞賛し、また、土佐藩の福岡藤治（孝弟）は慶喜の将軍職辞退の上表を知って、「このたび、内府公（慶喜）ご反正の思召しを立て、稀世のご英断にて、…」（二二三頁）と激賞し、後藤象二郎は「議事院を開き、上院、下院を分かち、上は摂政（二条斉敬）初め、内府公ご主宰にて名侯お加わりになり、…」（二二五頁）と述べたと言う。

坂本龍馬の名とともによく挙げられる「新政府綱領八策」でも、その「第八義」の末尾に「○○○自ら盟主となり」とあるが、この「盟主」も多分、慶喜を想定したものであろう。[8]

小松・西郷・大久保の留守の薩摩藩京都藩邸でも、慶喜称賛の意見が沸き起こっている。留守を預かっていた一人の伊地知正治は、国元に次のような上申書を送っている。

「徳川前日の重罪を悔悟し、時勢の沿革を観察して政権を奉還し、朝廷に将軍職を辞退したにつき、今は難事を追責されては不公平と存じますので、朝廷が将軍辞職をお聞き入れになり、徳川内大臣を諸侯の上席に召し置かれるようあるべきではないでしょうか。…。」[9]

この上申書は、伊地知個人の意見ではなく、関山糺・吉井友実ら、小松らの留守を預かる薩摩藩京都藩邸幹部の考えを代表するものであった。「徳川内大臣を諸侯の上席に」というのは、上で後藤が「内府公ご主宰にて名侯お加わり」と言っている同じである。大久保・西郷らが唱えてきた、徳川氏を同列の一大名に下ろすというのに明らかに反する。身内の者でさえこうである。慶喜の政権返上と将軍職辞退が、政局に与えたインパクトの大きさを物語っている。

松平春嶽は、慶喜の政権返上後、老中板倉勝静らからの再三の上京要請にもすぐには応じず、ずいぶん遅れて十一月八日に着京するが、そのときに慶喜に会った印象を、明治になってからではあ

るが「逸事史補」で、

「政権は、まったく徳川氏に、以前のように将軍ではなくとも、諸侯の頭にても命じられるだろうという心算のようであった。」[10]

と語っている。

「ご主宰」・「盟主」・「上席」・「諸侯の頭」など、その呼び方はいろいろだが、多くの者が、いずれ慶喜が大名（諸侯）のトップに立って、公議会を主宰し新政権を主導すると考えていたことになる。慶喜はもとよりそのつもりであった。この際、幕府や征夷大将軍といった時代遅れの衣は脱ぎ捨てて、徳川権力の保全を図り、そのもとで新たな政権を立ててその采配をとろうとしていたのである。

二、辞官納地

薩摩藩の岩下方平・西郷・大久保は、クーデターを翌日に控えた十二月八日、三名連署して岩倉に「三卿へご断決あらせられるよう」として、次の建言書を差し出している。

「今般ご英断をもって王政復古のご基礎を召し立てられたいとのご発令については、一混乱を生じさせるかも知れません。二百有余年の太平の旧習に汚染してきた人心であってみれば、一度干戈を動かし、かえって天下の耳目を一新して、中原（天下の核心）を定められるご盛挙になるべきで、戦いを決し、死中に活を得るご着眼、最も急務と存じます。

しかしながら、戦いは好んでするべきでないことは、大条理において動かすべきでないことです。

（中略）

詳考深慮、ご初政（王政復古後の最初）の一令をお誤りにならないようにすることが第一の事に存じます。ついては、徳川家ご処置振りの一重事、大略のご内定を伺ったところ、尾張藩と越前藩をして、真に反正謝罪の道に立たせるよう、ご内諭周旋を命じられるとのこと、実に至当かつ寛仁のご趣意と感服しております。

全体、皇国が今日のように危うきに至った、その大罪が幕に帰することは論を待たずして明らかです。それ故、すでに先々月（十月）十三日、云々御確断の秘物のご一条までに及ばれております。この先、いかようの論が起こりましても、諸侯に列し官位一等を降ろし、領地返上して、闕下（天皇のもと）に罪を謝らせるに至らずしては、公論に背き、天下人心、もとより承服する道理がありません。右のご内議は断乎、寸分のご動揺もあってはなりません。尾張藩・越前藩の周旋が、もしうまく行かない節は、朝廷の寛大のご趣意を奉ぜず、…、早々に朝命、断然右（「秘物」）の通りご沙汰なるべきと存じます。」[11]

前段では、戦争論を述べ、「戦いは好んでするべきでない」としながらも、この際「一度干戈を動かし」、「死中に活を得るご着眼」「急務」として、諸卿に覚悟を求めている。

中段では、「徳川家ご処置振り」については、尾張・越前両藩（徳川慶勝・松平春嶽）に「ご内諭周旋を命じられる」とのこと「感服しております」と言う。もっとも、これは薩摩藩の本意ではない。薩摩の三人は実際には、「内諭周旋」方式といった迂遠なやり方ではなく、勅命降下すなわち聖断による即決方式を主張している。それを拒否すれば、直ちに名分によって討つことができるからだ。先述の薩摩藩の勅諚主義である。

「徳川家ご処置振り」というのは、具体的には、後段にある徳川氏を「諸侯に列し官位一等（内大臣）を降ろし、領地返上して、闕下に罪を謝らせること」を指す。これが一般に「辞官納地」と言われているもので、これについては、薩摩藩は一歩も退けないと言う。そして最後には、もし、それが受け入れられない場合は、「早々に朝命、断然右の通りご沙汰なるべき」と念を押してもいる。「右の通りご沙汰」というのは、「賊臣慶喜を殄戮」せよと命じる「御確断の秘物」の通りという意味である。

薩摩側としては、慶喜に辞官納地をさせ得ない限り、新政府の財源が確保できないばかりか、無論、新政権の主導権など取れるはずもない。それ故にまた、他方の慶喜側としては、辞官納地は、徳川権力の根幹を殺ぐものとして絶対に受け入れられないものである。当時、指導的立場にある者にとって、官位は地位と身分の保証であり、領地の大きさは実力の証しでもある。ここにおいて、辞官と納地という実質的で具体的な権力の根源をめぐって、薩摩側と徳川氏があらためて真っ向から対立することになる。

クーデター前日、十二月八日に始まった朝議で、長州藩主父子と三条実美ら五卿の官位復旧と入洛許可および岩倉具視ら文久二年以来の幽閉者の赦免が評議され、それらがようやく翌九日明け方に決議される。西ノ宮に待機していた長州軍は、この報を受けて直ちに洛西へと兵を進め、翌九日には早くもその一部が御所の公家門の警護に就いたようである。[12]

慶応三年十二月九日、薩摩・土佐・芸州・尾張・越前の藩兵によるクーデターのもと、「王政復古の大号令」（「大令」）が発せられる。それは次のようなものであった。

「徳川内府、従前ご委任の大政返上、将軍職辞退の両条、今般断然、聞し食された。……。これにより叡慮決せられ、王政復古、国威挽回の御基立て為されるので、自今、摂関・幕府等廃絶、即今まず、仮に総裁・議定・参与の三職置かれ、万機行われせらるべし。

諸事、神武創業の始めにもとづき、搢紳（公卿）・武弁（武家）・堂上・地下の別なく、至当の公議をつくし、……。」[13]

内大臣・徳川慶喜が先に申し出ていた「大政返上、将軍職辞退の両条」が聞き入れられ、「叡慮決せられ、王政復古」、「国威挽回」の基礎を立てられるので、「自今、摂関・幕府等廃絶」すると宣言している。

朝廷については、律令体制以来の摂関家を頂点とした門閥制が廃絶になり、幕府については、徳川幕府の廃止はもとより、鎌倉幕府以来の幕府制そのものが廃絶になる。まさしく革命的な大変革である。しかし、多くの場合、革命的事件があって、それで事が収まるわけではない。むしろその後にこそ、熾烈な権力闘争が始まり、混乱を来たすのが世の常である。この「王政復古の大号令」の際もその例外ではなかった。

「大号令」の同日、三職（総裁・議定・参与）制の王政復古新政府が発足し、さっそく、その総裁に就いた有栖川熾仁（たるひと）親王の主宰で、小御所で最初の三職会議が開催される。しかしこの会議は、やはり辞官納地問題で紛糾する。王政復古宣言をした新政府の混迷は発足と同時に始まる。

初日の三職会議ではともかく、慶勝と春嶽の二人が責任をもって辞官納地の「内諭周旋」に当たることで、一応の収束が図られる。二人はそのために、十日と十一日の両日二条城へ出向き、慶喜に会い説得に努める。しかし、返答保留の返事しか得られなかった。越前藩の記録によると、二人が出向いた二条城の様子は、初回のときは、

「幕下の人心大いに動揺し、旗下の面々いずれも兵器を携え甲冑（かっちゅう）にて登城。」

といったようなことで、二回目のときは、

「城中の変動不測にして、狂人のごとくになる者多し。」

であったと言う。[14]

もっとも、十日に出向いたときに二人は、朝廷から発せられた将軍職解職の勅諚（慶喜の征夷大将軍辞退奏上時には留保されていた）に対する慶喜の請書（うけしょ）を預かっている。[15] これで、慶喜は正式に将軍職を退いたことになる。

この辞官納地をめぐる薩摩側と徳川氏との対立は、廟堂では「内諭周旋」に動く慶勝と春嶽や容

堂らの諸侯と薩摩側との対立として表面化する。

それらの諸侯はクーデターには参加したものの、薩摩藩の強引なやり口には辟易しており、より穏健で平和的な政体変革を望んでいる。平和的に改革を進めるには、徳川氏と対立するのではなく、政権返上・将軍職辞退の英断で声望をあげた慶喜を復帰させるのが得策だと考えている。すなわち、それら諸侯たちは反薩摩・親徳川で党派を組むことになる。ここに、新政権における薩摩側と親徳川派諸侯との対立が鮮明になる。


この王政復古政府での二派の対立については、これまで、歴史学者のほとんどが、「討幕（倒幕）派」と「公議政体派」の対立と捉えている。それは、官撰の『維新史』五（一九四一）が「討幕派」と「公議政体派」の対立として論じて以来、[16]広く踏襲されているものである。しかし、そのような対置のさせ方は妥当なものとは思えない。

まず、「討幕（倒幕）派」という呼称であるが、王政復古政府自身が幕府廃絶の宣言をした矢先に、新政府での「討幕（倒幕）派」などというのは、はなはだおかしなことではないか。そもそも、廃幕したものを討ったりすることはできない。

また、その呼称が、手元のもので調べただけでも、歴史学者によって、「武力倒幕派」（遠山茂樹・原口清）、「倒幕派」（井上清）、「（挙兵）討幕派」（石井孝・井上勝生）、「武力討幕派」（井上勲・松尾正人）、「薩長討幕派」（佐々木克・三谷博）、「薩摩倒幕派」（高橋秀直）などと、[17]実にまちまちなのにも驚く。

次に、他方の「公議政体派」であるが、こちらの方は逆に、誰もがそろってそう呼ぶ。これは、新政府が三職制や議会制度を採用して公議政体を取ろうとしていることや、土佐藩の王政復古の建言が公議政体を唱えるものであり、それに与（くみ）する者が多かったからであろうが、ここでの対立の核心がそこにあったとは思えない。

それに、「公議政体派」を言うのなら、薩摩藩も当然「公議政体派」であるはずだ。むしろ、少なくともこれまで、「公議政体」を唱えてその先頭に立ってきたのは薩摩藩であった。いずれも失敗したが、「朝廷参預」・「参預会議」や「四侯会議」などを立ち上げて、公議政体や「共和政治」をリードしたのは薩摩藩であった。

このときの王政復古政府で対立する二派について、一方を「討幕派」とし、他方を「公議政体派」などとするのは、適切な対立項の立て方とは思えない。そのため本書では、その一方を薩摩側や薩長派（後に長州勢も新政府に加わる）とし、他方を、徳川氏を復帰させて政権の平和的移行を目指す派として親徳川諸侯派と呼ぶことにする。実際、王政復古政府発足以来対立したのは、辞官納地をめぐって対立した、薩摩側（後に薩長派）と親徳川諸侯派の二派であった。そしてこの対立は、実のところ、新政府の主導権をめぐる権力闘争の対立でもあった。

十二月十二日になって、慶喜が突如、辞官納地の返答留保のまま、旧幕臣と五千の直属兵ならびに会津・桑名両藩主が率いるそれぞれの三千と千五百の兵を連れて京都をたち、大坂城に移る。この移動が慶喜のどのような考えによるものであるかは、いろいろ説はあるもののはっきりしない。

『岩倉公実記』はその件について、

「慶永（春嶽）は慶喜に説き曰く、城内騒擾の時においてもし、関東数万の兵一斉に上京することあらば、禍乱必ず爆発せん、敢えて請う公（慶喜）大坂城に退去して衆心を鎮静し、もって戦端を開かしむる勿れ。…。」（中、一六五頁。この春嶽の慶喜への進言については『丁卯日記』に記載がある（二五六頁））

と言う。

慶喜が大軍の兵を率いて下坂したあと、実際、市民や公家衆からその退去は京都での軍事衝突を避けるためであったとして称賛され、それに対して、兵を動かしてクーデターを起こした薩摩藩への風当たりが強まる。

しかし、慶喜の下坂の意図がもっぱらそのようなものであったかどうかは定かでない。この二十日後には、その慶喜の命によって、大坂に下った兵に「関東数万の兵」が加わり、大軍が京都に進軍してくる。京都市中が戦場になる可能性はあった。これからすると、慶喜の京都退去の理由が上のようなものだけであったとはむしろ考えにくい。

旧幕府側軍勢が一斉に京都から退くということは、天皇・朝廷を薩長側に引き渡すに等しい。慶喜にとっては、よほどでないとできることではない。逆に、薩長側にとってはまるで、天皇・朝廷が勝手に自分たちの掌中に転げ込んできたようなものである。とりわけ、長州藩は大喜びしたことであろう。長州藩は長く朝敵にされて苦しみ、かねてから「一挙奪玉」に執念を燃やしていた。

慶喜の京都退去と大坂城入りは、京都の戦場化を避けるというようなことだけではなく、むしろ、情勢をにらんでの積極策であった可能性が高い。長州藩の軍師・大村益次郎は、この慶喜の大坂への移動について、長州藩「海軍頭取」の前原一誠宛に十二月二十五日付で次のように書き送っている。[18]

「…。十二日夜中、慶喜、会・桑を連れ、石山（大坂）城へ引き籠った由、右に付き愚考は、彼より手を出し戦争に相成ることは決してなく、彼、籠城の形にて諸藩の進退を傍観いたし、諸藩の費用斃れを相窺う様子と考えられ、もとより薩・長とも実に費用に堪え兼ねるでしょう。既に薩州孤立、土・芸も至って弱論、…。」

大村は前原にこう伝えて、この間に長州藩海軍の充実を図れと忠告したのだが、大村はここで慶喜の戦術を「籠城の形にて諸藩の進退を傍観いたし、諸藩の費用斃れを」うかがうものと見ている。「彼より手を出し戦争に相成ることは決してなく」としており、結果は違っていたが、少なくとも大村の当初の見立てはこのようなものであった。

慶喜は十二月十三日に大坂城に入ると、翌十四日には仏国公使ロッシュと英国公使パークスを大坂城に呼んで会見し、二人に大政奉還からの経緯および自分の考えについて次のように語ったと言う。先と同様に石井孝氏の著書から引かせてもらう。「」は石井氏の弁で『』は石井氏が文献から引用されている部分である。

「大政奉還を建白し、天皇もこれを容れて、衆議の決定まで国事の指揮をつづけるのを希望したところ、突如、薩・土・芸・尾・越の五藩が禁門を占領し、摂政はじめ朝廷の要職を更迭し、彼に将軍・内大臣の辞職・二〇〇万石の納地を迫った。…。

天皇は一部の人々にあやつられている一少年にすぎず、命令が天皇から出るものでないことは明らかである以上、そういう命令に服従する義務はないこと、戦争に訴えることなく京都を撤退したのは、『平和的方法で将来の政治形態の問題を決定する』という精神から出たものであること、…。最後に、『帝に抗議を提出し、かかる政府が事実上政府でないことを帝に進言するのが、私の意図である。しかし私は、帝から受取るかもしれない回答に左右されることを誓約しない』と断乎として述べた。」[19]

このあと慶喜は十六日にも、さらに仏・英・米・伊・蘭・プロシアの六ヵ国公使を一同に引見して、同様のことを述べ、外交権は依然自分のもとにあると通告している。

仏英・両公使に「帝から受取るかもしれない回答に左右されること」はないと言っていることからして、朝廷から自分の申し出を拒否する回答があっても、自分は行動を起こすと言っていることになる。つまりは、戦争を予告していることになろう。

慶喜とともに大坂に下った老中板倉勝静は江戸に派兵を指示し、兵が次々に大坂に送り込まれてくる。慶喜は十八日に、大目付の戸川伊豆守（安愛）に次の上書を持たせて京都に差し向ける。

「…。祖宗継承の政権を奉帰、…、なお将軍職ご辞退も申し上げたところ、召集の諸侯が上京し衆議あい決するまでは、これまで通り心得るべき旨ご沙汰につき、…。（待っていたところ、結局）、列藩の衆議もなく、にわかに一両藩戎装（武装）をもって宮闕（禁裏）に立ち入り、未曽有の大御変革仰せ出され由にて、先帝（孝明天皇）よりご遺託なされている摂政殿下（二条斉敬）を停職し、旧眷（頼りにされていた）の宮・堂上方を故なく排斥せられ、にわかに先朝譴責の公卿数名を抜擢し、陪臣の輩みだりに玉座近くに徘徊いたし、数千年来の朝典を汚し、…。

幼冲にあらせられる折柄、右のような次第に立ち至っては、天下の乱階、万民の塗炭眼前に迫る。…。速やかに天下列藩の衆議をなし、正を挙げ奸を退け、万世不朽の御規則あい立て、上は宸襟を寧じ奉り、下は万民を安んじするよう仕りたく、臣慶喜千万懇願の至りです。」[20]

この「挙正退奸の表」と呼ばれるものが、上でロッシュとパークスに「帝に抗議を提出」すると言っていたものであろう。

新政権の不法と専横を糾弾して、「臣慶喜」が「速やかに天下列藩の衆議をなし、正を挙げ奸を退け」ると申し立てている。書中にある「先朝譴責の公卿数名」は岩倉具視らを指し、「陪臣の輩みだりに玉座近くに徘徊いたし」の「陪臣」は大久保や西郷らを指す。

しかし、この上書は、戸川が上京したところで、春嶽や容堂らが提出を差し止める。これが新政府内で表沙汰になれば、進行中の慶喜の新政権参加のための道が閉ざされてしまうばかりか、宣戦布告と見なされて戦争突入にもなりかねないからだ。ところが、この差し止めには岩倉も関わっており、その岩倉から大久保に上書の内容が伝わる。岩倉の十二月二十日付大久保宛伝達書の最後の一項目に、

「一、極秘書一件、くれぐれも吐露なきよう、知らぬ事にくれぐれも頼み入れの事。」[21]

と伝えている。[22]

岩倉はこのころ、新政府の中心にあって、薩長派一辺倒ではなく、開戦を避けるべく苦心の活動をしていた。しかしこれで、薩長派は慶喜の意中を知り、彼に戦争に出る考えがあることを知る。

三、長州藩の「討幕」

長州藩の東上軍参謀の国定直人と楫取素彦が東上軍先発隊を率いて、十二月九日まさしくクーデターの当日京都の洛西に到達する。国貞は十二月十五日には西郷・大久保に会って上方情勢を聴取し、そのあと、尾道まで来ていた東上軍本隊に次のように通達している。

「偏にこれよりは暴発致さず、只々彼（徳川方）の軽挙をあい待ち、その期に至りては、脱兎の如く決戦仕る都合につき、…、卒爾に干戈に立ち至らないようにしたく、…。」[23]

長州再征の開戦時もそうであったが、敵の挑発などに乗ることなく、ひたすら相手の「軽挙」を待つとしている。なお、洛西に集結した長州兵は、二十八日には京都東南の東福寺に陣営を移す。

そして五日後には、鳥羽伏見の戦いで薩摩軍とともに大坂からの進発軍を迎え撃つことになる。

国定は京都で得た上方情勢を報告するために国元に戻り、長州藩はその報告のもとに、三田尻で十二月二十二日に「御前会議」を開く。会議場所が三田尻になったのは、藩主父子がこのときここに来ていたからだ。父子は、三条実美ら五卿が薩摩藩船・春日丸で大宰府からの帰京の途次、ここに寄るのを待っていた。

この御前会議は、十二月九日に朝廷で決まった長州藩主父子の官位復旧と入洛許可が同月十七日に国元に届き、その後、最初に開かれたものである。長州藩は朝敵の汚名が雪がれ、ここにようやく、朝廷に対して他藩と同様に、物申すことができるようになったのである。そのためさっそく、この会議で、長州藩は朝廷に上奏すべき四ヵ条を決議している。その決議文のなかで、長州藩としては初めて「討幕」という用語を使うことになる。

この会議については、先に京都であった八・一四薩長会談と同様、柏村数馬が「柏村日記」に詳しい記録をのこしている。[24] それから、長州藩が朝廷に上奏すべく決議した四ヵ条を引くと次のようである。

一、慶喜、京都脱走、大坂に引き取ったについては、彼に謹慎を命じ、会津・桑名・大垣などの各藩には国元引取りを仰せ付けられたい。

一、将軍職御免の上はなお、級を下り（辞官）、諸侯列に加え入れ、支配地の内相当の返上（納地）を仰せ付けられている段、勅命を発せられた上、奉らないときは討幕の令を速やかに仰せ出されたい。

一、右のようになる以前に、関西諸藩に摂州の西ノ宮辺りに出兵を仰せ付けられたい。

一、徳川家が京都に迫ったときはなるだけ防戦し、万一京師にて守禦成り難い場合は、止むを得ず鳳輦（ほうれん）を三丹（丹波・丹後・但馬）辺りへご動座申し上げ、…指揮なされたい。

これらの内容からして決議事項は、国貞が京都で薩摩藩と打ち合わせをした報告のもとに審議され、決められたものであることがわかる。いずれも戦争に絡む事柄である。

さて、「討幕」のある二番目の条項だが、これは明かに、辞官納地の勅命を発せられ、なお従わないときは直ちに「討幕の令」を発せられたいというものだ。「将軍職御免」になった限りは当然、その職ゆえに得ている「級を下り」（辞官）、「支配地の内相当の返上」（納地）をすべき、という考え方であろう。

長州藩は、十月九日の「王政復古の大号令」で廃幕になっていることは十分に知りながら、慶喜が辞官納地をせず実質は少しも廃幕になっていないとして、それをさせるべく、ここにきて「討幕」という用語を使っているのである。

長州藩は元治元年の禁門の変以来ずっと朝敵にされたままで、その間、長州藩が「討幕」を言うことはもとよりできなかった。実際この間、長州藩は幕府に対して、「伐罪」や「滅幕」・「幕賊」などの用語は使ってはいるが、要路の者が「討幕」を言ったことはない。

長州藩が御前会議で上のような決議をしていたところ、廟堂では、親徳川諸侯派の優勢が顕著になっていた。十二月二十四日の朝議で、慶喜の官位は内大臣のままとすること、納地については、徳川宗家だけに限らず、大名家すべてから石高割りで平等に割り振る内約ができる。その上さらに、慶喜の京都呼び戻し（議定職就任）が決まり、翌二十五日には慶勝と春嶽がそれらを伝えるために下坂することになる。薩摩藩は、辞官納地をめぐる政争での敗北を自覚せざるを得なくなる。

ここに至って、薩摩藩はいよいよ戦争を決断する。大久保利通は十二月二十八日付で国元の蓑田伝兵衛宛に次のように書いている。

「勤王の藩も段々あい起こり戦争にあい成っても、朝廷のご兵力は十分にて、決して懸念ありません。外国のところ、サトー（英国公使付きサトウ）へ寺島より引合わせ、彼の口気も旧幕を助ける儀はありません。今日にあい成っては、下一同の人心、今般の徳川氏の不達の所為を悪むようにあい成り大幸の至りです。」[25]

大久保は憤懣の胸の内を強固な決断に替えて国元に伝えている。ここで「勤王の藩」というのは、薩長ただ二藩のことである。そのことは、同日に西郷が同じ国元の蓑田宛に書いた書簡で決のようなことを書いていることから明らかである。

「こともとの儀、はかばかしく運びかねています」、「土州の論、勤幕か勤王か訳が分かりません。（中略）しかしながら、追々長人も出て来たり、五卿方もお着きになりますので、少しは後藤めも落胆いたすべき事とあい考えています」[26]

大久保は「戦争にあい成っても、朝廷のご兵力は十分」と言う。この「戦争」は「朝廷のご兵力」をもって「徳川氏の不逞」を討つ戦争であり「旧幕」を討つ戦争である。廃幕宣言をしたあとではあるが、長州藩が言う「討幕」の戦争と変わらない。

このあと、大久保は正月二日に西部に、「今日に相成りては、戦いに及ば得ざれば皇国のことはこれ限り水泡と相成りべく、…」[27]と書き、翌三日には岩倉に建議書を提出し、「王政復古の大号令」換発以来、朝廷に再三の失策があったことを訴え、ここに至ってはいよいよ、

「勤王無二の藩、決然干戈を期し、戮力合体非常の尽力に及ばざれば、（このままではすべてが）不能とならせられると存じます。」[28]

として、朝廷の決断を迫っている。「勤王無二の藩」は藤長二藩のことであり、ここで言われる「干戈」は八月段階で言っていた「一挙」とは異なるものである。

十二月二十六日には、広沢真臣と井上馨が、御前会議の決議事項を上奏すべく、三条ら五卿とともに薩摩藩船・春日丸に搭乗して上京してくる。広沢の『廣澤眞臣日記』の翌二十七日の条には、

「早朝薩邸へ罷り越し、西郷吉之助そのほかへ御国において仰せ含みなった件々（御前会議の決議事項）を申し談じたところ同意につき、追々その運びに致すべく申し合わせた。」

とある。

御前会議の決議への「同意」を受け、いよいよ薩長両藩は決戦への協議に入る。両者ともに、一気に勝てるとは考えていなかったようだ。御前会議決議事項の四番目にある「徳川家が京都に迫ったときは…、なるだけ防戦し、止むを得ず鳳輦を三丹辺りへご動座」とある、天皇の「御微行（動座）」について、両者で検討した文書が西郷のもとにのこっている。[29]

このあと、広沢の日記には、二十八日に岩倉に、二十九日には中山・正親町三条・中御門の三卿に、三十日には総裁の有栖川宮熾仁親王に、それぞれ会ったことが記されている。いずれでも、御前会議の決議を報告し、そして上奏したことであろう。

三条実美ら五卿も、四年四ヵ月ぶりに京の土を踏む。三条はさっそく議定に任じられ参内する。なお、岩倉もこのとき同時に参与から議定に昇格している。広沢の日記によると、十二月晦日に三条邸に集った正親町三条・岩倉・東久世の諸卿と薩摩藩の岩下・西郷・大久保の会合の席でも「各見込みの筋、申上げた」とある。

京都で薩長両藩連合軍が決戦の態勢を整え、大坂では旧幕府軍（徳川軍）の結集が進む。兵力は旧幕府側が断然優位である（開戦時、旧幕府軍一万五千に対して薩長軍四千五百〜五千とされる）。薩長側に勝機があるとすれば、それは、戦争の大義名分となる征討の勅命が下るかどうかにかかっている。また、それが下れば、長州藩の言う「討幕の令」が発せられたことにもなる。

江戸および全国には、徳川氏が政権返上することにも、将軍職を辞退することにも、いわんや徳川氏が一大名に戻って他の大名と肩を並べることにも、断然反対の勢力が、旗本や徳川親藩や譜代

大名を中心に数多(あまた)いる。江戸城では紀州・尾張・水戸の徳川御三家の者たちが、すでに天皇は薩長方に取られたとして、

「幕府と君臣の大義を明らかにし、むしろ、忘恩の王臣たらんよりは、全義の陪臣となり、…。」

(『復古記』一、一〇二頁)

などと唱え、気勢をあげていた。

そんななか、十二月二十八日に大坂城に江戸の薩摩藩邸焼討事件の報が届く。旧幕府大目付の滝川具挙(ともたか)が急きょ海路来坂して伝えたのだが、その際、大坂城では、江戸で幕府方と薩摩方とが交戦状態に入ったと伝わったようだ。それに兵隊たちがいきり立ち、慶喜も憤慨を抑え切れなかった。

晦日前日の二十九日まで大坂で春嶽とともに懸命の尽力をした中根雪江は、城内でのその様子を見て、『丁卯日記』に「天、徳川氏に祚(さいわい)せず、嗚呼(ああ)」と書き記している。[30] また、この一ヵ月後の大久保一翁宛の書簡では、中根はこのときのことを振り返って、

「尾・越の周旋も、及ばずながら拙者のこれまでの尽力も、悉く水の泡と相成るのみならず、今後の見込みも相立たない事と相成った。」[31]

と伝えている。旧幕府兵の進発によって、春嶽らによる「内諭周旋」の懸命の努力も一瞬にして水泡に帰したわけだ。

四、鳥羽伏見の開戦

慶喜は慶応四年正月元旦に、次の上表を認（したた）める。

「臣慶喜、謹んで去月九日以来のご事態を恐察致しますのに、一々朝廷のご真意ではなく、まったく松平修理大夫（島津茂久）の奸臣どもの陰謀より出ていることは、天下のともに知るところです。

特に江戸・長崎・野州・相州処々乱暴および強盗の儀も、すべて同家家来の唱導により、東西饗応して皇国を混乱に陥れる所業、別紙の通りにて、天と人ともに憎むところです。前文の奸臣どもをお引き渡しいただくようご沙汰下されたく存じます。万一、ご採用ならないときは、止むを得ず誅戮（ちゅうりく）を加えるべく、この段、慎んで奏聞致します。」[32]

「松平修理大夫の奸臣ども」というのは、無論、西郷・大久保らを指す。その彼等の引き渡しを求め、「ご採用ならないときは、止むを得ず誅戮を加える」と言う。この上表は一般に「討薩の表」などと呼ばれているが、ことさら「討薩」を言うものではなく、むしろ、その「奸臣ども」を特定してそれを討伐するというものになっている。

翌正月二日早朝、滝川がその上表を携えて上京の途に就き、それとともに会津・桑名の両藩兵を先鋒に、徳川直属軍と姫路・讃州高松・伊予松山等の諸藩兵およそ一万五千が大坂を進発していく。

同日大坂湾では、徳川の軍艦による薩摩藩軍艦への砲撃も始まる。

薩長側は再三、京都守護職と京都所司代を解職になった松平容保と松平定敬両名とその兵の帰国を申し入れていた。実際、直近では十二月十九日に朝廷から再度、尾越両藩に「会桑二藩早々の帰国取り計れ」とする「御沙汰書」が下ってもいた。[33] その両藩兵が先鋒を務める軍隊の大坂進発が伝わるや、薩長軍は直ちにその京都進入を阻止すべく陣を張る。

正月三日、慶勝と春嶽の二人は、辞官納地の周旋が失敗に帰したこと、また、現に会津・桑名の両藩兵を先鋒とする大坂進発軍が京都に迫っていることで、議定職辞任を申し入れる。[34]

この日、朝廷はその進発軍に対して征討令を発するかどうかで紛糾する。越前藩の記録『戊辰日記』はこの件について次のように記している。

「(大坂進発によって)これまで朝廷と(徳川)宗家にために千辛万苦のご忠義も一掃水泡に帰すのみならず、天下の大乱の端ともなる事ゆえ、この時に当たって御処置如何と種々尽くすものの、…。朝命さえ無ければ、仮に、事に及んでも坂(大坂)・薩両兵の私闘とも申すべきもの故、何とか処置方あろうから、兎も角、討伐の朝命が下ってしまっては、それ切りの事に相成る故、…。」[35]

仮に、戦争になっても、「討伐の朝命」さえ下らなければ、「坂兵」と薩摩兵の「私闘」ということで「何とか処置方」もあろうが、下ってしまえば、「それ切りの事に」なると言う。

この日、三日夕刻、鳥羽伏見で対峙した両軍のあいだで戦端が切られる。このときはまだ、征討令は出ていない。したがってこの戦争が、徳川方と薩長のあいだの「私闘」になる可能性はあった。この日の夜、西郷隆盛は鳥羽伏見の前線を検分をして朝廷にいる大久保に、

「追討将軍の儀、いかがなっているでしょうか。明日は錦旗を押し立て、東寺に本陣をお据え下されば、一倍官軍の勢いを増すことになります。なにとぞご尽力成し下されたく合掌奉ります。」[36]

と書き送っている。

この夜、大久保利通と岩倉具視が懸命に動いたのであろう。大久保はこの日の日記に「岩倉公に参殿、断然、朝決為しあられるべく必死言上」と記している。

このことについて『岩倉公実記』は、

「正月三日夜半、…。仁和寺宮（嘉彰親王）へ軍事総裁仰せ出られ、…。徳川慶喜の反状顕然たるをもって、まさに征討の令を発せんとす。松平豊信（容堂）異議を建てて曰く。徳川氏は薩長二藩と隙（争い）あり。然れども朝廷に叛くものあらず。…。薩長二藩の衛兵と…兵戈を交わるに至ればこれ私闘なり。…。何ぞここに征討の令を発することを用いんや。」（中巻、二三三－二三四頁）

と、「征討の令を発すること」で紛糾が起きたことを記している。

しかし、『実記』は続いて、

「具視、痛くその非を弁斥し、三条実美これに賛同す。朝議、遂に定まる、四日嘉彰（よしあき）親王（仁和寺宮）を拝して征討将軍となし錦旗・節刀を授く。」（同、二三四頁）

と記す。

「朝議遂に定まる」だが、征討令が発せられたとは書かれていない。いきなり、嘉彰親王を「征討将軍となし錦旗・節刀を授く」とある。

なお、この錦旗はすでに作成されて薩摩藩京都藩邸に保管されていた。そのために、すぐに戦地に運び込むことができたのである。この日からすると、二ヵ月近く前の『実記』の十月六日の条に、

「六日、…、入道純仁親王（嘉彰親王）をもって征討大将軍となさんことを商議する…。具視また玉松操が作る錦旗の図を一蔵（大久保）・弥二郎（品川）に示し、これを製作せんことを託す。…。その半を山口城に密蔵しその半を京師の薩摩藩邸に密蔵する。…。」[37]

とある。手はずは早くに整えられていた。この『実記』の記述内容については、大久保の同日の日記に、「六日、品川同道…。岩中（岩倉・中御門）両卿に拝謁、両藩の国情を尽くし言上致し、秘中のお話し伺い奉った」とあることでほぼ裏付けられる。

征討将軍に就いた嘉彰親王は四日直ちに、鳥羽伏見の戦場に近い東寺に陣を張り、錦旗を翻す。ただし、このとき、征討参謀を命じられた伊達宗城は、征討将軍・嘉彰親王への随従を拒否して、

「当今戦争の意は、薩長両藩のみ。その他諸藩はその意これ無し。もし、ただ薩長にご依頼あらせられてであれば、朝議一に薩長の旨趣に出ることになり、実に歎息の至り。」[38]

と述べたと言う。

これからすると、少なくとも宗城は征討令が出たとは認識していなかったことになろう。もっと

も、朝廷は正月三日に慶勝・春嶽の二人に、大坂方へ「坂兵」の上京を、「引払うよう取計らい致し、もし、命を奉らない、止むを得ずの場合には、朝敵をもってご処置為されるべき事。」[39]

と伝えるよう命じている。

なお、大坂から慶喜の命令で上京して来た兵を、歴史書では一般に旧幕府軍と呼んでおり、本書でもそう呼ぶが、当時の文書では、それを「坂兵」・「坂軍」あるいは「徳川軍兵」と呼んでいる。これらの方がより正確である。

いずれにしても、征討将軍が錦旗を掲げたことで、新政府軍が官軍となり旧幕府軍（徳川軍）は賊軍となる。

東寺に錦旗が翻った効果はすぐに出る。老中を務める稲葉正邦の国元の淀藩は五日には徳川兵の淀城入城を拒否し、山崎の関門近くに陣を張っていた津藩兵も新政府軍側に寝返る。そして、翌六日夜間には、慶喜・容保・定敬の大将と副将らが突如、配下の将兵たちを置き去りにして、大坂城を脱出する。これによって、鳥羽伏見の戦いは、開戦から三日にしてあっけなく決着が付く。

中根雪江がこのあと一月末に、江戸の大久保一翁に送った書簡で、「華城のご退去は天下の誹笑と相成りました」[40]と伝えている。これによって、長く日和見(ひよりみ)を決め込んでいた西国の諸藩も新政府側に付き始める。これまで朝廷からの召集にも、また幕府からの召集にも、いっこうに応じてこなかった諸藩の多くが、一月十一日に発令された上京命令に応じて、新政府の配下に入るようになる。

原口清氏はこの件で、

「諸侯を中央政府に結集させる最良の手段は、公議政体論ではなくて、何よりも維新政府の断乎たる軍事行動であったのである。」[41]

とされている。

圧倒的に優勢であったはずの旧幕府軍が、かくもあっけなく敗退したのは何故だろうか。いろいろなことが言われるが、やはり何よりも、戦闘が始まるや、一夜にしてその軍が賊軍にされてしまったことを挙げねばなるまい。すでに将軍ではなくなっていた慶喜が、兵を京都に進軍させることは、朝廷がこれを許さない限りは反逆の兵になる。

そもそも、慶喜が兵を率いて下坂した理由がもう一つよくわからないのだが、やはりそれが彼にとって禍（わざわい）のもとになったと考えられる。慶喜は元来京都にあってこそ、朝廷と結び付いて、彼本来の力を発揮することができた。天皇を相手方に渡してしまったのでは、自らそれを台無しにしたようなものである。

それにしても、慶喜は、越前・尾張・土佐の諸侯らの尽力によって、もう少し待てば、大名の盟主や首班として京都に迎えられるはずであった。中根雪が後に大久保一翁に伝えたところでは、

「今暫らく御強忍にてご上京の御運びになり、朝堂にさえお立ちになられさえすれば、取りも直さず摂政関白の御場合…。」[42]

と、言うほどであった。

もしそうなれば、薩摩派との辞官納地をめぐる闘争でも、完全に勝利を手にしていたことになる。それからすると、年末に届いた薩摩藩邸焼討事件の報は、慶喜にとってはまったく悲運の報となり、逆に薩長派にとっては、孤立しかつ手詰まりのなか、まさしく起死回生の幸運の報となった。

広沢真臣は鳥羽伏見の戦いのあと、国元に、

「坂城速やかに没落は、いかなる先見の者にても決して目算あい立たず、実に人事の及ばぬところ、只々（ただただ）天運と存じ奉る。」[43]

と伝えている。心底からの言葉であったであろう。

五、「戊辰戦争」

一月七日には「慶喜追討令」が布告される。十二月九日に「王政復古政府」として発足した新政府は、戦端が開かれたことで、戦争遂行のための軍事政権色を強める。朝議の中心にいた公家衆や親徳川諸侯は後退し、薩長勢が主導権を握ることになる。当然ながら「勤王無二の藩」による徳川討伐色、さらには報復色が強まっていく。

「慶喜追討令」には、発行主体や日時の異なるものがいくつかある。[44]下に引くものは、法令全書が「正月七日（大号令）」として、「徳川慶喜征討の大号令を発し、諸侯をして去就を決せしむ」

の表題を付けて掲載しているものである。

「徳川慶喜、天下の形勢已むを得ずを察し、大政返上、将軍職辞退願ったに付き、朝議の上、断然聞食めされたところ、ただ大政返上と申すのみにて、朝廷は土地・人民を御保ち遊ばされなくては、ご聖業を立てなされ難くに付き、尾越二藩をもってその実効ご訊問遊ばされた節、慶喜は畏み入ったものの、麾下（直属）並びに会桑の者は承服仕らず。

万一、暴挙仕るやも計り知れずに付き、ひたすら鎮撫に尽力仕る旨、尾越より言上に及ぶということで、朝廷は慶喜真に恭順を尽くすと思し食しになられ、既往の罪は問われず、寛大のご処置仰せ付けられたところ、豈図らんや、大坂城へ引取ったのは素よりの詐謀にて、去る三日、麾下の者を引率し、剰え、前にお暇（帰国）を申付けられた会・桑等を先鋒とし、闕下を犯し奉り候勢い。」

これまでの経緯をかなり詳しく述べている。また「大政返上と申すのみにて、朝廷は土地・人民を御保ち遊ばされなくては、ご聖業を立てなされ難く」とも言う。さらに、「尾越二藩」が説諭して「慶喜は畏み入ったものの、麾下並びに会桑の者は承服仕らず」と言う。しかし結局は、慶喜が「大坂城へ引取ったのは素よりの詐謀にて」、「闕下を犯」す勢いになったと結論付ける。

続いて、

「現在、彼より兵端を開いた上は、慶喜反状明白、始終朝廷を欺き奉った段、大逆無道、もはや朝廷御宥恕の道も絶え果て、已むを得ず追討仰せ出られた。兵端既に開かれた上は、速やかに賊徒を御平治、…。

これまで…、仮に賊徒に従ってきた譜代臣下の者たりとも、悔悟奮発、国家に尽忠の志ある輩は、寛大の思し食しにてご採用もあるだろう。戦功によっては、この行く末、徳川家の儀に付き歎願の儀もあれば、その節によりご許容もあるべし。（後略）」

と言う。

「彼より兵端を開いた上は、慶喜反状明白」、「大逆無道」とし、その上で、これまで「仮に賊徒に従ってきた譜代臣下の者たりとも、悔悟奮発」する者は「ご採用も」あると言う。追討の相手を慶喜らの「朝敵」（慶喜のほか容保・定敬ら）に絞り、その側に付く者を最小限に抑えようとしているのである。

江戸に帰った慶喜は、一月十五日に主戦派の小栗忠順を罷免し、二月九日には自分を含めて朝敵（自身は「朝敵・第一等」）となった容保・定敬（「第二等」）、板倉勝静・酒井忠惇（「第三等」）や若年寄・永井尚志を「辞免」に処し、そのほかの老中等の者も同様に処して、以後の事態収拾を勝海舟と大久保一翁に一任する。慶喜は「慶喜追討令」に対し、ほぼ完全に恭順の態度を取ったことになる。彼自身、朝敵になって戦うことの不利を知悉していたからであろう。

これによって、譜代大名中心の徳川幕府体制は完全に崩壊したことになる。上の処置を済ませたあと、慶喜は二月十二日に江戸城から上野の寛永寺に移って謹慎する。この自主謹慎によって、慶喜は死一等が減免され、江戸の「無血開城」が成った四月十一日には、水戸での謹慎が許され、同日に上野寛永寺を出て水戸に向かう。

旧幕領や朝敵とされた藩主の領地が次々に没収されて、新政府の直轄領になっていく。これで、辞官納地をめぐって争われた権力闘争に終止符が打たれ、長州藩が申し立てた「討幕」も完了したことになる。

このあと、慶喜に替って徳川家達（いえさと）が第十六代徳川宗家当主に就き、徳川氏は静岡の地で七十万石の大名として存続することも決まる。一月七日に「慶喜追討令」を発令して始まった戦争は、四月十一日の江戸開城をもってその目的が達成されたことになろう。

しかし、戦争は続く。明治二年五月十八日の箱館戦争の終結まで、なお一年余りも続くことになる。しかし、江戸城開城後の戦争は、これまでの「慶喜追討令」による戦争とは違う。[45]討つべき相手が「慶喜」や徳川軍というように決まっているわけではない。要するに、新政府に従わない者の掃討の戦争であり、全国平定のための戦争である。

慶喜が新政府へ恭順の態度を明らかにした以後は、新政府軍の敵方を旧幕府軍や徳川軍などと呼ぶのは正しくない。慶喜が恭順した後では、それに従わない者は、徳川氏からしても、むしろ反逆の兵になるからだ。それに何よりも、慶喜の恭順後なお戦った者たち自身、旧幕府軍や徳川軍などの認識をもって戦っているのではない。それぞれに「王政復古の大号令」も認めた上で、新政府の横暴や皇室軽視に反発して、彼らの道義にもとづいて戦っているのである。

五月十五日には江戸で彰義隊掃討の上野戦争が起きる。彰義隊はとりわけ薩摩藩を憎み、薩長の新政府に反感を持つ者たちであった。彼らはもとは慶喜を警護していた部隊で、一時期、江戸の治安を担当していたこともある。しかし、慶喜が上野の寛永寺を去ってからは、その地を拠点に新政府軍兵士らへの狼藉や市中攪乱などを繰り返していた。彰義隊の母体である「尊王恭順有志会」は、その血誓書で「尽忠報国」や「薩賊」の討滅などを謳っている。

新政府軍は、佐賀藩のアームストロング砲などの最新兵器を使って上野山を攻撃し、一日にして彰義隊を駆逐する。この上野戦争の成功によって、新政府は江戸以西をほぼ制圧下に置く。しかし、江戸以東・以北はそうはいかなかった。東北の各地や北海道の箱館などで、なお一年にわたって戦争が続く。

新政府から二月に朝敵と指名されていた会津と庄内の二藩は、四月には「会庄同盟」を結んで新政府の攻撃に備えようとする。その際、両藩は、自分たちの敵は新政府ではなく、朝廷を愚弄している「凶徒」薩長であるとして、奥羽諸藩に「凶徒を掃い、君側を清む」ための反薩長列藩同盟の結成を働き掛ける。[46] 奥羽諸藩は、その趣意には反対ではなかったものの、その「会庄」両藩の動きは、奥羽全域を全面戦争に巻き込む危険性があるとして、諸藩一体となって動くべく、五月初頭に二十五藩から成る奥羽列藩同盟を結成する。このあとさらに、これに長岡藩・新発田藩ら北越同盟の六藩が加わり、合計三十一藩の奥羽越列藩同盟が成立する。

この列藩同盟を代表して仙台藩と米沢藩（この両藩は新政府から会津征討を命じられてもいた）の代表者が会津藩に折衝に及んだことが、後世に編まれたものであるが、『会津戊辰戦史』（一九三三）に次のように綴られている。

「奥羽同盟はその範囲を拡張して、奥羽越の攻守同盟となりたり。ここにおいて仙米（仙台・米沢）両藩は、我が（会津）藩に告げて曰く、今回同盟の約を訂する所以は、列藩合従して義兵を挙げ、もって君側の奸を掃い海内の乱を鎮めんとするにあり。決して幕府を回復し、貴藩を援助するが如き私情に出づるにあらず。宜しくこの旨を領せられべしと。

（会津藩士）梶原平馬これに答えて曰く、老寡君（容保）つとに勤王の志厚く、決して王師に抗するものにあらざるはもとより言うを要せず。また、毫も幕府を回復するの意なし。ただ君側の姦を攘わんことを欲し、不孝にして事ここに至れり。あえて貴旨を領すと。」（三二一頁）

昭和初期に編まれた書で、必ずしもその通りに信じるわけにはいかないが、これからすると、奥羽越の諸藩はどの藩も、すでに王政復古の宣言に従うことを決めており、その諸藩が列藩同盟して「義兵を挙げ」るのは、「君側の奸を掃い海内の乱を鎮め」るためであることになる。

米沢藩士・雲井龍雄が「討薩の檄」を飛ばしたこともよく知られている。雲井は六月に奥羽越列藩同盟の奮起を促して、

「薩賊、多年譎詐万端、上は天幕を暴蔑し、下は列侯を欺罔し、…。その罪、何ぞ問わざるを得んや。…。伏水（鳥羽伏見の戦い）の事、もと暗昧、私闘と公戦と、…。俄に錦旗を動かし、遂に

幕府を朝敵に陥れ、列藩を却迫（けっぱく）して、征東の兵を調発す。これ、王命を矯（た）めて私怨を報ずる所以の姦謀なり。その罪、何ぞ問わざるを得んや。…。」[47]

と唱えている。

さらに、旧幕府の海軍副総裁であった榎本武揚も、同時期八月に開陽丸を含む八艦で江戸湾を出て、奥羽越列藩同盟の支援に向かうが、その際勝海舟に差出した「檄文」で次のように言う。

「王政日新は皇国の幸福、我輩もまた希望する所なり。…。これ一に強藩の私意に出て、真正の王政に非ず。…。故に、この地を去り、長く皇国の為に一和の基業を開かんとす。…。」[48]

王政復古は「我輩もまた希望する所なり」とするものの、「私意に出」る「強藩」は断じて許せないというわけだ。

このように、最後まで新政府軍に抗戦した諸藩や諸士たちは共通に、その大義名分に「君側の奸」である薩長の掃攘を掲げている。彼らは、幕府の「御瓦解」を認め、さらに言えば、この戦争の敗北を予知しつつも、自らの道義において、天朝からの薩長排除に挑んでいるのである。

しかし、この君側の奸というのは、誰が天皇を掌握するかによって変わる。つい先ごろまでは、薩摩藩や長州藩が「輦下（れんか）（天子のひざもと）に滞在」する「一会桑」を君側の奸としてその掃攘を唱えていた。さらに、その少し前の文久四年初頭の京都では、慶喜が天皇の宸翰まで操作する久光を君側の奸としてその排除を謀ったことがある。君側の奸というのは結局のところ、誰が天皇を掌握するかによって、その主客が入れ替わり、言うならば堂々巡りなのである。畢竟、「玉」の奪い合いの裏返しである。

新政府は鳥羽伏見での開戦で征討令を発して以来、この戦争を旧幕府軍や旧幕勢力の賊徒征討のための戦争としてきた。それは、この戦争が討幕のための戦争であり、それによって旧体制の幕府を倒し、維新が成ったとするためである。戦争には大義名分が不可欠である。新政府はこの戦争全体をひとくくりにして「戊辰戦争」として、その大義名分を討幕としたのである。

実際には、将軍慶喜の奏請にもとづき、慶応三年十二月九日の「王政復古の大号令」で正式に幕府は廃絶になっている。しかも、それを宣言したのは新政府自身である。にもかかわらず、やはり、幕府自身による自主廃幕では具合が悪かった。新政府としては、戦争の遂行と維新の意義を確固たるものにするのに、やはりこの戦争を旧体制打破のための討幕とせねばならなかったのである。

そして実際、そうすることは、さほど難しいことではなかった。鳥羽伏見で開戦となった戦争は、将軍慶喜が政権返上・将軍職辞退をしたものの、辞官納地をせず、実質上は廃幕を果たしていないとして起きた戦争であった。開戦直前には、長州藩は慶喜が辞官納地の勅命に応じない場合は「討幕の令」を発令されるべしと唱えてもいた。

また、実際にこの戦争を戦った将士たちは、自分たちは討幕のために戦いそれに勝利したと信じていた。明治六年、明治政府で参議に就いていた西郷隆盛は、太政大臣・三条実美に送った書簡で次のように書いている。

「…。私も数人の論を受けている次第で、つまるところ、名分条理を正すことは討幕の根元、御一新の基(もとい)であれば、今に至ってなお、右のことなど筋を相正されなければ、まったく物好きの討幕になってしまうなどの説をもって、責め付けてくる者もおり、閉口のほかはありません。…。」[49]

ここで西郷は、「数人」の者から「名分条理を正すことは討幕の根元」や「物好きの討幕になってしまうなどの説」をもって、「責め付け」られていると書いている

幕末には「弊藩は討幕は仕らず」と言っていた西郷も、ここでは「御一新」は討幕の戦争で成ったように言う。彼自身がそう言っているわけではないが、「数人」の者から、「御一新」のときの討幕の「名分条理を正」せと迫られている。この「数人」の者というのは、おそらく、その戦争を戦った将士たちであろう。その彼らは、自分たちは討幕のために戦い、それを成し遂げたと信じているのである。

慶応三年の八・九月には、土佐藩でも薩摩藩でも、「討幕」などとは「もってのほか」や「心得違い」などと訓戒が発せられていた。しかし、「戊辰戦争」に勝利した後には、当時から討幕を言っていた者たちは、それをいっそう自負して言うようになる。その典型が板垣退助や佐佐木高行らである。二人はともに、明治になって回顧談・書物その他の言論を通して、盛んに「討幕」や「勤王」を語っている。板垣は自由民権運動を主導し、また自由党を結成して世論にも大きな影響を与えた。

このようにして、明治期には「御一新」すなわち維新は討幕によって成ったという観念が形成さ

れ、やがてそれが通念になっていく。明治政府は無論、一貫してその主導者であった。

六、「討幕の密勅」

その明治に新たに生まれたのが「討幕の密勅」である。幕末当時には、そのように呼ばれるものは存在していなかった。当時、大久保利通が「秘物」と呼んだものがあったが、それは密勅であり、それの授受に関わった者以外はその存在を知らなかった。

「秘物」の存在が世に知られるようになったのは、明治十年代のようである。明治二十四年には、その署名者の一人・正親町三条実愛が、岡谷繁実（しげざね）（「史談会」幹事）の「討幕の勅書」に関する質問に応じている。[50] 歴史書でもその同年に刊行された竹腰与三郎の『新日本史』（上）が「討幕の密勅」について述べ、翌二十五年の指原安三の『明治政史』でも「討幕の密勅を薩長両藩に下す」とあり、このころに歴史上で、「討幕の密勅」という呼称がほぼ定着したようである。昭和十一年には、前章七節で引いたように、勅書の原本が維新史料編纂事務局刊『維新史料聚芳』に「討幕の詔（みことのり）」として写真版で公開されている。「秘物」などとして封印しておく必要はなくなったのであろう。むしろ、堂々と「討幕の詔」としてその存在が明確にされたわけだ。

この「討幕の密勅」を今日のように有名にしたのは、明治三十九年に刊行された『岩倉公実記』である。多くの歴史家が、これにある記述や掲載されている史料をもとに、幕末維新史を語るからだ。しかし、困ったことに、『実記』のこれに関する記述は虚構である。そのことをきちんと立証するのには相当の紙数が必要なため、それは別稿に譲るとして、ここでは、一部になるがその論拠を述べておく。

『実記』が「討幕の密勅」について書いている核心部は次のようである。

「十月八日、薩摩藩の小松帯刀・西郷吉之助・大久保一蔵、長門藩の広沢兵助（真臣）・品川弥二郎、安芸藩の辻将曹・植田乙次郎・寺尾庄十郎、相会して、合同大挙の事を決議す。三藩の連盟始めて全く成る。これにおいて一蔵・兵助・乙次郎は中御門経之の邸に詣で中山忠能と経之とに謁し、決議の要目を上ずる。その文に曰く。（以下に記載の要目は、前章六節で記載した九月八日付の原本と同文）

一、三藩軍兵、大坂着船の一左右次第、朝廷向き断然のご尽力、兼て願い置き奉り候こと。

一、不容易御大事の時節につき、朝廷のため国家抛って必死の尽力致す（この「致す」は原本では「仕る」）べきこと。

一、三藩決議確定の上は、如何の異論を聞食しめられようとも、ご疑惑下されまじきこと。

忠能・経之大に悦ぶ。忠能乃ち一蔵に諭して曰く。三藩協議し藩主速やかに登京せんことを望む。この日、一蔵、討幕の宣旨を三藩に降ろさんことを請うの書を忠能・経之に上ずる。その文に曰く。

…（以下、前章六節で記載した請願書と別紙趣意書を記載）。」（中巻、六三－六八頁）

要約すると、薩長芸三藩の上記八名が一堂に会して、「合同大挙の事を決議」して「三藩の連盟始めて全く成」り、大久保（薩）・広沢（長）・植田（芸）の三人が中山・中御門二卿に拝謁して「決議の要目」を上呈し、同日、大久保が二卿に「討幕の宣旨を三藩に降ろさんことを請うの書」を提出した、ということになる。

『実記』のこの記述は、『大久保利通日記』の同日の次の記載を典拠にしている。

「八日　芸藩の辻将曹ほか両人植田乙次郎と寺尾庄十郎、広沢兵助・品川弥次郎、小大夫（小松帯刀）・西郷会集。前議に復す。兼ねて中（中御門）卿御邸にて山（中山忠能）卿へ広沢同道拝謁のはずのところ、今日三藩決議に及びに付き、植田乙次郎にも同道しかるべしと申す談、別帋左の通り持参、三藩の国情決定の次第を言上に及ぶ。

要目

（要目三ヵ条を記載。上記『実記』のものと同文につき省略）。

右、差し上げたところ、別してご安心になられた。さりながら是非とも一藩にても君公のご上京のところ、中山卿より再三ご沙汰ならせられたこと。」

さて、『実記』と大久保の日記の記述で大きく違うのは、『実記』にある「この日、一蔵、討幕の宣旨を三藩に降ろさんことを請うの書を忠能・経之に上ずる」といったことは、大久保の日記には何も書かれていないことだ。

それに、『実記』は「討幕の宣旨」と書いているが、それは、実際の請願書にある「伏して冀わくは相当の宣旨降下…ご執奏ご尽力」とあるところの「相当の宣旨」を、「討幕の宣旨」に言い替えたものだ。実際の請願書や趣意書や降下された勅書に「討幕」などの語はどこにも出てこない。『実記』は明治中期以来の「討幕の密勅」の語の隆盛にあやかっているのである。

また、『実記』は「三藩の連盟始めて全く成る」として「要目」を記載しているが、この「要目」は、三藩で実際にいつ決議されたかは不明であるが、少なくとも、大久保がその草稿を作成したのは、これよりちょうど一ヵ月前の九月八日である。また、このあと九月二十日には薩長芸三藩出兵協定も成立しており、この十月八日に「三藩の連盟始めて全く成る」などではまったくない。

むしろ、この十月八日の時点では、芸州藩が三藩出兵協定から離脱したり、十月六日には「政権返還の建白書」を提出したりしていたため、「三藩の連盟」は崩れかけていた。そのために、大久保の日記にあるように、この日の三藩要路の協議によって、「前議に復す」となったわけだ。もっとも、これも、この翌日には下述のようなことになって、実際には「前議に復す」などにはなっていない。

三藩出兵協定が成立したことは、岩倉は無論、三卿もこれよりずっと以前に知っていた。彼らは大久保らがその協定締結のために山口に行くことを聞いていたし、大久保帰京後その結果を聞いてもいた。岩倉は前章六節で引いた九月十四付中山忠能宛書簡で、成立すれば「そのころ（貴殿のもとに）拝上願うつもりです」と書いてもいた。

またそれに、「三藩軍兵、大坂着船の一左右次第、朝廷向き断然のご尽力、兼て願い置き奉り候こと」とある要目を、中山らに「上ずる」と同時に、「討幕の宣旨を三藩に降ろさんことを請うの書を忠能・経之に上」じたと言うのも、おかしな話である。「兼て願い置き」というのは、前もってお願いしておくという意味である。したがって事実、大久保はそのようなことをしたとは一切書いていていない。

大久保が三藩の「要目」を持参したのは、中山らに三藩要路がそろった場で一同でそれを見せて、中山らをいくらかでも安心させるためではなかったか。大久保の日記には、それに対して、「一藩にても君公のご上京のところ、中山卿より再三ご沙汰ならせられた」とある。

これには、中山らがなお強い不安を抱いていたことが関係する。この九月、中山らは三藩出兵協定のことを聞かされながら、その一方で、在京中であった島津久光および芸州藩世子浅野茂勲がそろって帰国してしまっていたからだ。中山らが不安を抱くのは当然であるが、他方の両藩からすれば、自藩の兵が上京して来るときに、藩の責任者が在京していたのでは、のちのち藩としての大ごとになりかねないからである。

この八日の時点ではまだわかっていなかったが、翌九日には長州藩が発した「失機改図」の報が京都に届く。これによって「三藩軍兵、大坂着船の一左右次第」などとある三藩決議の「要目」は反故になったのと同然になる。また、趣意書にあった「今般の一挙となる。人事すでに至れり尽くせり」も不能になって、「両三の藩（薩長芸）」への「相当の宣旨」の降下を請う請願書も、そのままでは提出できなくなる。そのため、おそらく、結局はそれ無しに（仮に提出されていたとしても、一部記載を訂正ないしは無視して）、薩長二藩のみに「秘物」が降下されたのであろう。

『実記』が十月八日に「一蔵、討幕の宣旨を三藩に降ろさんことを請うの書を忠能・経之に上ずる」とし、それに応じて薩長二藩に「討幕の密詔」が降下されたなどとする記述は、もはや「潤色」などというよりは、『実記』が創り上げた虚構であると言ってよいのではないか。

そして、さらに困ったことには、『実記』（一九〇六）が創り上げたこの虚構のために、『大久保利通文書』（一九二七）は、これに合わせたのであろう、「尊攘堂蔵」（京都大学附属図書館蔵）の九月八日の日付入りの大久保自筆「薩長芸三藩盟約書要目」を原本としながら、その「要目」を「慶応三年十月八日」のものとして掲載し、さらには、三卿に差し出す請願書には「相当の宣旨」とあるにもかかわらず、その請願書に「討幕の宣旨降下を請う書　慶応三年十月八日」とする表題を付けて掲載している。この後も、残念ながら、『西郷隆盛全集』（一九七七）をはじめ、史料集や歴史書の大半がそれらに倣って、請願書や趣意書を「慶応三年十月八日」の「討幕の」嘆願書や趣意書として掲載している。虚偽の踏襲である。

おそらく、大久保や岩倉らは、この「秘物」が世に出て、かくも有名になるとは夢にも思っていなかったであろう。自分たちの工作物であり、世に出れば偽勅とわかり、自分たちが君側の奸であったことがわかってしまう代物である。それ故に、大久保はもとよりそれを「秘物」と呼んだのである。

しかし、『岩倉公実記』は明治後期になって、それを「討幕の密詔」などと呼んで堂々と掲載し、それを世に広く知らしめる。岩倉からすれば、まったく「親の心、子知らず」といったところであろう。明治政府を主導した大久保と岩倉は、明治になって「有司専制」の批判を浴びるようになるが、「討幕の密詔」は幕末にもその二人が君側の奸であったことを示す代物である。もっとも、大久保（明治十一年没）も岩倉（明治十六年没）も、本人たちは「討幕の密勅」が世間に広く知られる前の明治十年代に亡くなっている。もしかすると、生前は二人によって、それが世に出るのが抑えられていたのかもしれない。

しかし、どういうわけか、後の歴史家たちは、『実記』が「討幕の密詔」としたのをそのまま真に受けて、「討幕の密勅」を世に広め、今では、それが教科書にも出る歴史用語になっている。大久保も岩倉もあの世で、さぞかし目を白黒させていることであろう。

呼称が史実を歪めていることはよくあることだが、「討幕の密勅」については、今日なお、それが偽称に近いものであることですら、ほとんど問題にされていないようである。そういった呼称を付け、そのもとで歴史を語っているのが、歴史家であり歴史書であってみれば、これは歴史学そのものの問題であろう。その原因の一つが斯界を覆っている討幕史観である。

注

1　『岩倉公実記』中、七四‐七五頁。
2　十月十三日に二条城で示された奏請書の諮問案と、十四日に実際に提出された奏請書が『再夢紀事・丁卯日記』に並べて掲載されている（二二四頁）。また、青山忠正「大政奉還後の政治状況と諸藩の動向」（佛教大学歴史学部論集、第七号、二〇一七年）には、新発田藩が十三日に受けたものが掲載されている。（一三三頁）
3　高村直助『小松帯刀』（吉川弘文館、二〇一二年、二〇〇‐二〇一頁）に、この小松書簡が「鹿児島県歴史資料センター黎明館所蔵」として、写真版付きで掲載されている。それを使わせてもらった。
4　宮地佐一郎『龍馬の手紙』、講談社、二〇〇三年、四八五‐四八六頁。
5　石井孝『改訂・明治維新の国際的環境』、吉川弘文館、一九六六年、七三二頁、参照。
6　「嵯峨実愛手記」、『史籍雑纂』二、二〇頁。
7　『西郷隆盛全集』二、二九八頁。
8　川道麟太郎『龍馬と西郷―二つの個性と維新―』、風媒社、二〇二一年、三四八‐三四九頁、参照。
9　『大久保利通関係文書』一、六〇‐六一頁。
10　『松平春嶽全集』一、三四七頁。
11　『大久保利通文書』二、七二頁。
12　『再夢紀事・丁卯日記』、二六二頁、参照。
13　『岩倉公実記』中、一四八頁。
14　『再夢紀事・丁卯日記』、二六二‐二六三頁と二六五頁。
15　同上書に「御辞職聞し召の勅詔…。勅諚お請けもあい済み」（二六三頁）とある。
16　『維新史』五、五三頁など。そのほか、この書はその章節の表題でも「公議政体派」や「討幕派」の用語を用いている。

17 （　）内は、その言い方をされている歴史家である。それぞれの方の著書によるものであるが、個々の書名、引用頁は省略させてもらう。

18 この書簡は近年、三宅紹宣氏が翻刻されて『山口県史研究』二七「長州藩東上出兵と大村益次郎―前原一誠宛大村益次郎書簡の紹介―」二〇一九年で、紹介されており、それから引かせてもらった（六五 - 六六頁）。

19 石井孝、前掲書、七四三頁。

20 『徳川慶喜公伝　史料篇』三、一九七五年、（底本は、龍門社、一九一八年）、二五二 - 二五三頁。

21 『大久保利通関係文書』一、二二五頁。

22 この件に関して原口清氏は「岩倉は、紛糾をおそれてか、武力倒幕派（大久保・西郷ら）にしらせずに、にぎろつぶした」（『戊辰戦争』（一九六三）六七頁）」とされているが、筆者はそんなことはなかったと思う。一蓮托生の身となって、大義のもとで戦っている同志に、この段になって重要な情報を「にぎりつぶす」ようなことはできなかったであろう。

23 長州藩の「東上出兵」については、三宅紹宣『幕末維新の政治過程』（二〇二一）が詳しく、この引用も、それから引かせてもらっている（三二四頁）。出典は毛利家文庫「維新全載」とされている。

24 『山口県史　史料編　幕末維新4』、二〇一〇年、二五二 - 二五三頁。同文のものが、大正二年（一九一三）に刊行された『防長回天史』第五編下（九）にも掲載されている。これをもとにした近年の論考として、下田悠真氏（「木戸孝允は『討幕』を唱えたか」、『山口県地方史研究』一二二号、二〇一九年、および「『討将軍』と『討幕』」、『山口県地方史研究』一二六号、二〇二一年）や三宅紹宣氏（前掲書「長州藩東上出兵と大村益次郎」、ならびに前掲書『幕末維新の政治過程』（三二八 - 三三一頁））がある。なお、下田氏は、筆者と同様の関心を持って研究されているようで、本書は氏の一連の論考から知見を得ている。

25 『大久保利通文書』二、一三〇頁。

26 『西郷隆盛文書』二、三一七 - 三三一頁。

27 『大久保利通文書』二、一四七頁。
28 同上書、一五七頁。
29 『西郷隆盛全集』二、三三四‐三三五頁。
30 『再夢紀事・丁卯日記』、二九五頁。
31 福井県文書館資料叢書8「越前国松平家家譜」慶永4、ネット上公開文書、一八頁。
32 『徳川慶喜公伝　史料篇』三、二七一‐二七二頁。
33 『再夢紀事・丁卯日記』、二五七頁、参照。
34 福井県文書館資料叢書8、上掲書、四頁、参照。
35 『戊辰日記』、一四頁。
36 『西郷隆盛全集』二、三五五頁。
37 『岩倉公実記』中、六二‐六三頁。
38 『復古記』第一冊、四四一頁、参照。
39 『戊辰日記』、一五‐一六頁。
40 福井県文書館資料叢書8、前掲書、二〇頁。
41 原口清『戊辰戦争』、鎬書房、一九六三年、八二頁。
42 福井県文書館資料叢書8、前掲書、二〇頁。
43 この広沢書簡については、三宅紹宣、前掲書（二〇二一）、三三三頁から引かせてもらっている。出典は『毛利家文庫』「諸御願御届控　議政局」とある。
44 『法令全書』収録のもの。そのなかでも、第十一の「正月七日（大号令）」と第二十の「正月十日（参與所）」とで文面がいくらか異なる。そのほか、『復古記』が記載しているものや、東海道鎮撫総督が制礼の形で発令したものなどで、文面に違いがある。

45 この江戸開城を境にして戊辰戦争を分ける見方は、石井孝氏の説でもある。
46 『復古記』第一二冊、一二五五頁。
47 安藤英男『雲井龍雄詩伝』、明治書院、一九六七年、一九四－一九六頁。
48 加茂儀一『榎本武揚』、中央公論社、一九五七年、一一六頁。
49 『西郷隆盛全集』三、三七六－三七七頁。
50 『大久保利通文書』二、に「公爵嵯峨実愛談話筆記」として、質疑応答形式の問答が掲載されている（二八－三二頁）。

結

戊辰戦争によって新政府軍（官軍）が旧徳川幕府軍（賊軍）を破り討幕を果したような形勢になったため、「討幕」が盛んに言われるが、それは事後の論である。最幕末期、幕府と激しく対峙した薩長勢力はもちろん討幕（倒幕）の願望を持っていたが、両藩はそれを目的に戦ったわけではない。討幕のような大内戦になることを避け、徳川氏から幕府を剥奪（奪幕）して幕府制そのものを廃止し、天皇を頂点に戴く挙国一致の統一国家をつくることを目指していた。その目標はまた、将軍徳川慶喜の政権返上時の考えと大きく異なるものではなかった。それ故に、慶喜は薩摩藩主導の慶応三年十二月九日のクーデターを事前に知りながら邪魔立てをすることはなかったのである。

薩長勢力の変革の趣旨は、同日の「王政復古の大号令」で「叡慮決せられ、王政復古、…、自今、摂関・幕府等廃絶」と宣言されたことによく示されている。この日に、幕府制と朝廷の摂関制とが廃絶になる。この後に戊辰戦争が起きるが、それによって徳川氏が廃絶になったわけではない。徳川氏は一大名として存続する。歴史上、討幕は起きていない。戊辰戦争後の「討幕」は「御一新」や「維新」を飾る修辞である。

　幕末維新に関する歴史書で、討幕（倒幕）論が盛んに取り上げられ、廃幕論が軽視されるのは、明治以降に形成された討幕史観によるところが大きい。以下、本書で述べた論旨をまとめておく。

　幕末期、討幕論が言われるようになったのは、幕府が天皇の勅許を得ることなく、安政五年六月に日米修好通商条約を締結したことを契機とする。幕府が征夷府としての職責を果たさず、かつ、無勅のままそれを締結したことで、特に尊王攘夷論者たちが幕府を激しく糾弾したのである。吉田松陰はこの締結を知り、さっそく翌月の七月に次のように書いている。

「国辱を顧みず、而して天勅を奉ぜず。これ征夷（征夷大将軍・征夷府）の罪にして、…。これを大義に準じて討滅誅戮して、…。」

「征夷の罪」を「大義に準じて討滅誅戮」であるから、これは討幕論である。元来、敬幕家でもあった松陰も、この無勅の条約締結には、直ちにこのように反応したのである。もっとも、松陰が「討幕」という用語を使ったことはないようだ。

　桜田門外の変後、真木和泉や平野国臣など尊王攘夷派の浪士や藩士ら「尊攘士」たちが、党を組んで「違勅」の条約を締結した幕府を激しく糾弾するようになる。この尊攘士たちはもともと、幕府による政治を覇道として認めず、徳川幕府から幕府を剥奪して王政を復興しようとする者たちである。この彼らは、何よりもそれを天皇自らの親征によって成し遂げることを望んでいる。

孝明天皇は文久二年五月に「思召書」を発し、そのなかで「朕実に…、公卿百官と天下の牧伯（諸侯）を帥いて親征せん」と述べて、自身に攘夷親征の意思があることを表明する。この「思召書」はこのとき、廷臣にだけではなく、公武合体運動中の薩長両藩にも下賜されて広く伝わる。尊攘士たちは当然、これによって鼓舞される。

しかし、孝明天皇が言う攘夷親征は、幕府から攘夷の職掌を取り上げたり、幕府の責任を追及したりするものではなく、むしろ、幕府を助け、幕府を奮発させようとするものであった。孝明天皇は終生、朝幕「一和」を願う大政委任論者であり、王政復古については「朕においては好まず、初発より不承知」であった。

また、孝明天皇に実際に攘夷親征の意志があったわけでもない。そのことは、翌文久三年八月に大和行幸の詔勅を発した前後の孝明天皇の言動を見れば明らかである。実際、八月十八日の政変で大和行幸の詔勅は反故になるが、孝明天皇はその政変の成功に大喜びしている。

またその後、孝明天皇は、大和行幸の詔勅は「かれこれ真偽不分明」のものであった弁明し、さらに文久四年一月には、将軍家茂らに開示した宸翰で、大和行幸の詔勅は、三条実美らが「朕の命を矯め軽率に攘夷の令を布告し、妄りに討幕の師を興さんと」するものであったと弁明する。ここに出る「討幕」が、幕末の重要文献上に出る用語としては最も早い事例である。王政復古・幕府断絶の宣言がある四年足らず前のことである。

しかし、この「討幕」は、その頭に「妄りに」とあるように、討幕を忌避し警戒して言うもので、討幕すべしとする討幕論とは正反対のものである。本書ではこれを反討幕論と呼んだ。討幕に関する議論は始め、討幕すべしとする討幕論としてではなく、それを忌避し警戒する反討幕論として言われるようになったのである。実際、討幕論が盛んになるのは、佐幕家でもあった孝明天皇が慶応二年末に崩御したあとの翌慶応三年になってからである。

真木・平野ら尊攘士たちの王政復興運動にほぼ並行して、他方で、文久元年から同三年にかけて長州藩と薩摩藩それぞれによる公武合体運動が起きる。しかし、両藩はともに、それが不本意な形で終わると、朝幕両者への忠誠心や信頼感を減退させて反幕的姿勢を強めていく。しかし、そうかと言って討幕論などを唱えたわけではない。

当時の武士たちにとって、名分論や君臣の義は道義上の通念であり、大名や藩士たちが、自分たちの上位にある幕府を討つというようなことは、そう容易に言えることではなかった。討幕は、名分論からしても天皇のみが言えるものであって、本来、大名や藩士・浪士たちが言えるものではない。それに、孝明天皇が大政委任論者であり佐幕家であってみればなおさらである。

討幕論は文久二年から三年にかけて、長州藩が藩論にした「破約攘夷」論や志士たちの思いのなかに見られたが、それは多分に孝明天皇の「違勅」発言や攘夷親征の発言に触発されたものであった。尊王攘夷論者は当然ながら、終始、天皇の言動に大きく左右された。

廃幕論は、政権下の幕府中枢部で文久二年、朝廷からの強引な攘夷強要に反発して言われるようになる。このとき、幕府内部で二種類の廃幕論が生まれる。一つは幕議で議論の俎上に上ったもので、政権を朝廷に返上して徳川氏は一大名に返るというものであり、もう一つは、主に外国方有司たちが唱えたもので、征夷大将軍を返上して朝廷からの独立性を高ようとするものである。同じ廃幕論ではあるが、一方は政権を返上するもので、他方は征夷府のみを返上して、徳川政権をより強固なものにしようとするものである。前者は本書で言う幕府自身による閉幕（へいばく）論であり、それに対して後者はむしろ徳川政権強化策であって、その中身はまったく違う。

この二種類の廃幕論はこのあと、後者が慶応元年十月の将軍辞表提出事件となって表に現れ、前者は翌慶応二年八月の松平春嶽による徳川慶喜への廃幕建言になって表に出る。春嶽はこのとき、幕府による長州征討の失敗が明白になり、慶喜が征夷大将軍の継承を固辞したのを機に、慶喜に対し政権返上・廃幕にして、徳川氏は一大名に返れと建言したのである。

これとまったく同時期、朝廷では、岩倉具視が孝明天皇に廃幕 - 王政復古論を奏上している。岩倉の廃幕論は上中下の三策から成るもので、幕府に自発的に廃幕にさせるものを「上計」、叱責等によって徳川氏の「威権を削る」ものを「中計」、干戈をもって処すものを「下計」とするものである。「上計」は春嶽建言の廃幕論に等しく、「中計」は本書で言う奪幕論に相当し、「下計」は討幕論に等しい。春嶽の廃幕論は幕府内の者によるもので、岩倉の廃幕論は幕府外の者によるものである。しかしこのとき、慶喜も孝明天皇も、ともにそれらに耳を貸すことはなかった。

しかし、これらの建言や奏上があった時期というのは、幕末の政治が大きな転換期に差し掛かっていたころでもあった。慶応二年後半期、七月に将軍家茂が薨去し、八月には幕府による長州征討の失敗が明白になり、十二月の初めには慶喜が固辞していた征夷大将軍に就き、年の瀬には孝明天皇が崩御する。なかんずく、長州征討の失敗と孝明天皇の崩御は幕末の政治を大きく変える転機となる。長州征討の失敗は、幕府の権威を大きく失墜させ、幕藩体制は揺らいで幕府存在の是非が問われることになり、孝明天皇の崩御は、攘夷と大政委任・佐幕の立役者の退場となったからだ。当然ながら、廃幕論も討幕論も旺盛になる。

翌慶応三年、討幕論と廃幕論とが競合する。ただし、討幕論と廃幕論は本来対立し合うものではない。討幕論はただ相手を討つためのものではなく、幕府を廃止するためのものでもあるからだ。また、討幕論は幕府に廃幕を迫るものになり、逆に、幕府自身による自主廃幕は討幕を回避する手段にもなる。

幕末期、反幕派の政治指導者たちも総じて討幕については慎重であった。討幕の戦争が始まれば、それは大内戦になるのは必至で、日本は国力を消耗するばかりで、外国勢力に付け入る隙(すき)を与えることになるからだ。

とりわけ国家の干城たる武門の者は、幕末期を通じて多くが「清国の覆轍」を警句とし、それを踏んではならぬとする自戒の念を強く持っていった。その指導者たちが、できる限り穏当に廃幕にして、新たな政治体制のもとで、より強力な統一国家をつくらねばならぬと考えるのは、むしろ当然であった。

薩長の指導者たちとて同じである。今日、歴史書で「薩長討幕派」などとよく言われ、その活動が盛んに取り上げられるが、そういったものが実際にどの程度あったかは大いに疑問である。薩長が幕府や慶喜に激しく対峙し、それを倒したいと思っていたのは事実であり、両者が反幕で連合したのも間違いないが、討幕を目的に連合したとは言えない。

薩長の両者で「討幕」を初めて唱えたのは、長州藩が鳥羽伏見で開戦になる十日ほど前の慶応三年十二月下旬である。長州藩はそのとき、「将軍職御免の上」辞官納地の「勅命を発せられた上、奉らないときは討幕の令を速やかに仰せ出されたい」と奏請することを決めている。

しかし、薩摩藩が積極的に討幕を言ったことはない。薩摩藩はむしろ、慶応三年八月の時点の薩長会談で、「弊藩において討幕は仕らず」と明言している。このとき薩摩藩は、それに代わって「討将軍の綸旨(りんじ)」を授かるつもりであると長州藩に告げる。その「綸旨」を受け、京都で一気に慶喜を排除しようとしたのである。幕府との全面戦争を避けて、御所で政変を起こして、言わば時間的かつ場所的にピンポイントで政権を奪取しようとしたのである。

実際、その一ヵ月後の慶応三年十月十四日には、薩長両藩に「賊臣慶喜を殄戮」せよと命じる勅書が降下される。しかしそれは、大久保利通が「秘物」と呼んだごとく、公(おおやけ)にできるものではなかった。大久保らは無論、もとからそのようなものを授かるつもりであったのではない。「憂国の諸藩」、少なくとも薩長芸の三藩が、公然と授かるものであった。ところが、三藩出兵協定が破綻して、「討将軍の綸旨」を授かるための「一挙」ができなくなり、致し方なくそうなったのである。ところが、この「秘物」が明治期になって、「討幕の密勅」と呼ばれて有名になる。

討幕は当時、内戦回避と天皇の佐幕主義のため言いにくいものであった。それがむしろ、この幕末期の特徴であったのである。真木や平野らの尊攘士たちは幕府を激しく憎悪して天皇親征論や挙兵論を唱えているが、「討幕」を唱えたことはない。彼らが唱えたのは、討幕論ではなく徳川氏を一大名に下ろす奪幕論であった。将軍家茂と義兄弟になっている孝明天皇への気遣いもあったであろう。奪幕論には武力行使の程度でその中身に相当の幅があるが、薩摩藩や岩倉らが唱えたのも、廃幕論であり奪幕論であった。大内戦が見込まれる討幕は極力避けて、廃幕にした上で徳川氏も一大名にして、より強力な日本の統一政権を築こうとしたのである。

将軍慶喜は、薩長の挙兵路線と土佐藩の建白路線とが競合するなか、慶応三年十月十四日に土佐藩の建白を受け容れる形で政権を返上する。慶喜は自ら廃幕にすることによって、内戦を避けるとともに、徳川権力の保全を図ったのである。

この慶喜の裁断は、各方面から大英断と称賛され、慶喜の声望は上がり、次期政権の指導者としての呼び声も高くなる。慶喜を排除して新政府での主導権を取ろうとしていた薩摩藩からすれば完全な敗北である。

そのため、薩摩藩はいささか荒業(あらわざ)に出る。王政復古と公議政体を唱える土佐藩その他と協同して、十二月九日にクーデターを成功させ、同日に「王政復古の大号令」を発して幕府廃絶と王政復古を宣言する。しかし、ここに成立した「王政復古政府」は、当初から辞官納地問題をめぐって、薩長派と親徳川諸侯派とが激しく対立する場となる。

慶喜は政権返上・将軍職辞退はしたものの、官位や領地は幕府時代のままで返上せず、薩長派からすれば、実質、何ら政権返上したことにはなっていなかった。実際、納地がなければ新政府の財源すら確保できない。この辞官納地をめぐる両派の戦いは、新政府の主導権をめぐる権力闘争でもあった。

しかし、この闘争は、親徳川諸侯派優位に進み、結局は、慶喜が納地を受け容れないまま、彼の新政府復帰がほぼ決まる。ここにきてまたも追い詰められた薩長側は、いよいよ決戦を決断する。これは、先のクーデター方式でやる「一挙」ではない。徳川氏ないしは旧幕府勢力との全面戦争になるものであった。ところが、ちょうどそのころ大坂城に江戸から薩摩藩江戸藩邸焼討事件その他の報が届く。これに憤慨した慶喜が、慶応四年正月二日に京都に向けて大軍を進発させる。これを鳥羽伏見で阻止しよう薩長連合軍が陣を構えて対峙し、三日夕刻に開戦となる。新政府は急きょ嘉(よし)彰(あき)親王を征討将軍に任命し、翌四日にはその征討将軍が戦場近くの東寺に錦旗を翻す。これによって、政府軍は官軍になり、それに抗する者は賊軍となる。

戦争の勝敗はあっけなく決まる。六日夜に慶喜以下容保・定敬ら戦争の指揮官と老中らが大坂城を突如脱出したのである。翌七日には「慶喜追討令」が発せられ、以後、翌明治二年五月に箱館戦争が終結するまで、一年五ヵ月近くにわたって各地で戦闘が断続的に繰り広げられる。新政府はそれらの戦争をひとくくりにして「戊辰戦争」と呼び、この戦争の大義名分を維新（「御一新」）のための討幕とした。

実際には、自ら「王政復古の大号令」で廃幕を宣言したあとの戦争であったが、新政府は改めて、この戦争を旧体制打倒のための戦争、すなわち討幕のための戦争としたのである。事実この戦争で、徳川幕府のみならず鎌倉以来の幕府制もなくなっており、それを討幕のための戦争とすることはさして難しいことではなかった。実際、戊辰戦争を戦った新政府軍の将士たちは、自分たちは討幕のために戦ったと信じている。

明治なってからは、幕末当時は言いにくかった「討幕」も堂々と言えるようになり、かつての「勤王の志士」や「維新の功労者」たちが、幕末を回顧して盛んに勤王と討幕を語るようになる。明治中期以降になると、大久保利通が「秘物」と呼んだ密勅も「討幕の密勅」と呼ばれてもてはやされるようになる。明治三十九年に刊行された『岩倉公実記』は、それを「討幕の密詔」と呼んで幕末を語り、さらに、歴史家がそれを踏襲して「討幕の密勅」を言い広める。

このようにして、明治期には、維新は討幕によって成ったという討幕史観が形成されて行く。その結果、今日では多くの人が、勤王史観と同様に、討幕史観を無自覚のうちに信じている。もっとも、敗者となった旧幕府側の人たちは、討幕によって幕府が倒れたとは思っていない。「御瓦解」である。

歴史というものは元来、後世になって以前のことを綴るものであるから、結果からそれ以前を語るものになりやすい。また、後世の価値観や物の見方の影響を受けるのも避け難い。歴史はまた、時代の変化を綴るものが多く、いきおい変革の歴史になり、変革者を主体にする歴史にもなりやすい。「幕末史」や「維新史」といった呼称自体が、そのことをよく示している。「幕末維新史」において討幕論が旺盛になるのは、仕方のないことなのかもしれない。多くの歴史書が、討幕ありきのもとで幕末維新を語っている。

しかし当時、討幕論のみが旺盛であったのではない。むしろ、各方面で旺盛であったのは、廃幕論であり、なかんずく徳川氏を一大名に返す奪幕論であった。その結果、実際に起きたのも討幕ではなく廃幕であり、徳川宗家も存続した。

ところが残念ながら、多くの歴史家は、もっぱら当時の討幕に関する言動に注目して討幕論を語り、廃幕論についてはあまり語らない。あるいは、廃幕の認識が希薄なために、実際は廃幕論であるものを討幕論と混同して討幕論として語っているものもある。

幕末期、多種多様な反幕的言動があり「討幕」という用語も元治元年に使われ始め、慶応三年後半期にはこれが政治上の一種の流行語のようにさえなっている。しかし、そのほとんどは、慶応三年後半期のいくぶんかを除いては、当初に言われたのと同様に、もっぱら討幕を忌避し警戒して言う、本書が反討幕論と称するものであった。実際には、薩長など討幕を望む者たちは「討幕」をあまり口にすることはなかった。

ところが、戊辰戦争があって維新が成るとそれが逆転する。敗者となった者たちは当然、「討幕」などは言わなくなり、勝者となった者たちが過去を振り返って盛んに「討幕」を言うようになる。後世の歴史家たちもこれに追随している。また、幕末期の反討幕論の隆盛を討幕論の隆盛として見ているようでもある。討幕史観の影響であろう。

歴史上、廃幕論が取り上げられることがあっても、もっぱら倒幕運動のなかの穏健なものや初期段階のものとして捉えられ、幕府内にあった廃幕論と結び付けられることはない。おそらく、変革側を主体にして見る歴史からすると、それらはもとから別物に見えるのであろう。幕末史上の討幕論の隆盛と廃幕論の軽視は討幕史観の産物であると言えそうである。

〔著者略歴〕
川道麟太郎（かわみち・りんたろう）
1942年神戸市生まれ。大阪大学大学院工学研究科修士課程終了。工学博士。元関西大学工学部教授。建築計画学・建築論専攻。
著書に、『雁行形の美学—日本建築の造形モチーフ』（彰国社、2001年）、『西郷「征韓論」の真相—歴史家の虚構をただす—』、『「征韓論政変」の真相—歴史家の史料批判を問う—』（以上、勉誠出版、2014年、2015年）、『西郷隆盛—手紙で読むその実像—』（ちくま新書、2017年）、『かたられる西郷隆盛—歴史学者は大丈夫か—』『龍馬と西郷—二つの個性と維新—』（以上、風媒社、2018年、2021年）など。

討幕論と廃幕論 —討幕史観批判—

2024年4月30日　第1刷発行　（定価はカバーに表示してあります）

著　者　川道麟太郎

発行者　山口　章

発行所　名古屋市中区大須1-16-29
振替 00880-5-5616 電話 052-218-7808
http://www.fubaisha.com/
風媒社

＊印刷・製本／モリモト印刷　乱丁本・落丁本はお取り替えいたします。

ISBN978-4-8331-0639-9